全国计算机技术与软件专业技术资格（水平）考试参考用书

信息系统项目管理师计算类试题真题详解

（第2版）

耿洪彪　耿恺婧　编著

清华大学出版社
北京

内 容 简 介

信息系统项目管理师考试是全国计算机技术与软件专业资格（水平）考试的高级职称考试，是历年软考报名中的热点。

信息系统项目管理师考试中涉及大量的计算题，计算题是考试的重点，也是众多考生备考的难点，尤其是下午的案例分析中的进度和成本计算题，在软考必须一次考试通过全部科目的背景下，其重要性显而易见。

本书覆盖了自2005年上半年至2019年下半年共28次考试中的计算类试题（包括上午的选择题和下午的案例题），系统、详细地逐题解析了这些复杂计算题，并配有考点回顾和计算公式，一切为了让考生和读者能够真正理解计算题。

参加考试的考生，认真读懂本书的内容后，可以掌握考试涉及的计算类试题知识点，清晰地厘清考试的规律和思路，更好地应对考试。

本书扉页为防伪页，封面贴有清华大学出版社防伪标签，无上述标识者不得销售。
版权所有，侵权必究。举报：010-62782989，beiqinquan@tup.tsinghua.edu.cn。

图书在版编目（CIP）数据

信息系统项目管理师计算类试题真题详解 / 耿洪彪，耿恺婧编著. —2版. —北京：清华大学出版社，2020.8（2025.2重印）
全国计算机技术与软件专业技术资格（水平）考试参考用书
ISBN 978-7-302-55902-3

Ⅰ. ①信… Ⅱ. ①耿… ②耿… Ⅲ. ①信息系统－项目管理－资格考试－题解 Ⅳ. ①G203-44

中国版本图书馆 CIP 数据核字（2020）第 108899 号

责任编辑：杨如林
封面设计：常雪影
责任校对：徐俊伟
责任印制：刘 菲

出版发行：清华大学出版社
网　　址：https://www.tup.com.cn，https://www.wqxuetang.com
地　　址：北京清华大学学研大厦 A 座　　邮　编：100084
社 总 机：010-83470000　　邮　购：010-62786544
投稿与读者服务：010-62776969，c-service@tup.tsinghua.edu.cn
质量反馈：010-62772015，zhiliang@tup.tsinghua.edu.cn
印 装 者：三河市铭诚印务有限公司
经　　销：全国新华书店
开　　本：185mm×230mm　　印 张：18.25　防伪页：1　字 数：401千字
版　　次：2016年12月第1版　2020年10月第2版　　印 次：2025年2月第8次印刷
定　　价：69.00元

产品编号：086787-01

前　言

这是一本以图、表、数字和公式为主体的书。本书已按照清华大学出版社 2017 年出版的《信息系统项目管理师教程》（第 3 版）进行了系统更新。

1. 缘起

时间过得真快，从 2003 年作为信息产业部信息系统集成项目经理认证工作的专家算起，已有 17 年了。从 2006 年开始全国计算机技术与软件专业技术资格（水平）考试（以下简称"软考"）的教学算起，也有 14 年了。

在长期的一线教学过程中，我发现考生非常需要一套"好"的复习资料。目前的软考复习资料很多，但真正对考生通过考试有帮助的资料却很少。考生以极其有限的时间面对铺天盖地的资料，彻底被信息淹没，以至于茫然无措。

其实，考生在备考时只需要 3 样东西：

（1）官方教程：清华大学出版社出版的《信息系统项目管理师教程》（第 3 版）。

（2）历年试题：将历年试题按照考点（知识点）进行分类，加以精当的解析。

（3）难点讲解：解决考生自己看书无法看懂的关键难点。

2. 行动 1：考试题库

在清华大学出版社的鼓励和帮助下，软考历年试题分类精解图书的问世，对历年软考试题进行了系统的梳理和解析。目前已经出版的有：

- 《系统集成项目管理工程师考试试题分类精解》，耿洪彪主编，清华大学出版社 2014 年出版，囊括了 2009 年上半年至 2013 年下半年共 10 次考试的全部试题；
- 《信息系统项目管理师考试试题分类精解》，耿洪彪编著，清华大学出版社 2014 年出版，囊括了 2005 年上半年至 2013 年下半年共 16 次考试的全部试题；
- 《信息系统监理师考试试题分类精解》，耿洪彪编著，清华大学出版社 2014 年出版，囊括了 2005 年上半年至 2013 年下半年共 17 次考试的全部试题。

3. 行动 2：难点讲解

信息系统项目管理师考试中涉及大量的计算题，而计算题又是考试的重点，也是未参加面授培训的自学考生备考的难点，尤其是下午笔试的案例分析中的进度和成本计算题，其重要性可以称得上"一题做错，考试全砸"！

有很多自学考生表示,理论题还好说,就是这些计算题实在琢磨不透,绞尽脑汁仍然无济于事,急需一本能系统、详细讲解这些复杂计算题每个步骤的书。

希望这本书能够解除计算类试题给考生造成的苦恼。

4. 特色

每个考生都是从小学到大学、久经考验、身经百考的"战士",大家都很清楚自己需要什么。每次与考生交流,都能感受到他们对计算题详解的强烈需求,之前已经出版的各种试题解析:

- 要么只有试题和答案,没有解析,价值较低;
- 要么只有几道题的举例解析,蜻蜓点水,未对历年试题全面覆盖;
- 要么未按考试的知识点分类,而只按照考试的时间分章节,不利于考生的学习和使用;
- 要么由多人拼接完成、无自洽性,试题解析之间自相矛盾;
- 要么应考特点不鲜明,题目解析冗长烦琐而抓不住考点,不利于考生使用;
- 要么部分资料质量欠佳,试题解析不够清晰,甚至有些题目的答案出现错误。

针对这些情况,这本计算类试题详解做了以下努力:

(1) 全面覆盖了自 2005 年上半年至 2019 年下半年共 28 次考试中的全部计算类试题(包括上午的选择题和下午的案例题)。由于覆盖了全部试题和知识点,因此依据本书复习可以有效地减轻考生的备考压力,真正做到重点突出、有的放矢,考生只需:

- 重点"吃透"考试常考的内容(高频知识点);
- 掌握考试可能考的内容(低频知识点);
- 考试不考的内容可以直接不看。

(2) 不仅有试题和解析,还有知识点回顾和计算公式,解析力求详尽,细致到每一个计算步骤,不怕烦琐,不惜篇幅,讲透为止,一切为了让读者能够真正"吃透"计算题。

(3) 专为应考而写,应考特色鲜明。所有解析都直扣重要知识点,讲解通俗易懂、简洁明了,内容尽量精简。一方面对计算步骤细致讲解不厌其烦,另一方面又惜墨如金,对已讲过的内容尽量不再重复(因此必须按顺序阅读)。

(4) 历年试题按照考点进行分类后再按时间排序,讲解由浅入深,便于学习和阅读。

(5) 全书内容有机且自洽,无自相矛盾之处。

说明:随着国家政策的不断调整(系统集成资质彻底取消),计算机技术的日新月异,相应的《信息系统项目管理师教程》的内容也在不断更新(笔者有幸参与了清华大学出版社 2017 年出版的《信息系统项目管理师教程》(第 3 版)的修订工作,其更新幅度很大),在这种情况下,以往的部分考题已经陈旧或不再严谨,为此,本书调整了 2 道不严谨考题的表述,其余考题仍保持原貌。

5. 目标

  我有一个梦想：希望通过本书的出版和广大考生的共同努力，帮助参加信息系统项目管理师考试的考生顺利通过考试。

编者

2020 年

目 录

第 1 章 进度管理计算题 1
1.1 单代号网络图 1
1.1.1 知识点回顾 1
1.1.2 历年试题解析 2
1.2 双代号网络图 5
1.2.1 知识点回顾 5
1.2.2 历年试题解析 6
1.3 关键路径法 6
1.3.1 知识点回顾 6
1.3.2 历年试题解析 8
1.4 进度压缩 28
1.4.1 知识点回顾 28
1.4.2 历年试题解析 28
1.5 资源优化 32
1.5.1 知识点回顾 32
1.5.2 历年试题解析 33
1.6 PERT 估算 41
1.6.1 知识点回顾 41
1.6.2 历年试题解析 42
1.7 进度估算 48
1.7.1 知识点回顾 48
1.7.2 历年试题解析 48
1.8 进度控制 50
1.9 综合案例 52
1.9.1 （2006 下半年，下午）试题三 52
1.9.2 （2012 上半年，下午）试题一 54
1.9.3 （2012 下半年，下午）试题二 56
1.9.4 （2013 上半年，下午）试题二 57

第 2 章 成本管理计算题 60
2.1 成本类型 60

　　　　2.1.1 知识点回顾 60
　　　　2.1.2 历年试题解析 60
　　2.2 成本估算 64
　　　　2.2.1 知识点回顾 64
　　　　2.2.2 历年试题解析 64
　　2.3 成本预算 69
　　　　2.3.1 知识点回顾 69
　　　　2.3.2 历年试题解析 70
　　2.4 挣值管理 76
　　　　2.4.1 知识点回顾 76
　　　　2.4.2 历年试题解析 80
　　2.5 成本预测 89
　　　　2.5.1 知识点回顾 89
　　　　2.5.2 历年试题解析 90
　　2.6 综合案例 97
　　　　2.6.1 （2005下半年，下午）试题二 97
　　　　2.6.2 （2010下半年，下午）试题三 99
　　　　2.6.3 （2013下半年，下午）试题二 100
　　　　2.6.4 （2014下半年，下午）试题一 102
　　　　2.6.5 （2017上半年，下午）试题一 104
　　　　2.6.6 （2019下半年，下午）试题二 106

第3章　进度成本综合案例题 109
　　3.1 （2011下半年，下午）试题一 109
　　3.2 （2012上半年，下午）试题二 111
　　3.3 （2013下半年，下午）试题一 113
　　3.4 （2014上半年，下午）试题二 116
　　3.5 （2015上半年，下午）试题一 119
　　3.6 （2015下半年，下午）试题二 121
　　3.7 （2016上半年，下午）试题一 125
　　3.8 （2016下半年，下午）试题一 127
　　3.9 （2017下半年，下午）试题二 129
　　3.10 （2018上半年，下午）试题二 131
　　3.11 （2018下半年，下午）试题二 133
　　3.12 （2019上半年，下午）试题二 136

第4章	风险管理计算题	139
第5章	合同、招标采购计算题	151
5.1	历年试题解析	151
5.2	综合案例	164
第6章	立项管理计算题	167
第7章	其他知识领域计算题	180
7.1	沟通管理	180
7.2	质量管理	182
7.3	版本管理	184
7.4	组合管理	188
7.5	知识产权	193
第8章	信息技术计算题	195
8.1	计算机基础	195
8.2	机房设计	197
8.3	综合布线	199
8.4	网络技术	200
8.5	软件测试	204
8.6	加密算法	205
第9章	运筹学	212
9.1	线性代数	212
9.2	离散数学	213
9.2.1	最大流量问题	213
9.2.2	最小生成树问题	216
9.2.3	排课表问题	220
9.2.4	最短路径问题	223
9.3	线性规划	233
9.4	工序问题	247
9.5	分配问题	255
9.5.1	平均收益法	255
9.5.2	边际收益法	261
9.5.3	匈牙利算法	266
9.6	不确定决策	273
9.7	博弈论	277
9.8	其他杂题	281

第 1 章　进度管理计算题

1.1　单代号网络图

1.1.1　知识点回顾

前导图法（Precedence Diagramming Method，PDM），也称紧前关系绘图法，是用于编制项目进度网络图的一种方法，它使用方框或者长方形（被称作节点）代表活动，节点之间用箭头连接，以显示节点之间的逻辑关系。下图展示了一个用 PDM 法绘制的项目进度网络图。这种网络图也被称作单代号网络图（只有节点需要编号）或活动节点图（Activity On Node，AON），为大多数项目管理软件所采用。

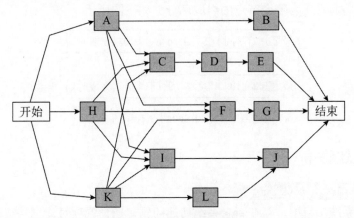

前导图法（单代号网络图）

前导图法包括活动之间存在的 4 种类型的依赖关系。

（1）结束-开始的关系（F-S）。前序活动结束后，后续活动才能开始。例如，只有比赛（紧前活动）结束，颁奖典礼（紧后活动）才能开始。

（2）结束-结束的关系（F-F）。前序活动结束后，后续活动才能结束。例如，只有完成文件的编写（紧前活动），才能完成文件的编辑（紧后活动）。

（3）开始-开始的关系（S-S）。前序活动开始后，后续活动才能开始。例如，开始地基浇灌（紧前活动）之后，才能开始混凝土的找平（紧后活动）。

（4）开始-结束的关系（S-F）。前序活动开始后，后续活动才能结束。例如，只有第二位保安人员开始值班（紧前活动），第一位保安人员才能结束值班（紧后活动）。

在 PDM 中，结束-开始的关系是最为普遍使用的一类依赖关系。开始-结束的关系很少被使用。前导图的 4 种关系如下图所示。

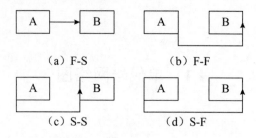

活动依赖关系

在前导图法中，每项活动都有唯一的活动号，每项活动都注明了预计工期（活动的持续时间）。通常，每个节点的活动会有 4 个时间：最早开始时间（Earliest Start time，ES）、最迟开始时间（Latest Start time，LS）、最早完成时间（Earliest Finish time，EF）和最迟完成时间（Latest Finish time，LF）。

这 4 个时间通常作为每个节点的组成部分，如下图所示。

最早开始时间	工期	最早完成时间
	活动名称	
最迟开始时间	总浮动时间	最迟完成时间

根据英国标准 BS6046 所标识的节点

1.1.2 历年试题解析

（2005 上半年，上午）试题（45）

在某信息系统项目中，存在新老系统切换问题，在设置项目计划网络图时，新系统上线和旧系统下线之间应设置成__(45)__的关系。

(45) A. 结束-开始（F-S）　　　　　　B. 结束-结束（F-F）
　　　C. 开始-结束（S-F）　　　　　　D. 开始-开始（S-S）

解析：

- 新旧交替是典型的 Start-to-Finish 关系，新系统开始运行后，旧系统才能下线。
- 有同学问，有些项目，新系统开始运行时，旧系统并不下线，二者并行运行一段时间，这还属于 Start-to-Finish 关系吗？
- 回答：网络图中，时间提前量（lead）与滞后量（lag）的使用，并不取代或更改活动之间的逻辑关系。

- 新旧并行，相当于旧系统的结束有一个滞后量（lag）。下面左图中的 SF+6，即在新系统开始运行 6 个月后，才结束旧系统的运行。

举一反三 如果把旧系统放前边，如上面右图所示，二者就是 Finish-to-Start 关系了，时间量也变成提前（lead），即旧系统结束运行前 6 个月，就开始新系统的运行。

答案：C

（2005 上半年，上午）试题（66）、（67）、（68）

（66） is a method of constructing a project schedule network diagram that uses boxes or rectangles, referred to as nodes, to represent activities and connects them with arrows that show the dependencies.

This method includes following types of dependcies or precedence relationships:

（67）, the initiation of the successor activity, depends upon the completion of the predecessor activity.

（68）, the initiation of the successor activity, depends upon the initiation of the predecessor activity.

（66）A. PDM　　　B. CPM　　　C. PERT　　　D. AOA
（67）A. F-S　　　　B. F-F　　　　C. S-F　　　　D. S-S
（68）A. F-S　　　　B. F-F　　　　C. S-F　　　　D. S-S

解析：
- 前导图（PDM）是一种构建项目进度网络图的方法，它用方块或矩形（称为节点）来代表活动，并将节点用箭头连接起来，以表达节点之间的逻辑关系。
- 这种方法包含下列依赖或前导关系：
  ◆ F-S，后续活动的开始依赖于前导活动的完成。
  ◆ S-S，后续活动的开始依赖于前导活动的开始。
- 很多同学看完（66）题的第一反应：这是在描述 AON（Activity On Node）啊，但是选项中只有 AOA，怎么办？
- 好在 AON 还有个外号，叫前导图（Precedence Diagramming Method，PDM），此外，它还叫单代号网络图。

答案：（66）A、（67）A、（68）D

（2005 下半年，上午）试题（73）

PDM includes four types of dependencies or precedence relationships:

……

（73），the completion of the successor activity depends upon the initiation of the predecessor activity.

（73）A．Finish-to-Start　　　　　　B．Finish-to-Finish
　　　C．Start-to-Start　　　　　　　D．Start-to-Finish

解析：
前导图包含四种依赖或前导关系。开始-完成的关系（Start-to-Finish），后续活动的完成依赖于前导活动的开始。

答案： D

（2009 上半年，上午）试题（43）

以下不具有"完成-开始"关系的两个活动是 (43)。

（43）A．系统设计，设计评审　　　　B．系统分析，需求评审
　　　C．需求评审，周例会　　　　　D．确定项目范围，制定 WBS

解析：
周例会是一个周期性的活动，它与需求评审没有"完成-开始"关系。

答案： C

（2011 上半年，上午）试题（75）

Precedence Diagramming Method(PDM) is a method used in activity sequencing. There are four types of dependencies or precedence relationships in PDM. The initiation of the successor activity depends upon the completion of the predecessor activity is called (75).

（75）A．Finish-to-Start　　　　　　B．Finish-to-Finish
　　　C．Start-to-Start　　　　　　　D．Start-to-Finish

解析：
前导图法是一种活动排序方法。前导图法有四种依赖或前导关系。后继活动的启动依赖于前导活动的完成，这种关系是完成-开始关系（Finish-to-Start）。

答案： A

（2015 上半年，上午）试题（75）

The following diagram denotes dependency between two activities A and B. It says (75).

（75）A．B can't start before A is finished　　B．B can't finish before A is finished
　　　C．B can't start before A starts　　　　D．B can't finish before A starts

解析：

上图表示的活动 A 与活动 B 之间的依赖关系为__(75)__。

（75）A．A 结束前 B 不能开始　　　　B．A 结束前 B 不能结束

　　　C．A 开始前 B 不能开始　　　　D．A 开始前 B 不能结束

答案：A

1.2　双代号网络图

1.2.1　知识点回顾

与前导图法不同，箭线图法（Arrow Diagramming Method，ADM）是用箭线表示活动，用节点表示事件的一种网络图绘制方法，如下图所示。这种网络图也被称作双代号网络图（节点和箭线都要编号）或活动箭线图（Activity On Arrow，AOA）。

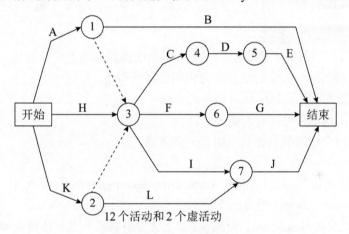

箭线图法（双代号网络图）

在箭线图法中，活动的开始（箭尾）事件叫做该活动的紧前事件（precede event），活动的结束（箭头）事件称为该活动的紧后事件（successor event）。

在箭线图法中，有如下三个基本原则：

（1）网络图中每个活动和每个事件都必须有唯一的代号，即网络图中不会有相同的代号。

（2）任两项活动的紧前事件和紧后事件代号至少有一个不相同，节点代号沿箭线方向越来越大。

（3）流入（流出）同一节点的活动，均有共同的紧后活动（或紧前活动）。

为了绘图的方便，在箭线图中又人为引入了一种额外的、特殊的活动，叫作虚活动

(dummy activity)，在网络图中用一条虚箭线表示。虚活动不消耗时间，也不消耗资源，只是为了弥补箭线图在表达活动依赖关系方面的不足。借助虚活动，我们可以更好、更清楚地表达活动之间的关系，如下图所示。

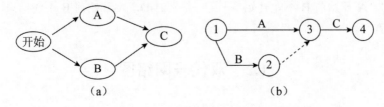

虚活动

> **注意**：活动 A 和活动 B 可以同时进行；只有活动 A 和活动 B 都完成后，活动 C 才能开始。

1.2.2 历年试题解析

（2010 下半年，上午）（38）

项目进度管理经常采用箭线图法，以下对箭线图的描述不正确的是（38）。

（38）A．流入同一节点的活动，有相同的后继活动
　　　B．虚活动不消耗时间，但消耗资源
　　　C．箭线图中可以有两条关键路径
　　　D．两个相关节点之间只能有一条箭线

解析：

- 双代号网络图，也叫 ADM（Arrow Diagramming Method，箭线图），AOA（Activity On Arrow，活动在箭线上）。
- B 错，虚活动（dummy activity）仅是为了解决双代号网络图在活动依赖关系表达能力方面的缺陷而产生的虚拟活动（不需要人去做，也不消耗时间）。

答案：B

1.3 关键路径法

1.3.1 知识点回顾

关键路径法（Critical Path Method）是在进度模型中，估算项目最短工期，确定逻辑网络路径的进度灵活性大小的一种方法。这种进度网络分析技术在不考虑任何资源限制的情况下，沿进度网络路径顺推与逆推分析，即可计算出所有活动的最早开始、最早完成、最迟开始和最迟完成日期。

顺推的方法是：
（1）根据逻辑关系方向，从网络图始端向终端计算；
（2）第一个活动的最早开始时间为项目最早开始时间；
（3）活动的最早完成时间为活动的最早开始时间加活动的持续时间；
（4）活动的最早开始时间根据紧前活动的最早完成时间而定，多个紧前活动存在时，取最后一个完成的活动的最早完成时间。

逆推的方法是：
（1）根据逻辑关系方向，从网络图终端向始端计算；
（2）最后一个活动的最迟完成时间为项目最迟完成时间；
（3）活动的最迟开始时间为活动的最迟完成时间减活动的持续时间；
（4）活动的最迟完成时间根据紧后活动的最迟开始时间而定，多个紧后活动存在时，取最先一个开始的紧后活动的最迟开始时间。

关键路径是项目中时间最长的活动顺序，决定着可能的项目最短工期。由此得到的最早和最迟的开始和结束日期并不一定就是项目进度计划，而只是把既定的参数（活动持续时间、逻辑关系、提前量、滞后量和其他已知的制约因素）输入进度模型后所得到的一种结果，表明活动可以在该时段内实施。关键路径法示例如下图所示。

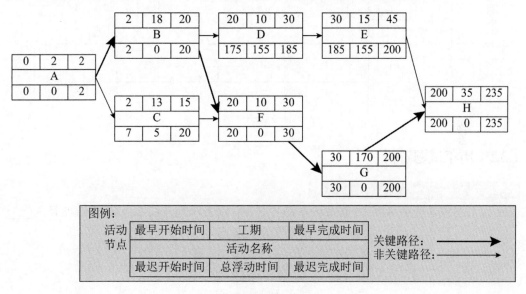

关键路径法示例

在上图这个例子中，网络图中最长的路径包括 A、B、F、G 和 H 五个活动，活动序列 ABFGH 就是关键路径。

关键路径上的活动被称为关键活动。进度网络图中可能有多条关键路径。在项目进展过程中，有的活动会提前完成，有的活动会推迟完成，有的活动会中途取消，新的活动可能会在中途加入，网络图在不断变化，关键路径也在不断变化之中。

关键路径法还可以用来计算进度模型中的逻辑网络路径的进度灵活性大小。在不延误项目完工时间且不违反进度制约因素的前提下，活动可以从最早开始时间推迟或拖延的时间量，就是该活动的进度灵活性，被称为"总浮动（Total Float）时间"。其计算方法为：本活动的最迟完成时间减去本活动的最早完成时间，或本活动的最迟开始时间减去本活动的最早开始时间。正常情况下，关键活动的总浮动时间为零。

"自由浮动（Free Float）时间"是指在不延误任何紧后活动的最早开始时间且不违反进度制约因素的前提下，活动可以从最早开始时间推迟或拖延的时间量。其计算方法为：紧后活动最早开始时间的最小值减去本活动的最早完成时间。例如，上图中，活动D的总浮动时间是155天，自由浮动时间是0天。

项目进度网络图的另一种呈现形式是"时标逻辑图"，也叫"时标网络图"，其中包含时间刻度和表示活动持续时间的横条，以及活动之间的逻辑关系，如下图所示。它用于优化展现活动之间的关系，许多活动都可以按顺序出现在图的同一行中。

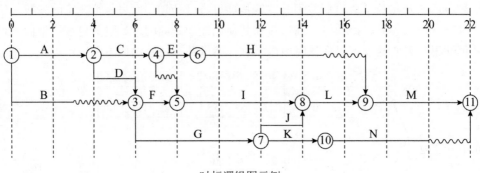

时标逻辑图示例

1.3.2 历年试题解析

（2005上半年，上午）试题（8）

以下工程进度网络图中，若节点 0 和节点 6 分别表示起点和终点，则关键路径为(8)。

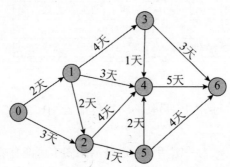

(8) A. 0→1→3→6　　　　　B. 0→1→4→6
　　C. 0→1→2→4→6　　　D. 0→2→5→6

解析：

- 这道题如果用正推、逆推、浮动三个标准步骤来求关键路径，至少需要5分钟，而且很容易出错。在解答选择题时花费巨大的工作量是没有必要的，应该使用简化方法，以达到一分钟一道题的效果。
- 本题的解题思路是：既然关键路径是网络图中工期最长的那条路径，那就逐一分析选项给出的四条路径，看看哪个工期最长，结果发现 0→1→2→4→6 的工期最长，为13天。
- 有同学问，如果这道题不是问关键路径，而是问工期，怎么求？
- 双代号网络图在求解关键路径时的一个捷径就是计算节点的最早时间（标注于节点上方）和最迟时间（标注于节点下方）。

注意： 双代号网络图的活动在箭线上，节点耗时为 0，即节点的最早开始时间等于最早完成时间，从而合成为一个最早时间（标注于节点上方）；节点的最迟开始时间等于最迟完成时间，从而合成为一个最迟时间（标注于节点下方）。

- 如果要求项目工期，只需要计算节点的最早时间，计算结果如下图所示。

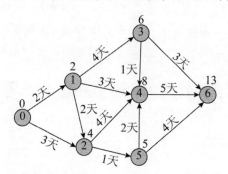

答案：C

（2005下半年，上午）试题（24）、（25）

在下面的活动图中，从 A 到 J 的关键路径是 (24) ，I 和 J 之间的活动开始的最早时间是 (25) 。

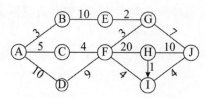

(24) A. ABEGJ　　B. ADFHJ　　C. ACFGJ　　D. ADFIJ

(25) A. 13　　　　B. 23　　　　C. 29　　　　D. 40

解析：

- 这道考试题是没有任何箭头的，H 和 I 之间的箭头是为了让读者阅读方便而特意加上去的。有考生在考试现场向监考老师询问连线的箭头指向，监考老师说："我是教小学语文的，根本不懂项目管理"。
- 其实网络图的箭头指向是有规律的，首先是从左向右（绝大多数的连线都为此类），其次是从上到下（针对 H 和 I 之间这种竖向的连线）。
- 箭头指向明确了，（24）题就迎刃而解了，仍是逐一分析选项给出的四条路径看看哪个工期最长，结果是 ADFHJ 的工期最长，为 49 天。
- （25）题求 I 和 J 之间的活动的最早开始时间，可参见下图，直接求出节点 I 的最早时间为 40 天。

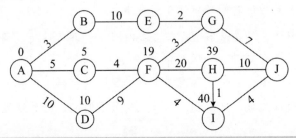

注意： 双代号网络图的活动在边线上，节点耗时为 0，即节点的最早开始时间等于最早完成时间，从而合成为一个最早时间（标注于节点上方）。

提醒： 不用把所有节点的最早时间全求出来，将节点 A 到节点 I 所途经的各个节点的最早时间求出即可。

答案：（24）B、（25）D

（2005 下半年，上午）试题（30）

在关键路径上增加资源不一定会缩短项目的工期，这是因为__(30)__。

(30) A．关键路径上的活动是不依赖于时间和资源的
　　　B．关键活动所配置的资源数量是充足的
　　　C．关键活动的历时是固定不变的
　　　D．增加资源有可能导致产生额外的问题并且降低效率

解析：
增加资源有可能导致额外的问题并且降低效率，回想一下九龙治水、三个和尚没水吃的典故。

答案：D

（2005下半年，上午）试题（32）

在下面的项目活动图中，关键路径的时长为__(32)__周。

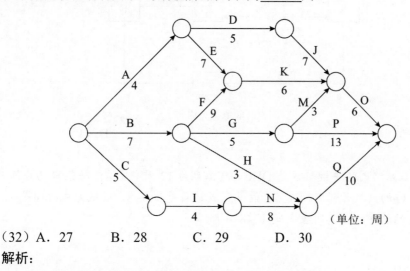

(32) A. 27　　　B. 28　　　C. 29　　　D. 30

解析：

- 这道题的选项没有给我们提供路径，解法有两种：
  ◆ 把所有路径逐个查一遍，大约耗时 2 分钟。
  ◆ 计算节点的最早时间（标注于节点上方），大约耗时 3 分钟，计算结果如下图所示，关键路径为 BFKO，工期为 28 周。

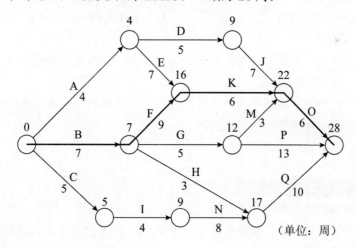

答案：B

（2008上半年，上午）试题（36）

下图中活动"G"可以拖延__(36)__周而不会延长项目的最终结束日期。

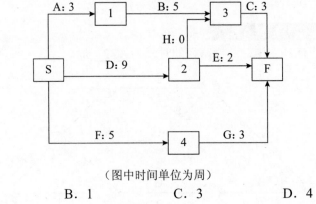

（图中时间单位为周）

（36）A．0　　　　　B．1　　　　　C．3　　　　　D．4

解析：
- 首先，网络图的关键路径是 DHC，总工期为 12 周（注意：任务 H 为虚活动）。
- 任务 G 的最早开始时间是 5，最早完成时间是 5+3=8，最迟完成时间是 12，任务 G 的总浮动（总时差）是 12-8=4 周。

答案：D

（2008 上半年，上午）试题（40）

一项任务的最早开始时间是第 3 天，最晚开始时间是第 13 天，最早完成时间是第 9 天，最晚完成时间是第 19 天。该任务 (40) 。

（40）A．在关键路径上　　　　　B．有滞后
　　　C．进展情况良好　　　　　D．不在关键路径上

解析：
- 该任务的最早开始时间与最晚开始时间不同，显然是非关键任务，总浮动（总时差）是 13-3=10 天。
- C 错，无法判断该任务的进展情况，因为上述时间都是该任务的计划时间，并没有给出实际的开始和完成时间。

答案：D

（2009 上半年，上午）试题（14）

某项目的时标网络图如下（时间单位：周），在项目实施过程中，因负责实施的工程师误操作发生了质量事故，需整顿返工，造成工作 4—6 拖后 3 周，受此影响，工程的总工期会拖延 (14) 周。

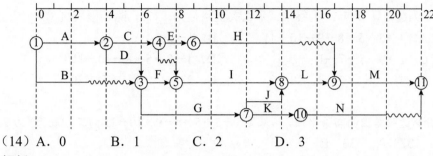

（14）A．0   B．1   C．2   D．3

解析：

- 要做对这道题，首先要能看懂时标网络图，横坐标是时间刻度，网络图是双代号网络图，即活动在边上，节点代表活动的起止，直线的横向长度代表任务的工期，波浪线代表活动的自由浮动（自由时差），工作 4—5 是虚活动。图看懂之后，解题就非常简单了。
- 网络图有两条关键路径（没有波浪线的路径），分别是 1→2→3→5→8→9→11 和 1→2→3→7→8→9→11，工期是 22 周。
- 工作 4—6 拖后 3 周，意味着什么？是节点 4、5、6 统统往右挪 3 格？还是节点 4 和节点 6 往右挪 3 格？
- 工作 4—6 拖后 3 周，意味着节点 4 和节点 6 之间的直线长度延长 3 格，即节点 6 往右挪 3 格，节点 4 不动。
- 工作 6—9 有 2 周的自由浮动，节点 6 往右挪 3 格，导致节点 9 往右挪 1 格，而节点 9 在关键路径上，即项目总工期延长 1 周（节点 11 也往右挪 1 格）。

提醒： 图中的工作 4—5 为虚活动（dummy activity），仅是为了解决双代号网络图在活动依赖关系表达能力方面的缺陷而产生的虚拟活动（不需要人去做，也不消耗时间）。

答案： B

（2009 下半年，上午）试题（37）、（38）

下图为某工程的进度网络图。

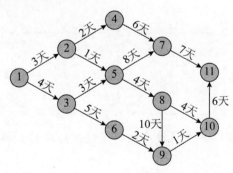

节点 1 为起点，节点 11 为终点，那么关键路径为 (37)，此工程最快 (38) 天完成。

(37) A. 1→3→5→8→9→10→11   B. 1→2→4→7→11
     C. 1→3→5→7→11   D. 1→2→5→8→10→11
(38) A. 18   B. 28   C. 22   D. 20

解析：
逐一分析选项给出的四条路径，结果是 1→3→5→8→9→10→11 的工期最长，为 28 天。
答案： (37) A、(38) B

(2010 上半年，上午) 试题 (66)、(67)

在软件开发项目中，关键路径是项目事件网络中 (66)，组成关键路径的活动称为关键活动。下图中的关键路径历时 (67) 个时间单位。

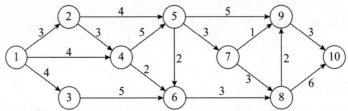

(66) A. 最长的回路   B. 最短的回路
     C. 源点和汇点间的最长路径   D. 源点和汇点间的最短路径
(67) A. 14   B. 18   C. 23   D. 25

解析：

● 关键路径是网络图中源点和汇点间的最长路径（上图中节点 1 为源点，节点 10 为汇点）。

● (66) 题为什么不选 A？回答：网络图中没有回路、没有循环。

● (67) 题的选项没有给我们提供路径，而且题中的路径比较复杂，穷举法容易出错，适于计算节点的最早时间（标注于节点上方），计算结果如下图所示，关键路径为 1→2→4→5→7→8→10，工期为 23 个时间单位。

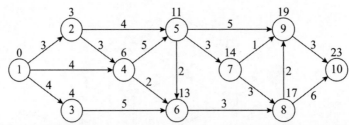

● 当然，本题也可以不用简捷办法，而使用标准的正推、逆推来求，求解结果如下图。

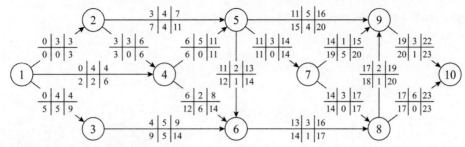

答案：(66) C、(67) C

(2010 下半年，上午) 试题 (35)

某项工程由下列活动组成。

活 动	紧前活动	所需天数	活 动	紧前活动	所需天数
A	—	3	F	C	8
B	A	4	G	C	4
C	A	5	H	D、E	2
D	B、C	7	I	G	3
E	B、C	7	J	F、H、I	2

(35) 是该工程的关键路径。

(35) A. ABEHJ   B. ACDHJ   C. ACGIJ   D. ACFJ

解析：

- 本题最简单的解法是直接求四个选项的路径长度，得出 ACDHJ 最长，为 19 天。

> **提醒：** 为稳妥起见，还应再查验一下这条路径是否真实存在，即相邻任务是否存在依赖关系。

- 规范的做法是把网络图画出求解，但画哪种网络图呢？实践证明，双代号网络图非常难画而且容易出错，尤其是要额外补充 2 个虚活动，如下图所示。

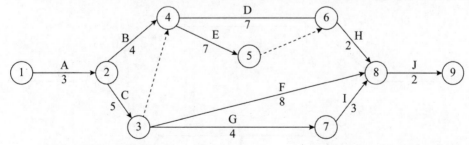

- 上图中的虚线代表虚活动（dummy activity），仅是为了解决双代号网络图在活动依赖关系表达能力方面的缺陷而产生的虚拟活动（不需要人去做，也不消耗时间）。

- 单代号网络图相对简单直观一些，如下图所示。

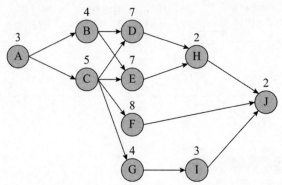

- 上面的网络图有 2 条关键路径：ACDHJ、ACEHJ，关键路径长度为 19 天。
- 当然，本题也可用时标网络图求解，但更为复杂，附图如下。

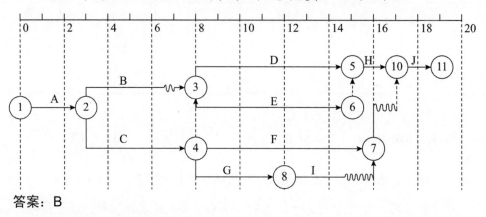

答案：B

（2010 下半年，上午）试题（37）

以下是某工程进度网络图，如果因为天气原因，活动 3—7 的工期延后 2 天，那么总工期将延后 (37) 天。

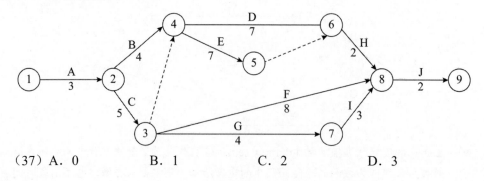

(37) A. 0　　　　B. 1　　　　C. 2　　　　D. 3

解析:

- 这张图是不是看着比较熟悉,没错,这就是前面 2010 年下半年上午第 35 题的图。
- 该网络图有 2 条关键路径:ACDHJ、ACEHJ,关键路径长度为 19 天,如下图所示。

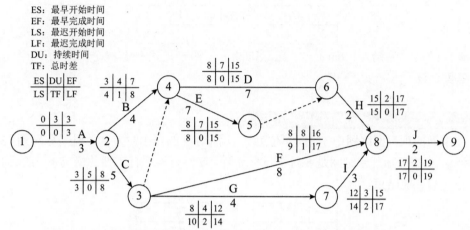

- "活动 3—7 的工期延后 2 天"相当于把 G 任务的工期延长 2 天(由 4 天变为 6 天),而 G 恰好有 2 天的浮动,因此总工期不变。此时,网络图中的关键路径变成了 3 条:ACDHJ、ACEHJ、ACGIJ,工期仍为 19 天。

答案:A

(2012 上半年,上午)试题(33)

下图中,工作 E 的总时差是__(33)__。

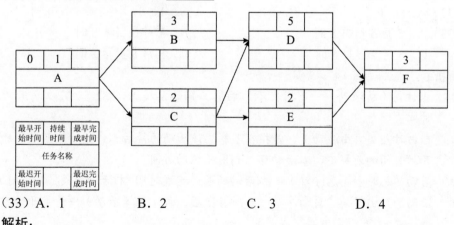

(33) A. 1　　　　　B. 2　　　　　C. 3　　　　　D. 4

解析:

- E 的总时差是 4,如下图所示。

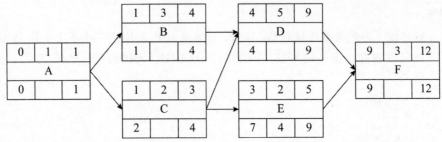

- 强调，浮动（Float）=时差（Slack），两者是同一个概念。

答案：D

(2013 上半年，上午) 试题（32）、（33）

在下面的项目网络图中（时间单位为天），活动 B 的自由时差和总时差分别为 (32)。如果活动 A 的实际开始时间是 5 月 1 日早 8 时，在不延误项目工期的情况下，活动 B 最晚应在 (33) 前结束。

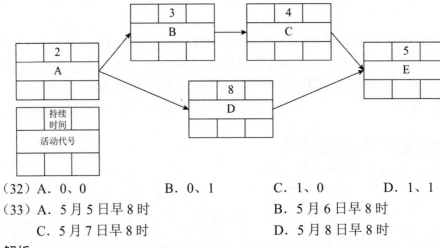

(32) A. 0、0　　　　　　B. 0、1　　　　　C. 1、0　　　　D. 1、1

(33) A. 5 月 5 日早 8 时　　　　　　　　B. 5 月 6 日早 8 时
　　　C. 5 月 7 日早 8 时　　　　　　　　D. 5 月 8 日早 8 时

解析：

- 总时差（总浮动），是指在不影响总工期的前提下，本活动可以利用的机动时间。
- 自由时差（自由浮动），是指在不影响该活动的紧后工作（后续活动）的最早开始时间的前提下，本活动可以利用的机动时间。
- 活动的总时差（总浮动）= 本活动的最迟完成时间 - 本活动的最早完成时间。
- 活动的自由时差（自由浮动）= 所有紧后工作（后续活动）中最早开始时间的最小值 - 本活动的最早完成时间，如下图所示。

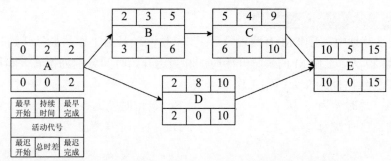

- 活动 B 的总时差=B 的最迟完成时间-B 的最早完成时间=6-5=1。
- 活动 B 的自由时差=C 的最早开始时间-B 的最早完成时间=5-5=0。
- 若活动 A 的实际开始时间是 5 月 1 日早 8 时,在不延误项目工期的情况下,活动 B 最晚应在 5 月 7 日早 8 时前结束。

答案:(32) B、(33) C

(2014 上半年,上午) 试题 (35)

某项目各项工作的先后顺序及工作时间如下表所示,该项目的总工期为 (35) 天。

序 号	活动名称	紧前活动	活动持续时间(天)
1	A	—	5
2	B	A	7
3	C	A	5
4	D	A	6
5	E	B	9
6	F	C、D	13
7	G	E、F	6
8	H	F	5
9	I	G、H	2

(35) A. 31 B. 32 C. 33 D. 34

解析:

关键路径为 ADFGI,工期为 32,网络图如下所示。

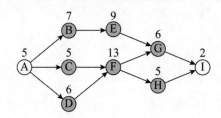

答案:B

（2014 下半年，上午）试题（36）

已知网络计划中，工作 M 有两项紧后工作，这两项紧后工作的最早开始时间分别为第 15 天和第 17 天，工作 M 的最早开始时间和最迟开始时间分别为第 6 天和第 9 天，如果工作 M 的持续时间为 9 天，则工作 M（36） 。

（36）A．总时差为 3 天 　　　　　　 B．自由时差为 1 天
　　　 C．总时差为 2 天 　　　　　　 D．自由时差为 2 天

解析：

已知条件如下左图所示，推导后得出如下右图，M 的总时差=3 天，自由时差=0 天。

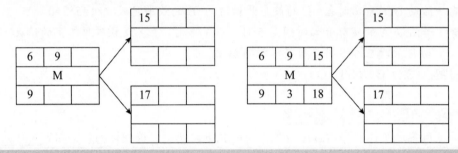

> 提醒：自由浮动/自由时差（Free Float/Free Slack）等于紧后工作的最早开始时间的最小值减去本任务最早完成时间。

答案：A

（2015 上半年，上午）试题（68）

某工程的进度计划网络图如下，其中包含了 1—10 共 10 个节点，节点之间的箭线表示作业及其进度方向，箭线旁标注了作业所需的时间（单位：周）。设起始节点 1 的时间为 0，则节点 5 的最早时间和最迟时间分别为 (68) 周。

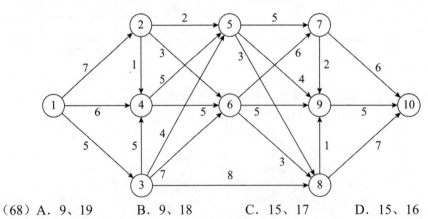

(68) A．9、19 　　　 B．9、18 　　　 C．15、17 　　　 D．15、16

解析
- 第一步：正向推导，求每个节点的最早时间，如下图所示。

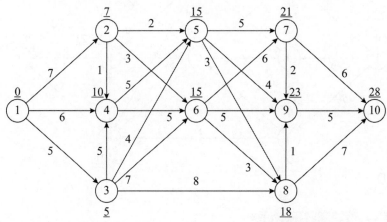

- 网络图的关键路径为：1→3→4→6→7→9→10，工期为28天。
- 有同学问，如何在只知道节点最早时间的情况下求关键路径？
- 下面传授一个独家秘笈（单代号、双代号网络图均适用）：

（1）从网络图的最后一个节点10开始，看看它的最早时间28是怎么得来的。

（2）28是由23+5得来的，即节点9的最早时间23加上二者之间任务的工期5。

（3）于是关键路径一定是X→X→X→9→10。

（4）接下来看节点9的最早时间23又是怎么得来的。

（5）23是由21+2得来的，即节点7的最早时间21加上二者之间任务的工期2。

（6）于是关键路径一定是X→X→X→7→9→10。

（7）以此类推，直至返回网络图的起点——节点1，如下图所示。

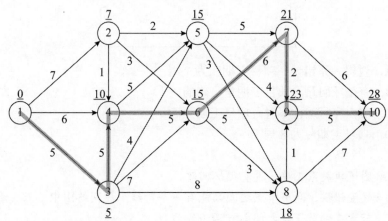

- 第二步：逆向推导，求每个节点的最迟时间（下图中，每个节点左侧标记的是最早时间，右侧标记的是最迟时间）。

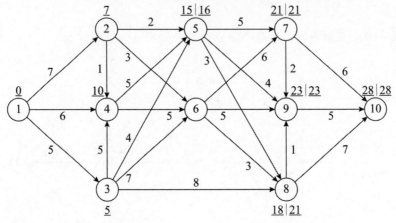

答案：D

(2015下半年，上午) 试题 (35)

已知某系统由 A、B、C、D、E、F 六个活动构成，项目实习人员根据活动逻辑关系及历时等信息绘制了该系统的网络图，并给出了该系统的工期为 9 周，项目组其他成员纷纷提出意见。以下意见中__(35)__是正确的。

工作名称	A	B	C	D	E	F
紧前关系	—	—	A	A	A、B	A、B
历时	2周	3周	4周	6周	5周	1周

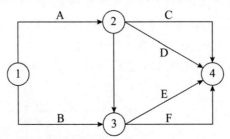

(35) A. 逻辑关系错误，项目工期应为 7 周
　　 B. 有循环回路，项目工期是正确的
　　 C. 节点序号编排不对，项目工期正确
　　 D. 项目工期应为 8 周

解析：
- 网络图逻辑关系正确，没有循环回路。
- 节点设置错误，两个节点之间只能有一条箭线。原网络图中节点 2 和节点 4 之间、节点 3 和节点 4 之间各有两条箭线。
- 正确的网络图如下所示。

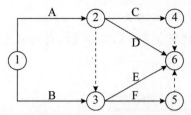

- 项目关键路径有两条，AD 和 BE，工期为 8 周。

提醒：节点 2 和节点 3 之间的箭线为虚活动。

答案：D

(2016 下半年，上午) 试题 (37)

某项目包括的活动情况如下表所示。

活　动	持续时间	活　动	持续时间
A	4	D	2
B	3	E	3
C	4	F	4

活动 D 和活动 F 只能在活动 C 结束后开始。活动 A 和活动 B 可以在活动 C 开始后的任何时间内开始，但是必须在项目结束前完成。活动 E 只能在活动 D 完成后开始。活动 B 是在活动 C 开始 1 天后才开始的。在活动 B 的过程中，发生了一件意外事件，导致活动 B 延期 2 天。为了确保项目按时完成，__(37)__。

(37) A. 应为活动 B 添加更多资源

B. 不需要采取任何措施

C. 需为关键路径上的任务重新分配资源

D. 应为活动 D 添加更多资源

解析：

- 网络图如下所示。

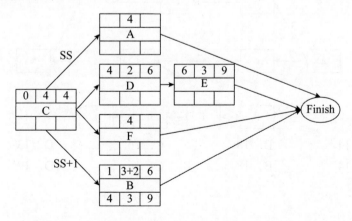

- 关键路径是 CDE，工期是 9 天。
- B 不是关键任务，延迟 2 天后仍有 3 天的自由时差。

答案：B

(2017 上半年，上午) 试题 (36)、(37)

下图是某项目的箭线图（时间单位：周），其关键路径是 (36)，工期是 (37) 周。

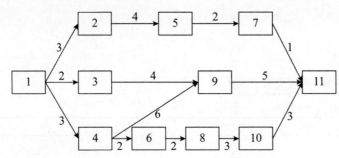

(36) A. 1→4→6→8→10→11　　　B. 1→3→9→11
　　 C. 1→4→9→11　　　　　　 D. 1→2→5→7→11
(37) A. 14　　　B. 12　　　C. 11　　　D. 13

解析：
关键路径为 1→4→9→11，工期为 14 周。
答案：(36) C、(37) A

(2017 下半年，上午) 试题 (37)、(38)

下图中（单位：周）显示的项目历时总时长是 (37) 周。在项目实施过程中，活动 d—i 比计划延期了 2 周，活动 a—c 实际工期是 6 周，活动 f—h 比计划提前了 1 周，此时该项目的历时总时长为 (38) 周。

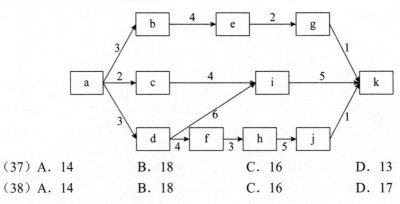

(37) A. 14　　　B. 18　　　C. 16　　　D. 13
(38) A. 14　　　B. 18　　　C. 16　　　D. 17

解析：
- 原网络图的关键路径为 adfhjk，总时长为 16 周。
- 新网络图的关键路径为 adIk，总时长仍为 16 周，此时的新网络图如下所示。

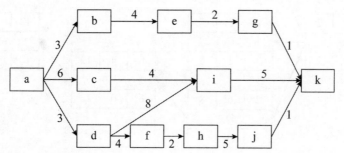

答案：（37）C、（38）C

（2017 下半年，上午）试题（75）

In project network diagram, the number of critical path is (75).

（75）A．none　　　　B．only one　　　　C．only two　　　　D．one or more

解析：
在项目网络图中，关键路径的数量为一条或多条。

答案：D

（2018 上半年，上午）试题（37）、（38）

某项目包含 A、B、C、D、E、F、G 七个活动，各活动的历时估算和活动间的逻辑关系如下表所示，活动 C 的总浮动时间是 (37) 天，该项目工期是 (38) 天。

活动名称	活动历时（天）	紧前活动
A	2	—
B	4	A
C	5	A
D	6	A
E	4	B
F	4	C、D
G	3	E、F

（37）A．0　　　　B．1　　　　C．2　　　　D．3
（38）A．13　　　　B．14　　　　C．15　　　　D．16

解析：
关键路径是 ADFG，项目工期是 15 天。网络图如下所示。

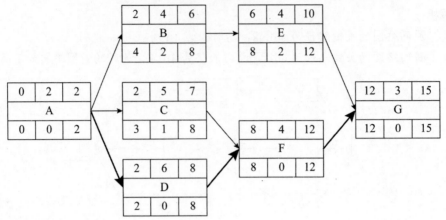

答案：(37) B、(38) C

（2018 下半年，上午）试题（38）、（39）

项目经理为某政府网站改造项目制作了如下双代号网络图（单位：天），该项目的总工期为_(38)_天。在项目实施过程中，活动 2—7 比计划提前了 2 天，活动 8—10 实际工期是 3 天，活动 6—7 的工期增加了 3 天，判断对项目总工期的影响：_(39)_。

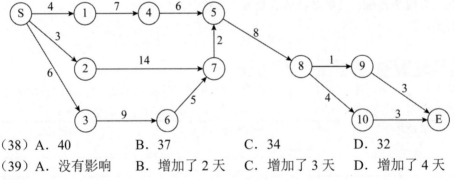

(38) A. 40   B. 37   C. 34   D. 32
(39) A. 没有影响   B. 增加了 2 天   C. 增加了 3 天   D. 增加了 4 天

解析：
- 关键路径为 S→3→6→7→5→8→10→E，总工期为 37 天。
- 活动 2→7 不在关键路径上，提前 2 天，对总工期无影响。
- 活动 8→10 是关键任务，提前 1 天完成，项目总工期减少 1 天。
- 活动 6→7 是关键任务，工期增加 3 天，项目总工期增加 3 天。
- 3-1=2 天，上述因素最终导致项目总工期增加了 2 天。

答案：(38) B、(39) B

（2019 上半年，上午）试题（37）、（38）

某项目包含 A、B、C、D、E、F、G 七个活动，各活动的历时估算和逻辑关系如下表所示，则活动 C 的总浮动时间是 (37) 天，项目工期是 (38) 天。

活动名称	紧前活动	活动历时（天）
A	—	2
B	A	4
C	A	5
D	A	6
E	B、C	4
F	D	6
G	E、F	3

(37) A. 0　　　　B. 1　　　　C. 2　　　　D. 3
(38) A. 14　　　　B. 15　　　　C. 16　　　　D. 17

解析：

关键路径为 ADFG，项目工期是 17 天。网络图如下所示。

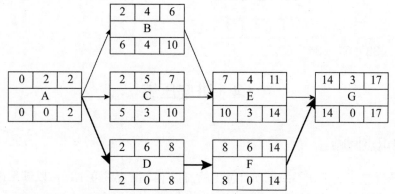

答案：(37) D、(38) D

(2019 下半年，上午) 试题 (33)、(34)

某项目包含 A、B、C、D、E、F、G 七个活动，各活动的历时估算和活动间的逻辑关系如下表所示。

活动名称	活动历时（天）	紧前活动
A	2	—
B	4	A
C	5	A
D	3	A
E	4	B
F	4	B、C、D
G	3	E、F

依据上表内容,活动 D 的总浮动时间是 (33) 天,该项目工期为 (34) 天。

(33) A. 0　　　　　B. 1　　　　　C. 2　　　　　D. 3
(34) A. 12　　　　 B. 13　　　　 C. 14　　　　D. 15

解析:

关键路径为 ACFG,项目工期是 14 天。网络图如下所示。

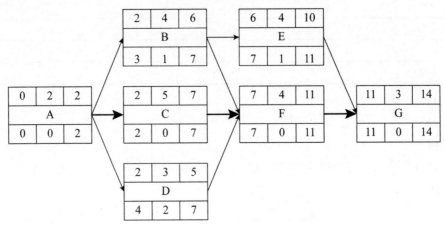

答案:(33) C、(34) C

1.4 进度压缩

1.4.1 知识点回顾

进度压缩技术是指在不缩减项目范围的前提下,缩短进度工期,以满足进度制约因素、强制日期或其他进度目标。进度压缩技术包括(但不限于):

(1) 赶工。通过增加资源,以最小的成本增加来压缩进度工期。赶工的例子包括批准加班、增加额外资源或支付加急费用,来加快关键路径上的活动。赶工只适用于那些通过增加资源就能缩短持续时间的,且位于关键路径上的活动。赶工并非总是切实可行的,它可能导致风险和/或成本的增加。

(2) 快速跟进。将正常情况下按顺序进行的活动或阶段改为至少部分并行开展。例如,在大楼的建筑图纸尚未全部完成前就开始建地基。快速跟进可能造成返工和风险增加,它只适用于能够通过并行活动来缩短项目工期的情况。

1.4.2 历年试题解析

(2005 上半年,上午) 试题 (34)

在计划编制完成后,项目团队认为所制定的进度时间太长,分析表明不能改变工作网络图，但该项目有附加的资源可利用。项目经理采用的最佳方式是 (34)。

（34）A．快速追踪项目 　　　　　B．引导一项 Monte Carlo 分析
　　　C．利用参数估算 　　　　　　D．赶工

解析：
- "不能改变工作网络图"是在告诉你不能选 A。
- "有附加的资源可利用"是在提醒你应该选 D。
- Monte Carlo 分析是一种建模仿真技术，主要用于量化风险分析。

答案： D

(2006 下半年，上午) 试题 (36)

某项目最初的网络图如下，为了压缩进度，项目经理根据实际情况使用了快速跟进的方法：在任务 A 已经开始一天后开始实施任务 C，从而使任务 C 与任务 A 并行 3 天。这种做法将使项目 (36)。

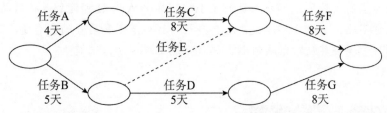

（36）A．完工日期不变 　　　　　B．提前 4 天完成
　　　C．提前 3 天完成 　　　　　D．提前 2 天完成

解析：
- 首先依据原网络图，求出关键路径为 ACF，工期为 20 天（注意：任务 E 为虚活动）。
- 解这道题的关键是要能画出新网络图，如下图所示。

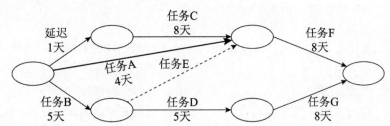

- 新网络图画好后，问题迎刃而解，新关键路径为 BDG，新工期为 18 天，比原计划提前 2 天完成。

答案： D

(2009 下半年，上午）试题（53）

项目经理小丁负责一个大型项目的管理工作，目前因人手紧张，只有 15 个可用的工程师，因为其他工程师已经被别的项目占用。这 15 个工程师可用时间不足所需时间的一半，并且小丁也不能说服管理层改变这个大型项目的结束日期。在这种情况下，小丁应该（53）。

（53）A．与团队成员协调必要的加班，以便完成工作
　　　B．告诉团队成员他们正在从事一项很有意义的工作，以激发他们的积极性
　　　C．征得管理层同意，适当削减工作范围，优先完成项目主要工作
　　　D．使用更有经验的资源，以更快地完成工作

解析：
- "只有 15 个可用的工程师，因为其他工程师已经被别的项目占用"，这是在提示你不能选 D，因为已经没有"更有经验的资源"了。
- "这 15 个工程师可用时间不足所需时间的一半"，这是在提示你不能选 A 和 B，因为差的太多了。如果人员只差 10%，那么 A 和 B 可能都是很好的办法。
- 人员不足、工期又不能变，怎么办？只有打范围和质量的主意了，不过，现代项目管理极其反对削减质量，那就只剩下范围了，选 C。

答案：C

（2012 上半年，上午）试题（74）

Your project is behind schedule due to conflict between team members. Having resolved the conflict, to get the project back on schedule, you should consider（74）.

（74）A．crashing the schedule
　　　B．performing resource leveling
　　　C．conducting reverse resource allocation scheduling
　　　D．utilizing the critical chain resources

解析：
由于团队成员之间的冲突，项目进度已落后于计划。冲突解决后，为使项目按期完成，你应该考虑（74）。

（74）A．压缩工期　　　　　　　　　　B．执行资源调配
　　　C．进行反向资源分配调度　　　　D．利用关键链资源

答案：A

（2013 上半年，上午）试题（52）

一个项目经理被分配到一个高优先度的新项目。只有 5 个可用的资源，因为其他资源已经被承诺给别的项目，完成项目的资源可用时间不足所需时间的一半，并且这个项

目经理不能说服管理层改变项目的结束日期。此时，项目经理应 (52)。

(52) A．协调团队成员安排必要的加班，以便完成工作

B．给团队提供良好的工作环境

C．通过删除在限定的时间内不能完成的工作来削减工作范围

D．使用更有经验的资源，更快地完成工作

解析：

此为前面 2009 年下半年上午第 53 题的原题重现。

答案：C

(2015 下半年，上午) 试题 (74)

Schedule compression shortens the project schedule without changing the project scope, to meet schedule constraints, imposed dates, or other schedule objectives. Schedule compression techniques include crashing and ___(74)___.

(74) A．fast tracking　　　　　　　B．what-if scenario analysis

C．resource leveling　　　　　D．critical chain method

解析：

- 进度压缩在不改变项目范围的条件下，缩短项目进度，以满足进度约束、强制日期或其他进度目标，进度压缩技术包括赶工和（快速跟进）。
- A 为快速跟进，B 为假设情景分析，C 为资源平衡，D 为关键链法。

答案：A

(2018 上半年，上午) 试题 (66)、(67)

某项工程的活动明细如下表所示（时间：周；费用：万元）。

活动名称	紧前活动	正常进度		赶工	
		所需时间	直接费用	所需时间	直接费用
A	—	3	10	2	15
B	A	8	15	6	17
C	A	4	12	3	13
D	C	5	8	3	11
项目间接费用每周需要 1 万元					

项目总预算由原先的 60 万元增加到 63 万元，根据上表，在预算约束下该工程的最快完成时间为 (66) 周，所需项目总费用为 (67) 万元。

(66) A．9　　　　　B．8　　　　　C．14　　　　　D．12

(67) A．60　　　　B．64　　　　C．56　　　　D．45

解析：
- 正常进度的网络图如下所示。

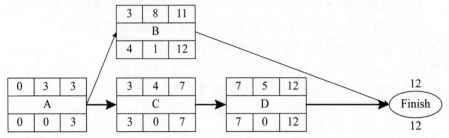

- 正常进度的项目周期为 12 周，总费用=10+15+12+8+12=57 万元。
- 所有活动全部赶工，则项目周期缩短为 8 周，总费用=15+17+13+11+8=64 万元，超出了项目总预算，因此必须有活动不参加赶工。
- 计算每个活动的单位赶工成本，如下表所示。

活动名称	正常进度		赶 工		单位赶工成本
	所需时间	直接费用	所需时间	直接费用	（单位：万元/周）
A	3	10	2	15	5
B	8	15	6	17	1
C	4	12	3	13	1
D	5	8	3	11	1.5

- 活动 A 的单位赶工成本过高，不应参加赶工，则只赶工 B、C、D，此时的项目周期为 9 周，总费用=10+17+13+11+9=60 万元。
- 此时的网络图如下所示。

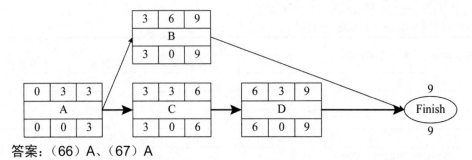

答案：(66) A、(67) A

1.5 资源优化

1.5.1 知识点回顾

资源优化技术是根据资源供需情况，来调整进度模型的技术，包括（但不限于）：

（1）资源平衡（Resource Leveling）。这是为了在资源需求与资源供给之间取得平衡，根据资源制约对开始日期和结束日期进行调整的一种技术。如果共享资源或关键资源只在特定时间可用，数量有限，或被过度分配，如一个资源在同一时段内被分配至两个或多个活动，就需要进行资源平衡。也可以为保持资源使用量处于均衡水平而进行资源平衡。资源平衡往往导致关键路径改变，通常是延长。

（2）资源平滑（Resource Smoothing）。这是对进度模型中的活动进行调整，从而使项目资源需求不超过预定的资源限制的一种技术。相对于资源平衡而言，资源平滑不会改变项目关键路径，完工日期也不会延迟。也就是说，活动只在其自由浮动时间和总浮动时间内延迟。

1.5.2　历年试题解析

(2008 下半年，上午）试题（66）、（67）

某工程包括 A、B、C、D、E、F、G 七个作业，各个作业的紧前作业、所需时间、所需人数如下表所示。

作业	A	B	C	D	E	F	G
紧前作业	—	—	A	B	B	C、D	E
所需时间（周）	1	1	1	3	2	3	2
所需人数	5	9	3	5	2	6	1

该工程的计算工期为 (66) 周。按此工期，整个工程至少需要 (67) 人。

(66) A．7　　　　　B．8　　　　　C．10　　　　　D．13
(67) A．9　　　　　B．10　　　　　C．12　　　　　D．14

解析：

● 首先绘制网络图，如下所示。

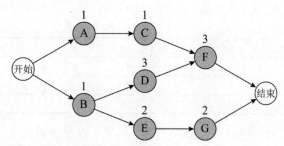

● 可知关键路径为 BDF，工期为 7 周。
● 整个网络图共有三条路径：ACF、BDF、BEG，绘制简易的资源甘特图，如下所示。

时间	1	2	3	4	5	6	7
关键路径 BDF	B9	D5	D5	D5	F6	F6	F6
非关键路径 ACF	A5	C3			✕	✕	✕
非关键路径 BEG	✕	E2	E2	G1	G1		
资源消耗	14	10	7	6	7	6	6

- ◆ B9 代表 B 需要 9 个人，A5 代表 A 需要 5 个人，以此类推。
- ◆ C 后面的两个空格，代表 C 有 2 周的自由浮动。
- ◆ 画叉的格代表不能将任务挪动到此格。
- ◆ 资源平滑之前，整个工程至少需要 14 个人。

● 资源平滑（Resource Smoothing）：横向挪动非关键任务，以使所需总人数最少。
● 调配结果如下，A、C、E、G 均推迟一周开始，在总工期不变的前提下，10 人即可完成工程。

时间	1	2	3	4	5	6	7
关键路径 BDF	B9	D5	D5	D5	F6	F6	F6
非关键路径 ACF		A5	C3		✕	✕	✕
非关键路径 BEG	✕		E2	E2	G1	G1	
资源消耗	9	10	10	7	7	6	6

答案：（66）A、（67）B

（2009 上半年，上午）试题（57）、（58）

某工程包括 A、B、C、D、E、F、G、H 八个作业，各个作业的紧前作业、所需时间和所需人数如下表所示（假设每个人均能承担各个作业）。

作业	A	B	C	D	E	F	G	H
紧前作业	—	—	A	B	C	C	D、E	G
所需时间（周）	2	1	1	1	2	1	2	1
所需人数	8	4	5	4	4	3	7	8

该工程的工期应为（57）周。按此工期，整个工程至少需要（58）人。

(57) A. 8　　　　　　B. 9　　　　　　C. 10　　　　　　D. 11
(58) A. 8　　　　　　B. 9　　　　　　C. 10　　　　　　D. 11

解析：

● 仍可按前面 2008 年下半年上午第 66 题、第 67 题的解法，来绘制网络图，如下所示。

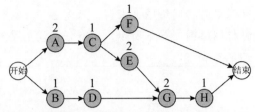

- 可知关键路径为 ACEGH，工期为 8 周。
- 整个网络图共有三条路径：ACEGH、BDGH、ACF，绘制简易的资源甘特图，如下所示。

时间	1	2	3	4	5	6	7	7
关键路径 ACEGH	A8	A8	C5	E4	E4	G7	G7	H8
非关键路径 BDGH	B4	D4				×	×	×
非关键路径 ACF	×	×	×	F3				
资源消耗	12	12	5	7	4	7	7	8

◆ 资源平滑之前，整个工程至少需要 12 个人。

- 资源平滑（Resource Smoothing）：横向挪动非关键任务，以使所需总人数最少。
- 调配结果如下，B 和 D 推迟 2 周开始，F 推迟 1 周开始，在总工期不变的前提下，9 人即可完成工程。

时间	1	2	3	4	5	6	7	8
关键路径 ACEGH	A8	A8	C5	E4	E4	G7	G7	H8
非关键路径 BDGH			B4	D4		×	×	×
非关键路径 ACF	×	×	×		F3			
资源消耗	8	8	9	8	7	7	7	8

注意：资源平滑的方案并不唯一，下图为另外一种调配方案。

时间	1	2	3	4	5	6	7	8
关键路径 ACEGH	A8	A8	C5	E4	E4	G7	G7	H8
非关键路径 BDGH			B4		D4	×	×	×
非关键路径 ACF	×	×	×	F3				
资源消耗	8	8	9	7	8	7	7	8

- 此外，本题还可以用时标网络图来求解，只需2步，貌似比资源甘特图简单。
- 第一步，绘制时标网络图，如下所示，所有任务均尽早开始。

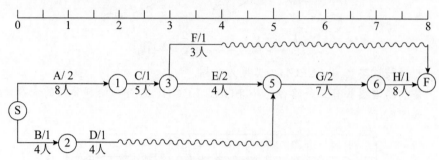

- 第二步，资源平滑：将非关键任务（有自由浮动的，即后边有波浪线的）向右移动，以使所需总人数最少，如下图所示。

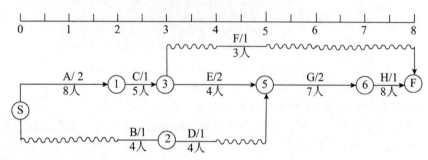

答案：(57) A、(58) B

（2010 上半年，上午）试题（35）、（36）

某工程包括 A、B、C、D、E、F、G 七项工作，各工作的紧前工作、所需时间以及所需人数如下表所示（假设每个人均能承担各项工作）。

工作	A	B	C	D	E	F	G
紧前工作	—	A	A	B	C、D	—	E、F
所需时间（天）	5	4	5	3	2	5	1
所需人数	7	4	3	2	1	2	4

该工程的工期应为 (35) 天。按此工期，整个工程最少需要 (36) 人。

(35) A. 13 B. 14 C. 15 D. 16
(36) A. 7   B. 8   C. 9   D. 10

解析：
- 本题的解法与前面2008年下半年上午第66题、第67题和2009年上半年上午第57题、第58题如出一辙。资源甘特图的解法不再赘述，下面简单看一下时标网络图的解法。

- 第一步,绘制时标网络图,如下所示,所有任务均尽早开始。

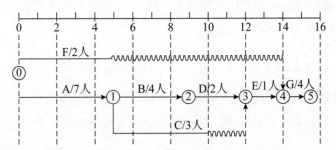

- 可知关键路径为 ABDEG,工期为 15 天。资源平滑之前,至少需要 9 个人。
- 第二步,资源平滑:将非关键任务(有自由浮动的,即后边有波浪线的)向右移动,以使所需总人数最少,如下图所示。

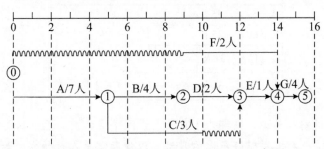

- 调配结果如下,F 推迟 9 天开始,在总工期不变的前提下,7 人即可完成工程。

答案:(35)C、(36)A

(2010 上半年,上午)试题(54)

某市数字城市项目主要包括 A、B、C、D、E 五项任务,且五项任务可同时开展。各项任务的预计建设时间以及人力投入如下表所示。

任　务	预计建设时间	预计投入人数
A	51 天	25 人
B	120 天	56 人
C	69 天	25 人
D	47 天	31 人
E	73 天	31 人

以下安排中,__(54)__ 能较好地实现资源平衡,确保资源的有效利用。

(54)A. 五项任务同时开工

　　B. 待 B 任务完工后,再依次开展 A、C、D、E 四项任务

　　C. 同时开展 A、B、D 三项任务,待 A 任务完工后开展 C 任务,D 任务完工

后开展 E 任务

D. 同时开展 A、B、D 三项任务，待 A 任务完工后开展 E 任务，D 任务完工后开展 C 任务

解析：

- 这是一道简易的资源平滑题目，而且数字都是凑好的。

注意： 考题经常将平衡和平滑两个术语混用，我们也不必太过区分。

- 绘制一张简易版的甘特图，如下所示，所有任务均尽早开始。

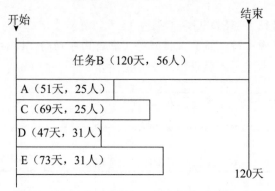

- 可知关键路径为 B，工期为 120 天。资源平衡之前，至少需要 168 个人。
- 资源平滑：将非关键任务向右移动，以使所需总人数最少，如下图所示。

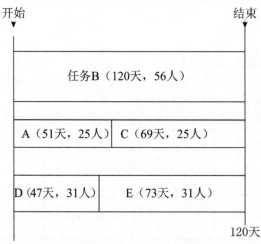

- 调配结果如下，A 做完后再做 C，D 做完后再做 E，在总工期不变的前提下，112 人即可完成。

答案：C

（2011 上半年，上午）试题（55）

根据以下某项目的网络图，在最佳的人力资源利用情况下，限定在最短时间内完成项目，则项目的人力资源要求至少为 (55) 人。

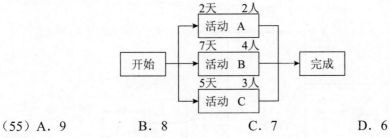

(55) A. 9　　　　　B. 8　　　　　C. 7　　　　　D. 6

解析：
这是一道极其简易的资源平滑题目，小学生数学题水平。将活动 A 推迟 5 天或将活动 B 推迟 2 天开始即可。

答案：C

（2015 上半年，上午）试题（66）

某信息系统集成项目包括 7 个作业（A~G），各作业所需的时间、人数以及各作业之间的衔接关系如下图所示（其中虚线表示不消耗资源的虚作业）。

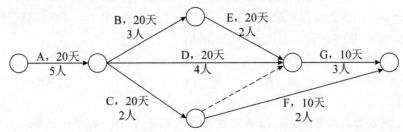

如果各作业都按最早时间开始，那么正确描述该工程每一天所需人数的图为 (66)。

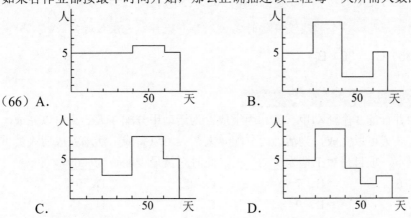

解析：
- 网络图的关键路径是 ABEG，工期是 70 天。
- 资源使用情况如下图所示。

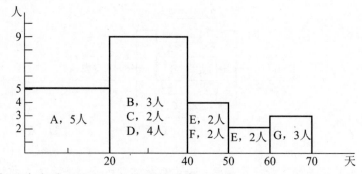

- 很多同学看到这道题，直接就想到资源平衡。
- 同学，要注意审题啊！题目要求的是"如果各作业都按最早时间开始"！

答案：D

(2016 下半年，上午) 试题 (35)、(36)

某项目由并行的 3 个模块 A、B 和 C 组成，其中活动 A 需要 3 人 5 天时间完成，活动 B 需要 6 人 7 天时间完成，活动 C 需要 4 人 2 天时间完成。为了保证项目在最短时间内完成，则最少应该为项目组配置 (35) 人。假设活动 A、B 和 C 按时完成的概率分别为 80%、70% 和 100%，则该项目按时完成的概率为 (36)。

(35) A. 6 　　　　 B. 9 　　　　 C. 10 　　　　 D. 13
(36) A. 50% 　　 B. 56% 　　 C. 64% 　　 D. 90%

解析：
- A 完成后，再开展 C，10 人可在 7 天内完成 A、B、C 三个任务。
- 项目按时完成的概率=80%×70%×100%=56%。

提醒：并联的特点是：一个模块没有按时完成，整个项目就无法按时完成。

答案：(35) C、(36) B

(2018 上半年，上午) 试题 (68)、(69)

某项目由并行的 3 个活动甲、乙和丙组成，为活动甲分配 3 人 5 天可以完成，为活动乙分配 6 人 7 天可以完成，为活动丙分配 4 人 2 天可以完成，活动完成后人员可再调配。在此情况下，项目最短工期为 (68) 天，此时人员最少配置为 (69) 人。

(68) A. 6 　　　　 B. 7 　　　　 C. 8 　　　　 D. 9
(69) A. 6 　　　　 B. 9 　　　　 C. 10 　　　　 D. 13

解析:

甲和丙串联,和乙并行,10人7天可以完成,如下图所示。

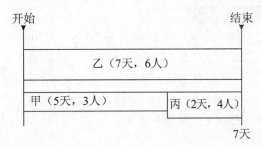

答案: (68) B、(69) C

1.6 PERT 估算

1.6.1 知识点回顾

通过考虑估算中的不确定性和风险,可以提高活动持续时间估算的准确性。这个概念源自计划评审技术(Program Evaluation and Review Technique,PERT)。PERT 使用三种估算值来界定活动持续时间的近似区间:

(1) 最可能时间(ML)。基于最可能获得的资源、最可能取得的资源生产率、对资源可用时间的现实预计、资源对其他参与者的可能依赖及可能发生的各种干扰等,所估算的活动持续时间。

(2) 最乐观时间(O)。基于活动的最好情况,所估算的活动持续时间。

(3) 最悲观时间(P)。基于活动的最差情况,所估算的活动持续时间。

PERT 假定持续时间在三种估算值区间内遵循贝塔分布(Beta Distribution),则期望持续时间 E 的计算公式为:$E=(O+4\times ML+P)/6$。

标准差(Standard Deviation)用以说明估算值(期望持续时间 E)的离散度和不确定区间,其计算公式为:$\sigma=(P-O)/6$。

举例如下:

- 活动 A 的最乐观时间为 7 天、最可能时间为 10 天、最悲观时间为 19 天。
- 活动 A 持续时间的 PERT 估算值为:$E=(7+4\times10+19)/6=11$ 天。
- 活动 A 持续时间 PERT 估算的标准差为:$\sigma=(19-7)/6=2$ 天。

提醒: 精确地说,三点估算法和 PERT 在概念上并不完全等同,不过,考试题却经常将它们混为一谈,好在这不影响我们选对答案。

1.6.2 历年试题解析

(2007下半年,上午)试题(37)

完成活动A所需的时间,悲观(P)的估计需36天,最可能(ML)的估计需21天,乐观(O)的估计需6天。活动A在16天至26天内完成的概率是__(37)__。

(37) A. 55.70%　　　　B. 68.26%　　　　C. 95.43%　　　　D. 99.73%

解析:

- 回顾一下PERT的公式,具体如下。

$$E = \frac{O + 4 \times ML + P}{6}$$

  E = Estimated time　　　　PERT估算结果
  O = Optimistic estimate　　乐观的估算
  ML = Most likely estimate　　最可能的估算
  P = Pessimistic estimate　　悲观的估算

- PERT估算值=(6+4×21+36)/6=21天。
- 回顾一下PERT标准差的计算公式,具体如下。

$$SD = \frac{P - O}{6}$$

  SD = Standard deviation　　标准差
  P = Pessimistic estimate　　悲观的估算
  O = Optimistic estimate　　乐观的估算

- 标准差也叫置信因子(confidence in estimate),经常用 σ 来表示。
- PERT标准差 σ=(36-6)/6=5天。
- PERT估算结果服从正态分布,在16天到26天内恰好为($E-\sigma$, $E+\sigma$)区间,其概率为68.26%,如下图所示。

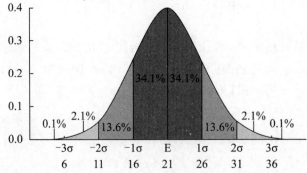

- 对于没有学习过概率论的考生而言,记住正态分布的以下三个特点即可:

- ◆ 以 E 为中心左右对称。
- ◆ 坡形曲线下面的阴影总面积为 1，即概率分布为 100%。
- ◆ （E, E+σ）区间的阴影面积为 34%，同理（E-σ, E）区间的阴影面积也是 34%。

举一反三
- 21 天内完成的概率是多少？50%
- 26 天内完成的概率是多少？84%
- 21～26 天之间完成的概率是多少？34%
- 16 天之内完成的概率是多少？16%
- 工期超过 26 天的概率是多少？16%

答案：B

（2009 上半年，上午）试题（52）、（53）

关键路径法是多种项目进度分析方法的基础。(52) 将关键路径法分析的结果应用到项目日程表中；(53) 是关键路径法的延伸，为项目实施过程中引入活动持续期的变化。

(52) A．PERT 网络分析 　　　　　　　B．甘特图
　　　C．优先日程图法　　　　　　　　D．启发式分析法
(53) A．PERT 网络分析 　　　　　　　B．甘特图
　　　C．优先日程图法　　　　　　　　D．启发式分析法

解析：
- 甘特图（Gantt chart），也称横道图、条形图（Bar chart），将关键路径法分析的结果应用到项目日程表中，将活动历时（Duration）转化成日历时间（Calendar time）。
- PERT 是关键路径法的延伸，引入了三种时间估算来解决活动中潜在的不确定性。
- 所谓"优先日程图法"就是前导图（PDM），是很多年前台湾同胞的翻译方法。
- 活动持续期=活动历时=Activity Duration。

答案：(52) B、(53) A

（2010 上半年，上午）试题（37）、（38）

完成某信息系统集成项目中的一个最基本的工作单元 A 所需的时间，乐观的估计需 8 天，悲观的估计需 38 天，最可能的估计需 20 天，按照 PERT 方法进行估算，项目的工期应该为 (37)，在 26 天以后完成的概率大致为 (38)。

(37) A．20　　　　　B．21　　　　　C．22　　　　　D．23
(38) A．8.9%　　　　B．15.9%　　　　C．22.2%　　　　D．28.6%

解析：
- PERT 估算值=（8+4×20+38）/6=21 天。
- PERT 标准差 σ=（38-8）/6=5 天。
- 26 天以后完成恰好为（E+σ, +∞）区间，其概率为 15.9%，如下图所示。

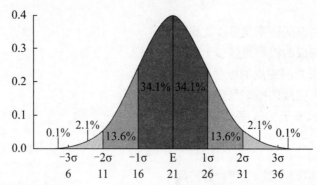

答案：（37）B、（38）B

（2010 下半年，上午）试题（36）

下表给出了某项目中各活动的乐观估计时间、最可能估计时间和悲观估计时间，则项目的期望完工总时间是__(36)__天。

工序	紧前工序	乐观估计时间/天	最可能估计时间/天	悲观估计时间/天
A	—	8	10	12
B	—	11	12	14
C	B	2	4	6
D	A	5	8	11
E	A	15	18	21
F	C、D	7	8	9
G	E、F	9	12	15

(36) A. 36　　　　B. 38　　　　C. 40　　　　D. 42

解析：
- 首先需要计算出每道工序的 PERT 估算值，具体如下。

工序	A	B	C	D	E	F	G
PERT 估算值	10	12.17	4	8	18	8	12

- 然后画出网络图，具体如下图所示。

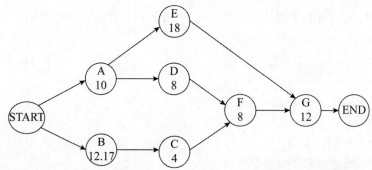

- 关键路径为 AEG，工期为 40 天。

答案：C

（2011 上半年，上午）试题（36）

某项任务由子任务 I（计划编制和批准）和子任务 II（计划实施）组成。项目经理认为子任务 I 的乐观历时为 3 天，最可能为 4 天，悲观历时为 8 天；子任务 II 的乐观历时为 5 天，最可能为 6 天，悲观历时为 10 天。根据估算，该任务估算历时为 (36) 天。

(36) A. 10　　　　B. 11　　　　C. 12　　　　D. 13

解析：

- 子任务 I 的 PERT 估算值=（3+4×4+8）/6=4.5 天。
- 子任务 II 的 PERT 估算值=（5+4×6+10）/6=6.5 天。
- 该任务的估算历时为=4.5+6.5=11 天。

答案：B

（2012 下半年，上午）试题（37）

某项目预计最快 12 天完成，最慢 36 天完成，21 天完成的可能性最大。公司下达的计划是 18 天完成，要使计划完成的概率达到 50%，在计划中需要增加 (37) 天应急时间。

(37) A. 4　　　　B. 6　　　　C. 8　　　　D. 22

解析：

- PERT 估算值=（12+4×21+36）/6=22 天，即项目在 22 天内完工的概率是 50%。
- 公司下达的计划是 18 天完成，需要增加 22–18=4 天的应急时间。

答案：A

（2014 上半年，上午）试题（36）

项目经理小李对一个小项目的工期进行估算时，发现开发人员的熟练程度对工期有较大的影响。如果都是经验丰富的开发人员，预计 20 天可以完成；如果都是新手，预计需要 38 天；按照公司的平均开发速度，一般 26 天可以完成。该项目的工期可以估算为 (36) 天。

  (36) A. 26   B. 27   C. 28   D. 29

解析：
PERT 估算值=（20+4×26+38）/6=27 天。

答案： B

（2014 下半年，上午）试题（57）

  某软件开发项目拆分成 3 个模块，项目组对每个模块的开发量（代码行）进行了估计（见下表），该软件项目的总体规模估算为 (57) 代码行。

序 号	模块名称	最小值	最可能值	最大值
1	受理模块	1000	1500	2000
2	审批模块	5000	6000	8000
3	查询模块	2000	2500	4000

  (57) A. 10 333   B. 10 667   C. 14 000   D. 10 000

解析：
PERT 估算值=（1000+4×1500+2000）/6+（5000+4×6000+8000）/6+（2000+4×2500+4000）/6 = 10 333。

答案： A

（2014 下半年，上午）试题（35）

  制定进度计划过程中，常用于评价项目进度风险的技术是 (35) 。

  (35) A. 关键路径分析   B. 网络图分析
     C. PERT 分析   D. 关键链分析

解析：
- PERT 可用于对项目进度风险和成本风险进行量化分析，它引入了三种时间估算来解决活动中潜在的不确定性。
- 关键链法（Critical Chain Method）是一种进度网络分析技术，可以根据有限的资源对项目进度表进行调整。

提醒： 关键链法与关键路径法是两种方法，关键路径法是工作安排尽早开始，即尽可能提前，而关键链法是尽可能推迟。

- 关键链法的思想起源是 Parkinson 定理：工作总是拖延到它所允许最迟完成的那一天（Work expands to fit the allotted time）。大多数情况下，都是项目延期、工作延期，或者是勉强按期完成任务，很少有提前完成的。原因是：没有压力就没有动力；解决方法：安全裕量（浮动时间）不要放在具体的活动上，而是集中管理。

答案：C

（2015上半年，上午）试题（35）

某项目由 A、B、C、D、E 五个活动构成，完成各活动工作所需要的最可能时间 ML、最乐观时间 O、最悲观时间 P，见下表。

单位：天	ML	O	P
A	3	1	7
B	5	2	10
C	6	3	13
D	7	3	15
E	10	6	20

各活动之间的依赖关系如下图所示。

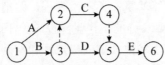

则该项目工期的估算结果约为（35）天。

（35）A. 22　　　　B. 23　　　　C. 24　　　　D. 25

解析：

● 依据题干中各活动工作所需要的最可能时间 ML、最乐观时间 O、最悲观时间 P，估算出完成每个活动的 PERT 估算时间，如下表所示。

单位：天	ML	O	P	PERT 估算值
A	3	1	7	3
B	5	2	10	5
C	6	3	13	7
D	7	3	15	8
E	10	6	20	11

● 把每个活动的平均时间，标在如下的箭线图上。

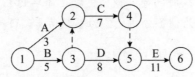

● 关键路径是 BDE，工期是 24 天。

答案：C

1.7 进度估算

1.7.1 知识点回顾

常见的活动工期估算和活动资源估算方法有：

（1）专家判断。通过借鉴历史信息，专家判断能提供持续时间估算所需的信息，或根据以往类似项目的经验，给出活动持续时间的上限。专家判断也可用于决定是否需要联合使用多种估算方法，以及如何协调各种估算方法之间的差异。

（2）类比估算，也叫自上而下估算。以过去类似项目的参数值（如持续时间、预算、规模、重量和复杂性等）为基础，来估算未来项目的同类参数或指标。这是一种粗略的估算方法，在项目详细信息不足时，就经常使用这种技术来估算项目持续时间。相对于其他估算技术，类比估算通常成本较低、耗时较少，但准确性也较低。

（3）参数估算，也叫公式法。基于历史数据和项目参数，使用某种算法来计算成本或持续时间。最简单的参数估算就是一元一次方程，即把需要实施的工作量乘以完成单位工作量所需的工时（或把需要实施的工作量除以单位工时的生产率），来计算活动持续时间。参数估算的准确性取决于参数模型的成熟度和基础数据的可靠性。

（4）自下而上估算。通过从下到上逐层汇总 WBS 组件的估算而得到项目估算。

（5）PERT 估算。使用三种估算值来界定活动持续时间的近似区间。

1.7.2 历年试题解析

（2005 上半年，上午）试题（72）

The (72) technique involves using project characteristics in a mathematical model to predict activity parameters，such as cost，budget，and duration．Models can be simple or complex．

(72) A．cost aggregation　　　　　B．reserve analysis
　　　C．parametric estimating　　D．funding limit reconciliation

解析：
- （参数估算）技术将项目特性放入数学模型中来预测项目活动的各种参数，诸如成本、预算和持续时间等。模型可以是简单的也可以是复杂的。
- A 为成本汇总，B 为储备分析，C 为参数估算，D 为资金限制平衡。

答案：C

（2008 下半年，上午）试题（47）

公式 (47) 能最准确地计算项目活动的工作量。

(47) A．工作量 ＝ 历时/人员生产率
　　　B．工作量 ＝ 历时/人力资源数量
　　　C．工作量 ＝（最乐观时间+ 4×最可能时间+最悲观时间）/ 6
　　　D．工作量 ＝ 项目规模/人员生产率

解析：
- 工作量=项目规模/人员生产率（单位资源的工作效率），例如：
  ◆ 200 人天=1000 个土石方/5 个土石方每人天。
  ◆ 1000 人天=10 万行代码/100 行代码每人天。

答案：D

（2009 上半年，上午）试题（26）

(26) 能最准确地计算活动的历时（AD）。

(26) A．AD=工作量/人员生产率
　　　B．AD=工作量/人力资源数量
　　　C．AD=（最乐观时间+ 4×最可能时间+最悲观时间）/ 6
　　　D．AD=人员生产率×项目规模

解析：
- 活动历时（Activity Duration）=活动工作量/人力资源数量，例如：
  ◆ 20 天= 200 人天/10 人。
  ◆ 100 天= 1000 人天/10 人。

答案：B

（2011 下半年，上午）试题（36）

在进行项目活动历时估算时，如果很难获得项目工作的详细信息，可采用 (36) 作为项目活动历时估算的工具。

(36) A．参数式估算　　　　　　B．类比估算
　　　C．预留时间估算　　　　　D．历时的三点估算

解析：
类比估算用以前类似项目工作的完成时间来估计当前工作的完成时间，当没有项目的详细信息时，常用类比估算来估计项目工作的完成时间。

答案：B

（2014 上半年，上午）试题（24）

某软件的工作量是 20 000 行，由 4 人组成的开发小组开发，每个程序员的生产效率是 5000 行/人月，每对程序员的沟通成本是 250 行/人月，则该软件需要开发 (24) 月。

(24) A. 1　　　　B. 1.04　　　　C. 1.05　　　　D. 1.08

解析：
- 一个人单独开发软件，生产率是 5000 行/人月。
- n 个人的团队有 $n×(n–1)/2$ 条通信路径。
- 4 个人组成一个小组有 6 条通信路径。
- 若在每条通信路径上耗费的工作量是 250 行/人月。
- 那么小组的软件生产率为（4×5000 – 6×250）= 18 500 行/人月。
- 则该软件需要开发：20 000 / 18 500 = 1.081 月。

答案：D

(2015 下半年，上午) 试题 (73)

(73) estimating is a technique for estimating the duration or cost of an activity or project using historical data from a similar activity or project.

(73) A. Parametric　　B. Analogous　　C. Three-point　　D. Expert judgment

解析：
- （类比估算）是一种使用以前类似活动或项目的历史数据来估计当前活动或项目的工期或成本的方法。
- A 为参数估算，B 为类比估算，C 为三点估算，D 为专家判断。

答案：B

(2018 下半年，上午) 试题 (75)

(75) is a technique for estimating the duration or cost of an activity or a project using historical data from a similar activity or project.

(75) A. Analogous estimating　　　　B. Parametric estimating
　　　C. Three-Point estimating　　　D. Bottom-Up estimating

解析：
- （类比估算）是一种使用以前类似活动或项目的历史数据来估算活动或项目的持续时间或成本的方法。
- A 是类比估算，B 是参数估算，C 是三点估算，D 是自下而上估算。

答案：A

1.8　进度控制

(2009 上半年，上午) 试题 (32)

监理工程师可以采用多种技术手段实施信息系统工程的进度控制。下面 (32) 不属于进度控制的技术手段。

（32）A．图表控制法　　　　　　B．网络图计划法
　　　C．ABC 分析法　　　　　　D．"香蕉"曲线图法

解析：
- ABC 分析法即帕累托分析法，是质量控制的技术手段。
- 监理工程师常用的图表控制法包括横道式进度图表（也称甘特图）和进度曲线图（如"香蕉"曲线图法）等。
- 下图为典型的"香蕉"曲线图，A 为最早进度曲线，B 为最迟进度曲线，N 为实际进度曲线（即挣值管理中的 EV）。

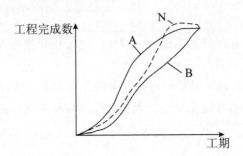

答案：C

（2013 下半年，上午）试题（38）

某软件工程项目各开发阶段工作量的比例如下表所示。

需求分析	概要设计	详细设计	编码	测试
0.23	0.11	0.15	0.20	0.31

假设当前已处于编码阶段，3000 行程序已完成了 1200 行，则可估算出该工程项目开发进度已完成的比例是__(38)__。

（38）A．43%　　　B．49%　　　C．57%　　　D．63%

解析：
- 这是《信息系统监理师》考试 2005 年下半年上午第 61 题的原题重现。
- 该工程项目开发进度已完成的比例=0.23+0.11+0.15+0.20×（1200/3000）=0.57。

答案：C

（2015 上半年，上午）试题（34）

当__(34)__时，要正式通过变更审批。

（34）A．0.71 版的项目管理计划调整　　B．某活动在自由时差内的进度调整
　　　C．某活动负责人要求进度提前　　D．项目经理安排一次临时加班

解析:

- A 选项,0.71 版的项目管理计划尚处于"草稿"状态(处于"草稿"状态的配置项的版本号格式为 0.YZ),调整处于"正式"状态下的配置项才需要正式变更审批,如下图所示。

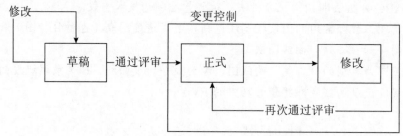

- B 选项由于是自由时差范围内的调整,故对项目其他活动以及项目工期都没有影响。
- C 选项会影响到该活动的所有紧前活动和所有后继活动的开工日期、完工日期,进而导致整个项目进度计划的调整,因此需要正式的变更审批。

答案:C

1.9 综合案例

信息系统项目管理师考试下午的案例分析题,是对考生知识与能力的综合考察,进度管理是其中的重中之重,也是难中之难。

1.9.1 (2006 下半年,下午)试题三

小张是负责某项目的项目经理。经过工作分解后,此项目的范围已经明确,但是为了更好地对项目的开发过程进行有效监控,保证项目按期、保质完成,小张需要采用网络计划技术对项目进度进行管理。经过分析,小张得到了一张表明工作先后关系及每项工作的初步时间估计的工作列表,如下表所示。

工作代号	紧前工作	历时(天)	工作代号	紧前工作	历时(天)
A		5	E	C	5
B	A	2	F	D	10
C	A	8	G	D、E	15
D	B、C	10	H	F、G	10

【问题 1】(15 分)

请根据上表完成此项目的前导图(单代号网络图),表明各活动之间的逻辑关系,并指出关键路径和项目工期。节点用以下样图标识。

ES	DU	EF
	ID	
LS		LF

图例：

ES：最早开始时间　　EF：最早结束时间　　LS：最迟开始时间

LF：最迟结束时间　　DU：工作历时　　　　ID：工作代号

【问题2】（6分）

请分别计算工作B、C和E的自由浮动时间。

【问题3】（4分）

为了抢进度，在进行工作G时加班赶工，因此将该项工作的时间压缩了7天（历时8天）。请指出此时的关键路径，并计算工期。

（2006下半年，下午）试题三解析

【问题1】（15分）

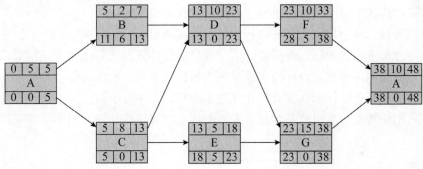

关键路径为ACDGH。

项目工期=5+8+10+15+10=48天。

【问题2】（6分）

B的自由浮动时间为6。

C的自由浮动时间为0。

E的自由浮动时间为5。

提醒：自由浮动时间（Free Float）是指在不延误任何紧后活动的最早开始时间且不违反进度制约因素的前提下，活动可以从最早开始时间推迟或拖延的时间量。其计算方法为：紧后活动最早开始时间的最小值减去本活动的最早完成时间。

【问题3】（4分）

此时的关键路径为ACDFH。

此时的工期=5+8+10+10+10=43天。

提醒：此时的新网络图如下图所示。

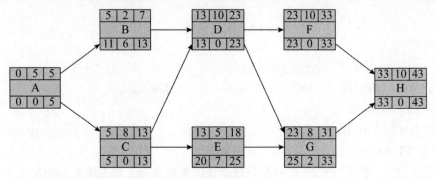

1.9.2 （2012 上半年，下午）试题一

某公司是一家专门从事系统集成和应用软件开发的公司，目前有员工 100 多人，分属销售部、软件开发部、系统网络部等业务部门。公司销售部主要负责服务和产品的销售工作，将公司现有的产品推销给客户，同时也会根据客户的具体需要，承接信息系统集成项目，并将其中应用软件的研发任务交给软件开发部实施。

经过招投标，该公司承担了某银行的系统集成项目，合同规定，5 月 1 日之前系统必须完成，并且进行试运行。合同签订后，项目的软件开发任务由软件开发部负责，硬件与网络由系统网络部负责设计与实施。王工担任这个项目的项目经理。王工根据项目需求，组建了项目团队，团队分成软件开发小组和网络集成小组，其中软件开发小组组长是赵工，网络集成小组组长是刘工。王工制订了项目进度计划，下图是该项目的进度网络图。

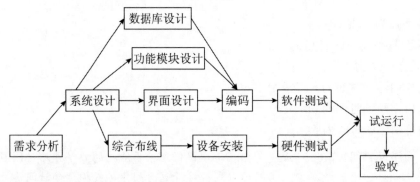

图中各个活动的工期在下表中列出。

活动序号	活动名称	工期（天）
1	需求分析	30
2	系统设计	20

续表

活动序号	活动名称	工期（天）
3	界面设计	20
4	功能模块设计	25
5	数据库设计	20
6	编码	50
7	软件测试	20
8	综合布线	60
9	设备安装	20
10	硬件测试	10
11	试运行	20
12	验收	2

软件开发中，发现有两个需求定义不够明确，因此增加了一些功能，导致功能模块设计延长了5天。网络集成过程中，由于涉及物联网等新技术，综合布线延迟了5天。接着采购的一个新设备没有按时到货，到货之后在调试过程中遇到了以前没有遇到的问题，使网络设备安装调试延迟了7天。两个小组分别通过电话向各自部门通报项目进展，而网络集成工作是在用户现场进行的，因此网络集成的进度状况在公司总部进行开发工作的软件开发小组并不了解。上述问题导致了项目整体进度的拖延，绩效状况不佳。

【问题1】（10分）

项目原计划的工期是(1)天，如不采取措施，项目最后完工的工期是(2)，这是因为(3)、(4)等活动的工期变化，导致了关键路径的变化，如果想尽量按照原来的预期完成工作，而使增加成本最少，最常采用的措施是(5)。

【问题2】（6分）

分析案例中发生问题的可能原因。

【问题3】（9分）

结合案例，说明王工应如何实施进度控制？采用的工具与技术有哪些？

（2012上半年，下午）试题一解析

【问题1】（10分）

（1）167　（2）174　（3）综合布线　（4）设备安装　（5）快速跟进

提醒：1）原关键路径为：需求分析→系统设计→功能模块设计→编码→软件测试→试运行→验收，项目原计划工期为30+20+25+50+20+20+2=167天。

2）由于功能模块设计延迟了5天，综合布线延迟了5天，设备安装延迟了7天，导致关键路径发生变化，变为：需求分析→系统设计→综合布线→设备安装→硬件测试→试运行→验收，最后完成的工期为30+20+65+27+10+20+2=174天。

3）不能赶工，因为赶工通常会导致成本的增加。当然，快速跟进如果不返工还好，如果返工成本增加得更多，总之这道题不甚严谨。

【问题 2】（6 分）

非计算问题，暂略，详细解答请见《信息系统项目管理师考试试题分类精解》，耿洪彪著，清华大学出版社 2014 年出版，下同。

【问题 3】（9 分）

非计算问题，暂略。

1.9.3 （2012 下半年，下午）试题二

某项目是一个新产品开发项目，项目计划开发周期为 12 个月，项目团队有 11 个人，包括：项目经理 1 人，开发工程师 5 人，测试工程师 2 人，文档工程师 1 人，配置管理 1 人，SQA 1 人。

项目于 2010 年 7 月 1 日开始，项目计划如下：需求分析一个月，总体设计一个月，详细设计两个月，编码五个月，测试一个半月，文档准备、客户验收测试半个月，修改 BUG 并发布半个月。项目开工后，项目团队充满激情地努力工作，项目经理也非常有信心按期完成该项目，并在开工会上公布了该项目的考核与奖励制度。

2010 年 8 月 1 日，项目组按期完成《需求规格设计说明书》；2010 年 9 月 1 日，按期完成了总体设计。

此时，市场部提出，最近有几名客户都问到这个产品了，9 月份可能有客户要看演示的 DEMO，需要加快开发进度，问项目经理是否可以先开发 DEMO，详细设计后面再补充，先把产品的原型做出来。

项目经理经过与项目组、项目管理部协商，决定去掉详细设计这个环节，直接进入产品的编码阶段，安排开发工程师根据总体设计负责各自模块的开发工作。

5 名开发工程师组成的开发小组进入非常忙碌的编码阶段后，经常加班加点，开发过程中，由于原来制定的计划已完全被打乱，SQA 无法再根据原来的质量保证计划进行跟踪，项目组其他人员也已无法发挥作用。

2011 年 2 月 15 日，项目经理向公司管理层反映这个项目存在的问题，市场部提的需求有部分不能实现，遇到了技术瓶预，而且有团队成员要离职，为此由项目管理部组织会议，对新增的部分需求进行评审，包括研发总监、研发副总裁在内，最终决定产品要继续开发，确定关键技术问题的解决时间为 2011 年 3 月 15 日，其他工作继续进行。

遗憾的是，关键技术问题一直到 5 月 1 日才解决，这时已有 2 名开发人员因为信心问题而离职，项目经理除了要考虑项目进度外，还要考虑项目资源，由于此时其他项目任务也很重，公司资源很紧张，他不得不重新招聘开发人员。

等项目经理招到 2 个新人后，已是 2011 年 6 月 15 日，这本应是项目计划中系统测试结束的关键里程碑，但现在编码任务至少还需要一个月，在公司的月度会议上，项目经理向包括总裁在内的各位高层领导做了汇报，并因为项目进度延迟受到了批评。

2011 年 8 月 1 日，测试部终于拿到了系统的第一个测试版本。

2011 年 10 月 20 日，系统终于开发和测试完毕，测试部输出最终的测试报告，同意该产品向市场发布，所有的文档，包括《详细设计》《需求规格说明书》《产品说明书》等还没有上传到配置库。

【问题 1】（12 分）
请简要分析该项目在项目管理方面存在的问题。

【问题 2】（3 分）
请指出该项目至少延期了多少时间。

【问题 3】（10 分）
为了实现本题案例中市场部提出的要求，作为项目经理，你认为可以采取哪些措施来应对？

（2012 下半年，下午）试题二解析

【问题 1】（12 分）
非计算问题，暂略。

【问题 2】（3 分）
112 天（或 3 个月 20 天）。

提醒：项目于 2010 年 7 月 1 日开始，项目计划开发周期为 12 个月，因此项目计划完成日期为 2011 年 6 月 30 日，而项目实际是 2011 年 10 月 20 日开发和测试完毕的，准备向市场发布，因此该项目至少延误了 3 个月 20 天，即 112 天。

【问题 3】（10 分）
非计算问题，暂略。

1.9.4 （2013 上半年，下午）试题二

W 公司与所在城市电信运营商 Z 公司签订了该市的通信运营平台建设合同。W 公司为此成立了专门的项目团队，由李工担任项目经理。参加项目的还有监理单位和第三方测试机构。李工对项目工作进行了分解，制作出如下表所示的任务清单。经过分析后，李工认为进度风险主要来自需求分析与确认环节，因此在活动清单定义的总工期基础上又预留了 4 周的应急储备时间。该进度计划得到了 Z 公司和监理单位的认可。

代号	任务	紧前工作	持续时间（周）
A	项目启动与人员、资源调配	—	8
B	需求分析与确认	A	4
C	总体设计	B	4
D	总体设计评审和修订	B	2
E	详细设计（包括软硬件）	C、D	10
F	编码、单元测试、集成测试	E	15
G	硬件安装与调试	B	4
H	现场安装与软硬件联合调试	F、G	8
I	第三方测试	H	8
J	系统试运行与用户培训	I	2

在项目启动与人员、资源调配（任务A）阶段，李工经过估算后发现编码、单元测试、集成测试（任务F）的技术人员不足。经公司领导批准后，公司人力资源部开始招聘技术人员。项目前期工作进展顺利，进入详细设计（任务E）后，负责任务E的骨干老杨提出，详细设计小组前期没有参加需求调研和确认，对需求文档的理解存在疑问。经过沟通后，李工邀请Z公司用户代表和项目团队相关人员召开了一次推进会议。会后老杨向李工提出，由于先前对部分用户需求的理解有误，须延迟4周才可完成详细设计。考虑到进度计划中已预留了4周的时间储备，李工批准了老杨的请求，并按原进度计划继续执行。

任务E延迟4周完成后，项目组开始编码、单元测试、集成测试（任务F）。此时人力资源部招聘的新员工陆续到职，为避免进度延误，李工第一时间安排他们上岗。新招聘的员工大多是应届毕业生，即便有老员工的带领，工作效率仍然不高。与此同时，W公司领导催促李工加快进度，李工只得组织新老员工加班。虽然他们每天加班，可最终还是用了20周才完成原来计划用15周完成的任务F。此时已经临近春节假期，在李工的提议下，W公司决定让项目组在假期结束前提前1周入驻Z公司进行现场安装与软硬件联合调试。由于Z公司和监理单位春节期间只有值班人员，无法很好地配合项目组工作，导致联合调试工作进展不顺利。

为了把延误的进度赶回来，经公司同意，春节后一上班，李工继续组织项目团队加班。此时许多成员都感到身心疲惫，工作效率下降，对项目经理的安排充满了抱怨。

【问题1】（8分）

请根据李工制定的任务清单，将下面的前导图补充填写完整，并指出项目的关键路径，计算计划总工期、活动C和G的总时差（总浮动时间）。

0	8	8		8	4	12
	A				B	
0		8		8		12

节点图例如下所示。

最早开始时间	持续时间	最早完成时间
	任务代号	
最迟开始时间		最迟完成时间

【问题 2】(6 分)

结合本案例简要叙述项目经理在进度管理中存在的主要问题。

【问题 3】(6 分)

如果你是项目经理,请结合本案例简要叙述后续可采取的应对措施。

【问题 4】(5 分)

除了采用进度网络分析、关键路径法和进度压缩技术外,请指出李工在制定进度计划时还可以采用的方法或工具。

(2013 上半年,下午) 试题二解析

【问题 1】(8 分)

前导图如下所示(画对一个节点且时间填对给 0.5 分,共 4 分)。

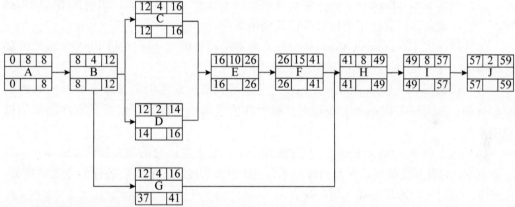

关键路径为 ABCEFHIJ(1 分)。

计划总工期=59 周(1 分,结果对即得分)。

C 的总时差=C 的最迟开始时间-C 的最早开始时间=12-12=0 周(1 分,结果对即得分)。

G 的总时差=G 的最迟开始时间-G 的最早开始时间=37-12=25 周(1 分,结果对即得分)。

【问题 2】(6 分)

非计算问题,暂略。

【问题 3】(6 分)

非计算问题,暂略。

【问题 4】(5 分)

非计算问题,暂略。

第 2 章　成本管理计算题

2.1　成本类型

2.1.1　知识点回顾

成本的类型包括以下几种：

（1）可变成本（Variable Cost）：随着生产量、工作量而变的成本，也称变动成本。如人员工资、消耗的原材料等。

（2）固定成本（Fixed Cost）：在一定时期和一定业务量范围内，不随生产量、工作量的变化而变化的非重复成本。如企业管理人员的工资、厂房设备的折旧和保养费用等。

（3）直接成本（Direct Cost）：能够直接归属于项目工作的成本。如项目团队的差旅费、工资、奖金、项目使用的物料及设备使用费等。

（4）间接成本（Indirect Cost）：一般管理费用科目或几个项目共同分摊的成本。如公司福利、保安费用、行政部门和财务部门费用等。

（5）机会成本（Opportunity Cost）：为了得到某种东西而所要放弃另一些东西的最大价值；在面临多方案择一决策时，被舍弃的选项中的最高价值者是本次决策的机会成本。

（6）沉没成本（Sunk Cost）：在过去发生的，且无法回收的成本。沉没成本是一种历史成本，对现有决策而言是不可控成本，会在很大程度上影响人们的行为方式与决策，在投资决策时应排除沉没成本的干扰。

2.1.2　历年试题解析

（2006 下半年，上午）试题（60）

某公司的销售收入状态如下表所示，该公司达到盈亏平衡点时的销售收入是（60）（万元人民币）。

项	金额（单位：万元人民币）	项	金额（单位：万元人民币）
销售收入	800	毛利	270
材料成本	300	固定销售成本	150
分包费用	100	利润	120
固定生产成本	130		

(60) A. 560 B. 608 C. 615 D. 680

解析：
- 对于炒过股票或是看过财务报表的同学来说，这道题很容易。
- 首先需要把这张表看懂：
  ◆ 销售收入800−材料成本300−分包费用100−固定生产成本130=毛利270（万元）。
  ◆ 毛利270−固定销售成本150 = 利润120（万元）。
- 本题主要考的是固定成本和可变成本。
  ◆ 可变成本（Variable Cost）：随着生产量、工作量或时间而变的成本。
  ◆ 固定成本（Fixed Cost）：不随生产量、工作量或时间的变化而变化的非重复成本。
  ◆ 上表中的材料成本和分包费用为可变成本，随销售收入的变化而变化；固定生产成本和固定销售成本为固定成本，不随销售收入的变化而变化。
- 盈亏平衡点即利润为0，设此时的销售收入为X，则有如下等式：

$$X - \frac{300}{800}X - \frac{100}{800}X - 130 = 150 + 0$$

- 解此等式，有X=560万元。

答案：A

（2007下半年，上午）试题（39）

项目经理可以控制 (39)。

(39) A. 审计成本　　　　　　　B. 沉没成本
　　 C. 直接成本　　　　　　　D. 间接成本

解析：
- 直接成本（Direct Cost）：能够直接归属于项目工作的成本。如项目组差旅费、项目组人员工资和奖金、项目使用的物料和设备使用费等。
- 间接成本（Indirect Cost）：一般管理费用科目或几个项目共同分担的成本。如税金、员工福利、保安费用、行政部门和财务部门费用等。
- 沉没成本（Sunk Cost）：那些在过去发生的、像沉船一样不能回收的成本。当决定是否继续投资项目时，不应该考虑这部分成本。

答案：C

（2009上半年，上午）试题（70）

超出项目经理控制的成本增加因素，除了存款利率、贷款利息和税率外，还包括 (70)。

（70）A．项目日常开支的速度和生产率　　B．项目日常开支的速度和工期拖延
　　　　C．项目补贴和加班　　　　　　　　D．原材料成本和运输成本

解析：
原材料成本和运输成本超出了项目经理的控制。

答案：D

（2011 上半年，上午）试题（68）

某公司为 IT 服务企业，其固定成本为 30 万元，每项服务的变动成本为 1000 元/次，提供每项服务的价格为 1500 元/次，那么该企业的盈亏平衡点为_(68)_次。

（68）A．200　　　　B．300　　　　C．600　　　　D．无法确定

解析：
设该企业的盈亏平衡点为 X 次，则有等式：$0.15X = 30 + 0.1X$，解得 $X = 600$。

答案：C

（2010 上半年，上午）试题（59）

对于系统集成企业而言，在进行项目核算时，一般将_(59)_列入项目生命周期发生的直接成本。

①可行性研究费用　　②项目投标费用　　③监理费用　　④需求开发费用
⑤设计费用　　　　　⑥实施费用　　　　⑦验收费用

（59）A．①②④⑤⑥⑦　　　　　　　　　B．①③④⑤⑥⑦
　　　C．④⑤⑥⑦　　　　　　　　　　　D．②④⑤⑥⑦

解析：
- 可行性研究费用、监理费用都是业主方（甲方）的费用。
- 项目投标费用是在项目启动之前的开支，不属于项目生命周期发生的直接成本。
- 投标费用一般归入"销售成本"或"销售及市场费用"，需要由多个项目均摊（投 7 个项目，中了 2 个，中标的项目要均摊 7 个项目的前期营销成本）。

答案：C

（2014 上半年，上午）试题（47）

某软件公司开发某种软件产品时花费的固定成本为 16 万元，每套产品的可变成本为 2 元，设销售单价为 12 元，则需要销售_(47)_套才能达到盈亏平衡点。

（47）A．14 000　　　B．16 000　　　C．18 000　　　D．20 000

解析：
设盈亏平衡点为 X 套，则有等式：$12X = 16$ 万 $+ 2X$，解得 $X = 1.6$ 万套。
答案：B

（2016 上半年，上午）试题（69）

某项目年生产能力为 8 万台，年固定成本为 1000 万元，预计产品单台售价为 500 元，单台产品可变成本为 300 元。则项目的盈亏平衡点产量为 (69) 万台。

(69) A. 1.3 　　　　B. 2 　　　　C. 4 　　　　D. 5

解析：
- 每台收益=500－300=200 元/台。
- 盈亏平衡点=1000 万元÷200 元/台=5 万台。

答案：D

（2017 上半年，上午）试题（68）

假设某 IT 服务企业，其固定成本为 50 万元，每项服务的可变成本为 2000 元/次，提供每项服务的价格为 2500 元/次，那么该企业的盈亏平衡点为 (68) 次。

(68) A. 1500 　　　　B. 1000 　　　　C. 600 　　　　D. 1200

解析：
- 每次提供服务可获利 500 元。
- 盈亏平衡点=50 万元÷500 元/次=1000 次。

答案：B

（2019 上半年，上午）试题（73）

(73) are those costs that cannot be directly traced to a specific project and therefore will be accumulated and allocated equitably over multiple projects by some approved and documented accounting procedure.

(73) A. Direct costs 　　　　B. Operation costs
　　　C. Indirect costs 　　　　D. Implement costs

解析：
- （间接成本）无法直接追溯到某一具体项目，因此依据会计程序由多个项目共同分摊。
- A 是直接成本，B 是运营成本，C 是间接成本，D 是实施成本。

答案：C

2.2 成本估算

2.2.1 知识点回顾

成本估算的常见方法有：

（1）专家判断法。这一方法基于历史信息，可以对项目环境及以往类似项目的信息提供有价值的见解。

（2）类比估算法，也叫自上而下估算法。以过去类似项目的参数值（如范围、成本、预算和持续时间等）或规模指标（如尺寸、重量和复杂性等）为基础，来估算当前项目的同类参数或指标。在项目详细信息不足时，例如在项目的早期阶段，就经常使用这种技术来估算成本数值。相对于其他估算技术，类比估算通常成本较低、耗时较少，但准确性也较低。

（3）参数估算法，也叫公式法。利用历史数据之间的统计关系和其他变量（如建筑施工中的平方米），来进行项目工作的成本估算。参数估算的准确性取决于参数模型的成熟度和基础数据的可靠性。

（4）自下而上估算法，也叫成本汇总法。先对单个工作包或活动的成本进行最具体、细致的估算；然后把这些细节性成本向上汇总或"滚动"到更高层次。自下而上估算的准确性及其本身所需的成本，通常取决于单个活动或工作包的规模和复杂程度。

（5）三点估算法。通过考虑估算中的不确定性与风险，使用三种估算值来界定活动成本的近似区间，可以提高活动成本估算的准确性。三种估算值分别为：

- 最可能成本（C_m）。对所需进行的工作和相关费用进行比较现实的估算，所得到的活动成本。
- 最乐观成本（C_O）。基于活动的最好情况，所得到的活动成本。
- 最悲观成本（C_P）。基于活动的最差情况，所得到的活动成本。

基于活动成本在三种估算值区间内的假定分布情况，使用公式 $C_E=(C_O+4\times C_m+C_P)/6$ 来计算预期成本（C_E）。

> **提醒**：精确地说，三点估算法和 PERT 在概念上并不完全等同，不过，考试题却经常将它们混为一谈，好在，这不影响我们选对答案。

2.2.2 历年试题解析

（2007 下半年，上午）试题（54）

某高校校园网建设的一个项目经理，正在估算该项目的成本，此时尚未掌握项目的全部细节。项目经理应该首先采用的成本估算方法是 (54) 。

(54) A．类比估算法 B．自下而上估算法
C．蒙特卡罗分析 D．参数模型

解析：
- 未掌握项目的全部细节时宜使用类比估算法，也称自上而下估算法。
- 蒙特卡罗（Monte Carlo）分析是一种建模仿真技术，主要用于量化风险分析。

答案：A

（2009下半年，上午）试题（36）
(36) ____不是成本估算的方法。
(36) A．类比法 B．确定资源费率
C．工料清单法 D．挣值分析法

解析：
挣值管理是进度控制和成本控制的工具和技术，不用于成本估算。

答案：D

（2009下半年，上午）试题（57）
下列选项中，项目经理进行成本估算时不需要考虑的因素是__(57)__。
(57) A．人力资源 B．工期长短
C．风险因素 D．盈利

解析：
- 项目造价=项目成本+项目盈利。
- 进行成本估算时不需要考虑盈利。
- 成本估算时需要考虑有关的风险因素，风险可能会对活动和项目的成本产生可观的影响。

答案：D

（2010上半年，上午）试题（56）
下列选项中，项目经理进行成本估算时不需要考虑的因素是__(56)__。
(56) A．企业环境因素 B．员工管理计划
C．盈利 D．风险事件

解析：
成本估算时不需要考虑盈利。

答案：C

(2011 上半年，上午) 试题 (60)

某项目计划分为立项、实施和运维三个阶段。财务部给该项目的预算金额不超过 80 万元。项目经理估算立项阶段的成本为 20 万元，实施阶段的成本为 50 万元，运维阶段的成本为 30 万元。若用自底向上法对该项目的成本进行估算，则估算值应为 (60) 万元。

(60) A. 70　　　　B. 80　　　　C. 90　　　　D. 100

解析：

用自底向上法的估算值为：立项 20 + 实施 50 + 运维 30 = 100 万元。

注意： 不要为财务部给出的 80 万元预算所误导，估算结果汇总后超过预算是很常见的，接下来可以进行成本优化（分析成本估算结果，协调各种成本之间的比例关系，找出可行的低成本的替代方案，尽可能地降低项目总成本），必要时可以调整预算。

答案：D

(2012 下半年，上午) 试题 (53)

为了加强预算控制，成本估算建议在 WBS 的 (53) 层进行。

(53) A. 最高　　　　B. 最低　　　　C. 核心　　　　D. 第三

解析：

WBS 最底层就是工作包，是进行进度安排、成本估计和监控的基础，成本和进度的估算应在工作包这一层进行。

答案：B

(2013 上半年，上午) 试题 (57)

分析成本构成结果，找出各种可以相互替代的成本，协调各种成本之间的关系，属于 (57) 的内容。

(57) A. 识别和分析项目成本构成科目　　B. 成本估算
　　　C. 成本预算　　　　　　　　　　　D. 成本审计

解析：

- 编制项目成本估算需要进行三个主要步骤：
  - ◆ 首先，识别并分析项目成本的构成科目，即项目成本中所包括的资源或服务的类目，例如人工费、材料费、咨询费等。
  - ◆ 其次，根据已识别的项目成本构成科目，估算每一成本科目的成本大小。
  - ◆ 最后，分析成本估算结果，找出各种可以相互替代的成本，协调各种成本之间的比例关系。例如，在项目的可行性研究和设计阶段增加一些工作会增加项目的概念和规划阶段的成本，但是设计质量的提高可能会大大减少项目实施阶段的成本发生额，因此项目设计成本的增加会带来项目实施成本的减少，即两种成本之间存在着相互替代关系。
- 因此在项目成本估算过程中，要积极寻找这种有替代效应的成本，仔细研究两种成本的此消彼长关系和幅度对项目总成本的影响，努力使项目预期收益最大化。

答案：B

(2016 下半年，上午) 试题 (56)

项目经理负责对项目进行成本估算。下述表格是依据某项目分解的成本估算表，该项目总成本估算是 (56) 万元。

表 1 研发阶段成本估算表

研发阶段	需求调研	需求分析	项目策划	概要设计	详细设计	编码	系统测试	其他	合计
占研发比例	3%	4%	5%	5%	10%	51%	13%	9%	100%
成本（万元）	7	9	11	11	22	112	28	20	220

表 2 项目成本估算表

项目	研发阶段	项目管理	质量保证	配置管理	其他	合计
占项目比例	84%	7%	4%	3%	2%	100%
成本（万元）	220					

(56) A. 184　　　　B. 219　　　　C. 262　　　　D. 297

解析：
项目总成本估算=220/84%=262 万元。

答案：C

(2016 下半年，上午) 试题 (57)

用德尔菲方法估算一个活动的成本，三个回合后的结果如下表所示（数值表示活动时间）。如果每小时的成本是 40 美元，那么可能的成本应该是 (57) 美元。

序 号	小 李	小 张	小 潘	小 冯
第一回合	25	23	16	22
第二回合	23	22	18	21
第三回合	20	21	19	20

(57) A. 880　　　　B. 800　　　　C. 1000　　　　D. 900

解析：
最后一个回合，活动时间估算的平均值是 20 小时。活动的成本=20×40=800 美元。

答案：B

（2017 上半年，上午）试题（58）

项目经理在做软件项目成本估算时，先考虑了最不利的情况，估算出项目成本为 120 人日，又考虑了最有利的情况下项目成本为 60 人日，最后考虑一般情况下的项目成本可能为 75 人日，该项目最终的成本预算应为 (58) 人日。

(58) A．100   B．90   C．80   D．75

解析：
用 PERT 进行估算，成本预算=（60+4×75+120）/6=80 人日。
答案： C

（2019 上半年，上午）试题（57）

关于成本估算的描述，正确的是 (57)。

(57) A．成本估算的准确度随着项目的进度而逐步降低
   B．成本类比估算是利用历史数据之间的统计关系和其他变量进行估算
   C．成本估算时需考虑应急储备，不用考虑管理储备
   D．成本估算时需要考虑项目成员学习所耗费的成本

解析：
- A 错，在项目生命周期中，项目估算的准确度随着项目的进度而逐步提高。
- B 错，利用历史数据之间的统计关系和其他变量进行估算的是参数估算。
- C 错，成本估算时需考虑应急储备和管理储备。

答案： D

（2019 下半年，上午）试题（35）

关于成本估算的描述，正确的是 (35)。

(35) A．成本估算是在某特定时点，根据已知信息所做出来的成本预测
   B．成本估算的准确性随着项目的进展而逐步下降
   C．融资成本不应纳入成本估算
   D．项目进度发生变化但范围没有变化，对成本估算不产生影响

解析：
- B 错，成本估算会随着项目的进展而不断地清晰和准确。
- C 错，融资成本应纳入成本估算。
- D 错，项目进度、成本、范围三者紧密联系，其中一个变化经常会引发其余两者的变化，可谓"牵一发动全身"。

答案： A

2.3 成本预算

2.3.1 知识点回顾

成本预算过程将单个活动或工作包的估算成本汇总，经批准后成为项目成本基准。项目的成本预算为衡量项目绩效情况提供了基准。

成本基准是经过批准的、按时间段分配的项目预算，不包括任何管理储备，只有通过正式的变更控制程序才能变更，用作与实际结果进行比较的依据。成本基准是所有项目活动经批准的预算的总和。

项目预算和成本基准的各个组成部分，如下图所示。先汇总各项目活动的成本估算及其应急储备，得到相关工作包的成本。然后汇总各工作包的成本估算及其应急储备，得到控制账户的成本。再汇总各控制账户的成本，得到成本基准。

项目预算的组成

由于成本基准中的成本估算与进度活动直接关联，因此就可按时间段分配成本基准，得到一条 S 曲线，如下图所示。

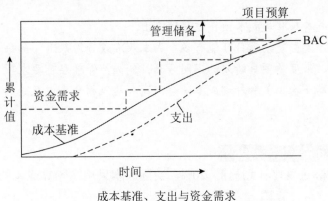

成本基准、支出与资金需求

最后，在成本基准之上增加管理储备，得到项目预算。当出现有必要动用管理储备的变更时，则应该在获得变更控制过程的批准之后，把适量的管理储备移入成本基准中。

根据成本基准，确定总资金需求和阶段性（如季度或年度）资金需求。成本基准中既包括预计的支出，也包括预计的债务。项目资金通常以增量而非连续的方式投入，并且可能是非均衡的，呈现出上图中所示的阶梯状。如果有管理储备，则总资金需求等于成本基准加管理储备。

2.3.2 历年试题解析

（2005 上半年，上午）试题（37）

当评估项目的成本绩效数据时，根据数据与基线的偏差程度将作出不同的反应。例如，10%的偏差可能不需作出反应，而100%的偏差将需要进行调查，对成本偏差的判断会使用 (37)。

(37) A．成本基准计划　　　　　　　B．变更管理计划
　　　C．绩效衡量计划　　　　　　　D．偏差管理计划

解析：
- 成本基准计划=成本基准=成本基线（Cost Baseline）。
- 偏差（Variance）就是计划与实际的差别，判断偏差需要使用基准。

答案：A

（2005 下半年，上午）试题（38）

有关成本基准计划的描述，不正确的是 (38)。

(38) A．它是用来度量与监测项目成本绩效的按时间分段预算
　　　B．许多项目，可能有多个成本基准，以便度量项目成本绩效的各个方面
　　　C．它是成本估算阶段的产物
　　　D．现金流预测是度量支出的成本基准之一

解析：
- C错，成本基准是成本预算过程的输出。
- B正确，大型复杂项目可能有多个成本基准或资源基准（如每天消耗的混凝土数量），来度量项目绩效的不同方面。例如，管理层可要求项目经理分别监控内部成本（人工）和外部成本（合同商和建筑材料）以及总的人工小时数。

答案：C

（2006 下半年，上午）试题（26）

如果项目实际进度比计划提前 20%，实际成本只用了预算成本的 60%，首先应该 (26)。

(26) A. 重新修订进度计划　　　　　　B. 给项目团队加薪,开表彰大会
　　　C. 重新进行成本预算　　　　　　D. 找出与最初计划产生差别的原因

解析:
- 很多同学不理解:项目出现负面问题,在纠偏之前要做原因分析,但项目一片大好、出现了正面的情况为什么还要做原因分析?
- 识别出使项目产生有利变化的正面因素,可以:
  ◆ 延长正面因素的持续时间,让项目的有利状况继续保持下去。
  ◆ 加大正面因素的效果,使项目进展更加有利,比如,进度比原计划提前40%,成本节约到原预算的40%。
  ◆ 扩大正面因素的影响范围,比如,推广到项目的其他工作或推广到组织的其他项目组。

答案:D

(2006下半年,上午)试题(38)

一般将成本管理划分为成本估算、成本预算、成本控制几个过程。以下关于成本预算的描述,不正确的是__(38)__。

(38) A. 当项目的具体工作无法确定时,无法进行成本预算
　　　B. 成本基准计划可以作为度量项目绩效的依据
　　　C. 管理储备是为范围和成本的潜在变化而预留的预算,因此需要体现在项目成本基线里
　　　D. 成本预算过程完成后,可能会引起项目管理计划的更新

解析:
- C错,管理储备不是成本基线的一部分。
- 关于管理储备(Management Reserve):
(1)管理储备用来处理非预期且不确定的事件(未知的风险)。
(2)管理储备其实是"管理层所掌握的储备",一般是由公司高层管理。项目经理使用管理储备,需要向项目发起人或管理层申请。
(3)管理储备是项目总预算的一部分,但不会被分配到具体的任务活动预算中去。
(4)管理储备不属于成本绩效基准,也不参加挣值计算。
(5)项目资金要求,即项目总预算=完工预算+管理储备。

答案:C

(2008上半年,上午)试题(55)

以下关于成本基准特点的叙述中,不正确的是__(55)__。

(55) A. 按时间分段计算,用作度量和监督成本绩效的基准

B. 成本基准反映整个项目生命期的实际成本支出
C. 按时段汇总估算的成本编制而成
D. 通常以 S 曲线的形式表示

解析:
B 错,成本基准(即挣值分析图中的 PV 曲线)反映整个项目生命期的计划成本支出,挣值分析图中的 AC 曲线才是实际的成本支出。

答案:B

(2009 上半年,上午)试题(55)

关于系统建设项目成本预算,下列说法中不正确的是 (55)。

(55) A. 成本总计、管理储备、参数模型和支出合理化原则用于成本预算
B. 成本基准计划是用来衡量差异和未来项目绩效的
C. 成本预算过程对现在的项目活动及未来的运营活动分配资金
D. 成本基准计划计算的是项目的预计成本

解析:
C 错,成本预算过程只对现在的项目活动分配资金,不负责未来的运营活动。

答案:C

(2011 下半年,上午)试题(37)

(37) 不属于项目成本预算的输入。

(37) A. 项目范围说明书　　　　B. 工作分解结构
　　　C. 项目资金需求　　　　　D. 项目进度计划

解析:
- 项目资金需求是成本预算过程的输出。
- 项目资金需求,即项目总预算=完工预算+管理储备。

答案:C

(2012 下半年,上午)试题(54)

在 (54) 情况下,可使用应急储备金。

(54) A. 需要添加额外资金以弥补初始预算
　　　B. 当协商劳动合同时,潜在劳动力价格会发生波动
　　　C. 确定发生了预计的问题但没有估计完全
　　　D. 当客户要求项目高质量完成时

解析:
- A 情况,需要做预算变更。

- B 和 D 情况，不一定需要使用储备金。
- C 情况，可动用应急储备（Contingency Reserve）：用来处理已经预期但估计不足的风险（已知的风险）。
- 在此，很有必要系统地区分一下应急储备和管理储备这两个概念。
  - ◆ 关于应急储备（Contingency reserve）：
  （1）应急储备用来处理预期但不确定的事件（如风险登记册上列出的风险，已知风险存在但不确定是否会发生）。
  （2）应急储备由项目经理负责管理使用。
  （3）应急储备是项目总预算的一部分，并且会被分配到具体的任务活动预算中去。
  （4）应急储备是成本绩效基准的一部分。
  （5）应急储备参加挣值计算。
  （6）应急储备在成本估算过程产生，在风险控制过程使用。
  - ◆ 关于管理储备（Management reserve）：
  （1）管理储备用来处理非预期且不确定的事件（未知的风险）。
  （2）管理储备其实是"管理层所掌握的储备"，一般是由公司高层管理。项目经理使用管理储备，需要向项目发起人或管理层申请。
  （3）管理储备是项目总预算的一部分，但不会被分配到具体的任务活动预算中去。
  （4）管理储备不属于成本绩效基准。
  （5）管理储备不参加挣值计算。
  （6）管理储备在成本预算过程产生，在风险控制过程使用。
- 项目总资金要求，即项目总预算=完工预算+管理储备。
- 完工预算（Budget at Completion，BAC）=∑（工作包的成本估算+工作包的应急储备），项目预算组成如下图所示。

项目预算	管理储备			
	成本基准	控制账户	应急储备	
			工作包成本估算	活动应急储备
				活动成本估算

总金额 ↑

项目预算的组成部分

答案：C

（2014 下半年，上午）试题（38）

在 WBS 字典中，可不包括的是__(38)__。

（38）A．工作描述　　　　　　B．账户编码
　　　C．管理储备　　　　　　D．资源需求

解析：

- 这道题考的是应急储备和管理储备这两个概念。
  - ◆ 应急储备（Contingency Reserve）：会被分配到具体的任务活动预算中去。
  - ◆ 管理储备（Management Reserve）：不会被分配到具体的任务活动预算中去。
- WBS 字典中不应包括管理储备，而应包括应急储备。
- 此外，WBS 字典中还应该包括：每个工作包的编号、名称、工作说明、相关活动列表、里程碑列表、承办组织、开始和结束日期、资源需求、成本估算、负载量、规格、合同信息、质量要求和有关工作质量的技术参考资料等。

答案：C

（2015 上半年，上午）试题（57）

成本基准是用来度量与检测项目成本绩效的按时间分配预算，下图中给出了某项目期望现金流、成本基准、资金需求情况，图中区间 A 应为__(57)__。

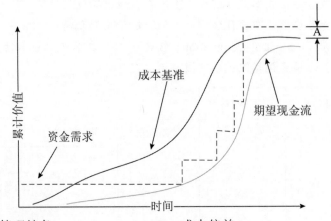

（57）A．管理储备　　　　　　B．成本偏差
　　　C．进度偏差　　　　　　D．超出的成本

解析：

- 最大资金需求和成本基准末端值的差异是管理储备。
- 成本基准末端值就是完工预算（Budget at Completion，BAC）。

- 项目总资金要求,即项目总预算=完工预算+管理储备。
- 管理储备是为应对项目的未知风险所做的成本储备,归企业管理层支配和管理。管理储备一般是由项目的高层管理,项目经理没有权利动用。管理储备被用于在其发生前不能知道的任意风险。管理储备是项目总预算的一部分,但不是项目成本基准的组成部分,不参加挣值计算,也不能被分配到具体的任务活动中。

答案: A

(2017 上半年,上午)试题(70)

项目经理在执行预算方案编制时,收集到的基础数据如下:工作包的成本估算为40万元;工作包的应急储备金为4万元;管理储备金为2万元。该项目的成本基准是(70)万元。

(70) A. 40　　　　B. 44　　　　C. 42　　　　D. 46

解析:
- 管理储备是项目总预算的一部分,但不会被分配到具体的任务活动预算中去。
- 管理储备不属于成本绩效基准,不参加挣值计算。
- 成本基准=工作包的成本估算+工作包的应急储备=40+4=44万元。

答案: B

(2018 上半年,上午)试题(58)

(58)不属于制定预算过程的输出。

(58) A. 成本基准　　　　　　　　B. 范围基准
　　　C. 项目资金需求　　　　　　D. 更新的活动成本估算

解析:
范围基准是制定预算过程的输入,而不是它的输出。

答案: B

(2019 上半年,上午)试题(58)

关于成本基准的描述,不正确的是(58)。

(58) A. 大项目可能有多个成本基准
　　　B. 成本基准的变更需要通过变更控制程序
　　　C. 成本基准中既包括预计的支出,也包括预计的债务
　　　D. 项目预算是成本基准与应急储备之和

解析:
- D 错,项目预算是成本基准与管理储备之和。
- C 正确,支出就是项目中的付款,债务就是应付但拖着不付的款项。

答案: D

(2019 下半年，上午) 试题（36）

关于成本管理的描述，不正确的是 (36)。

(36) A. 成本基准不包括管理储备
　　 B. 成本基准中包括预计的支出，但不包括预计的债务
　　 C. 管理储备用来应对会影响项目的"未知-未知"风险
　　 D. 成本基准是经过批准且按时间段分配的项目预算

解析：
成本基准中既包括预计的支出，也包括预计的债务。
答案：B

2.4 挣值管理

2.4.1 知识点回顾

挣值管理（Earned Value Management，EVM）是把范围、进度和资源绩效综合起来考虑，以评估项目绩效和进展的方法。它是一种常用的项目绩效测量方法。它把范围基准、成本基准和进度基准整合起来，形成绩效基准，以便项目管理团队评估和测量项目绩效和进展。作为一种项目管理技术，挣值管理要求建立整合基准，用于测量项目期间的绩效。EVM 的原理适用于所有行业的所有项目。它针对每个工作包，计算并监测以下三个关键指标：

- 计划值（Planned Value，PV）是为计划工作分配的经批准的预算。它是为完成某活动或工作分解结构组件而准备的一份经批准的预算，不包括管理储备。应该把该预算分配至项目生命周期的各个阶段。在某个给定的时间点，计划值代表着应该已经完成的工作。PV 的总和有时被称为绩效测量基准（PMB），项目的总计划值又被称为完工预算（BAC）。

- 挣值（Earned Value，EV）是对已完成工作的测量值，用分配给该工作的预算来表示。它是已完成工作的经批准的预算。EV 的计算应该与 PMB 相对应，且所得的 EV 值不得大于相应组件的 PV 总预算。EV 常用于计算项目的完成百分比。应该为每个 WBS 组件规定进展测量准则，用于考核正在实施的工作。项目经理既要监测 EV 的增量，以判断当前的状态，又要监测 EV 的累计值，以判断长期的绩效趋势。

- 实际成本（Actual Cost，AC）是在给定时段内，执行某工作而实际发生的成本，是为完成与 EV 相对应的工作而发生的总成本。AC 的计算口径必须与 PV 和 EV 的计算口径保持一致（例如，都只计算直接小时数，都只计算直接成本，或都计算包含间接成本在内的全部成本）。AC 没有上限，为实现 EV 所花费的任何成本都要计算进去。

此外，还需要监测实际绩效与基准之间的偏差：
- 进度偏差（Schedule Variance，SV）是测量进度绩效的一种指标，表示为挣值与计划值之差。它是指在某个给定的时点，项目提前或落后的进度，等于挣值（EV）减去计划价值（PV）。进度偏差是一种有用的指标，可表明项目进度是落后还是提前于进度基准。由于当项目完工时，全部的计划值都将实现（即成为挣值），所以进度偏差最终将等于零。SV 计算公式：SV=EV–PV。
- 成本偏差（Cost Variance，CV）是在某个给定时点的预算亏空或盈余量，表示为挣值与实际成本之差。它是测量项目成本绩效的一种指标，等于挣值（EV）减去实际成本（AC）。项目结束时的成本偏差，就是完工预算（BAC）与实际成本之间的差值。由于成本偏差指明了实际绩效与成本支出之间的关系，所以非常重要。负的 CV 一般都是不可挽回的。CV 计算公式：CV=EV–AC。

还可以把 SV 和 CV 转化为效率指标，以便把项目的成本和进度绩效与任何其他项目作比较，或在同一项目组合内的各项目之间作比较。可以通过偏差来确定项目状态。
- 进度绩效指数（Schedule Performance Index，SPI）是测量进度效率的一种指标，表示为挣值与计划值之比。它反映了项目团队利用时间的效率。有时与成本绩效指数（CPI）一起使用，以预测最终的完工估算。当 SPI 小于 1.0 时，说明进度落后；当 SPI 大于 1.0 时，则说明进度超前。由于 SPI 测量的是项目总工作量，所以还需要对关键路径上的绩效进行单独分析，以确认项目是否将比计划完成日期提前或推迟。SPI 计算公式：SPI=EV/PV。
- 成本绩效指数（Cost Performance Index，CPI）是测量预算资源的成本效率的一种指标，表示为挣值与实际成本之比。用来测量已完成工作的成本效率。当 CPI 小于 1.0 时，说明成本超支；当 CPI 大于 1.0 时，则说明成本节省。CPI 计算公式：CPI=EV/AC。

对计划值、挣值和实际成本这三个参数，既可以分阶段（通常以周或月为单位）进行监测和报告，也可以针对累计值进行监测和报告。下图展示了某个项目的绩效数据，该项目预算超支且进度落后。

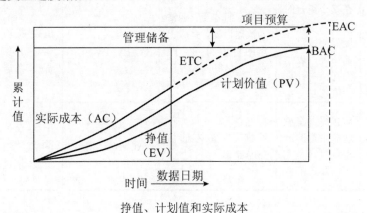

挣值、计划值和实际成本

下表列出了 EVM 的全部计算公式。

挣值计算汇总表

缩写	名称	术语词典定义	如何使用	公 式	对结果的解释
PV	计划价值	为计划工作分配的经批准的预算	在某一时点上,通常为数据日期或项目完工日期,计划完成工作的价值		
EV	挣值	对已完成工作的测量,用该工作的批准预算来表示	在某一时点上,通常为数据日期,全部完成工作的计划价值,与实际成本无关	挣值=完成工作的计划价值之和	
AC	实际成本	在给定时间段内,因执行项目活动而实际发生的成本	在某一时点上,通常为数据日期,全部完成工作的实际成本		
BAC	完工预算	为将要执行的工作所建立的全部预算的总和	全部计划工作的价值,项目的成本基准		
CV	成本偏差	在某个给定时间点,预算亏空或盈余量,表示为挣值与实际成本之差	在某一时点上,通常为数据日期,完成工作的价值与同一时点上实际成本之间的差异	CV=EV−AC	正数=在计划成本之内 零=与计划成本持平 负数=超过计划成本
SV	进度偏差	在某个给定时间点,项目进度提前或落后的情况,表示为挣值与计划价值之差	在某一时点上,通常为数据日期,完成工作的价值与同一时点上计划完成的工作之间的差异	SV=EV−PV	正数=提前于进度计划 零=在进度计划上 负数=落后于进度计划
VAC	完工偏差	对预算亏空量或盈余量的一种预测,是完工估算之差	项目完工成本的估算差异	VAC=BAC−EAC	正数=在计划成本之内 零=与计划成本持平 负数=超过计划成本

续表

缩写	名称	术语词典定义	如何使用	公式	对结果的解释
CPI	成本绩效指数	度量预算资源的成本效率的一种指标,表示为挣值与实际成本之比	CPI 等于 1.0 说明项目完全按预算进行,到目前为止完成的工作的成本与预计使用的成本一样。其他数值则表示已完成工作的成本高于或低于预算的百分比	CPI=EV/AC	>1 在计划成本之内 =1 与计划成本持平 <1 超过计划成本
SPI	进度绩效指数	测量进度效率的一种指标,表示为挣值与计划价值之比	SPI 等于 1.0 说明项目完全按照进度计划执行,到目前为止,已完成工作与计划完成的工作完全一致。其他数值则表示已完成工作落后或提前于计划工作的百分比	SPI=EV/PV	>1 提前于进度计划 =1 在计划进度上 <1 落后于进度计划
EAC	完工估算	完成所有工作所需的预期总成本,等于截至目前的实际成本加上完工尚需估算	如果预计剩余工作的 CPI 与当前一致	EAC=BAC/CPI	
			如果剩余工作将以计划效率完成	EAC=AC+BAC–EV	
			如果原计划不再有效	EAC=AC+自上而下估算的 ETCA	
			如果 CPI 和 SPI 同时影响剩余工作	EAC=AC+[(BAC–EV)/(CPI×SPI)]	
ETC	完工尚需估算	完成所有剩余项目工作的预计成本	如果工作正按计划执行	ETC=EAC–AC	
			对剩余工作进行自下而上重新估算	ETC=再估算	
TCPI	完工尚需绩效指数	为了实现特定的管理目标,剩余资源的使用必须达到的成本绩效指标,是完成剩余工作所需的成本与剩余预算之比	为了按计划完成,必须维持的效率	TCPI=(BAC–EV)/(BAC–AC)	>1 很难完成 =1 正好完成 <1 很容易完成
			为了实现当前的完工估算(EAC),必须维持的效率	TCPI=(BAC–EV)/(EAC–AC)	>1 很难完成 =1 正好完成 <1 很容易完成

2.4.2 历年试题解析

（2005 上半年，上午）试题（38）

如果在挣值分析中，出现成本偏差 CV<0 的情况，说法正确的是 (38)。

(38) A．项目成本超支　　　　　　B．不会出现计算结果
　　　C．项目成本节约　　　　　　D．成本与预算一致

解析：
CV<0，成本超支。

答案： A

（2005 下半年，上午）试题（36）、（37）

项目经理小张对自己正在做的某项目进行成本挣值分析后，画出了如下所示的一张图，当前时间为图中的检查日期。根据该图小张分析：该项目进度 (36) ，成本 (37) 。

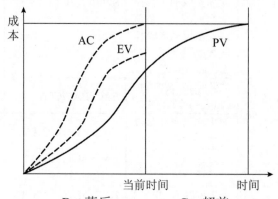

(36) A．正常　　　　B．落后　　　　C．超前　　　　D．无法判断
(37) A．正常　　　　B．超支　　　　C．节约　　　　D．无法判断

解析：
- 在当前时间点 EV>PV，即 SV>0，进度提前；AC>EV，即 CV<0，成本超支。
- 强调一下挣值分析图的观看方法，比较 EV、PV 和 AC 在当前时间点的数值：
    ◆ 如果 EV 最大，则成本和进度都好，成本节约，进度提前；
    ◆ 如果 EV 最小，则成本和进度都有问题，成本超支，进度落后；
    ◆ 如果 EV<PV，进度出了问题，进度落后；
    ◆ 如果 EV<AC，成本出了问题，成本超支。

答案：（36）C、（37）B

第 2 章 成本管理计算题

（2005 下半年，上午）试题（74）

（74） is the budgeted amount for the work actually completed on the schedule activity or WBS component during a given time period.

（74）A．Planned value　　　　　B．Earned value
　　　C．Actual cost　　　　　　D．Cost variance

解析：
挣值（Earned value）是在给定时期内实际完成工作的预算值。
答案： B

（2006 下半年，上午）试题（37）

项目经理小张对自己正在做的某项目进行挣值分析后，发现 CPI >1，则可以判断该项目 (37) 。

（37）A．进度超前　　　　　　B．进度落后
　　　C．成本超支　　　　　　D．成本节约

解析：
成本绩效指数 CPI>1，成本节约。
答案： D

（2006 下半年，上午）试题（39）

根据下表提供的数据，(39) 最有可能在时间和成本的约束内完成。

项目	PV	EV	AC
甲	1200	900	700
乙	1200	700	900
丙	1200	900	1000

（39）A．项目甲　　　　　　　B．项目乙
　　　C．项目丙　　　　　　　D．项目甲和项目乙

解析：
先看进度，三个项目进度都落后，项目甲和项目丙并列稍好一点。再看成本，只有项目甲成本节约，项目乙和项目丙成本都超支。
答案： A

（2008 上半年，上午）试题（57）

下表为同时开展的 4 个项目在某个时刻的计划值 PV、实际成本 AC 和挣值 EV，该时刻成本超出最多的项目和进度最为落后的项目分别是 (57) 。

项目	PV	AC	EV	CV	SPI
1	10 000	11 000	10 000		
2	9000	7200	6000		
3	8000	8000	8000		
4	10 000	7000	5000		

（57）A．项目 1，项目 1　　　　　　B．项目 3，项目 2
　　　C．项目 4，项目 4　　　　　　D．项目 2，项目 4

解析：

成本超出最多的是项目 4，超支了 2000。进度最为落后的还是项目 4，SPI 仅有 50%。

答案： C

(2008 下半年，上午）试题（45）、（46）

某公司正在进行中的项目，当前的 PV=2200 元、EV=2000 元、AC=2500 元，当前项目的 SV 和项目状态是 (45)，该项目的 CPI 和成本绩效是 (46)。

（45）A．–300 元；项目提前完成　　　B．+200 元；项目提前完成
　　　C．+8000 元；项目按时完成　　　D．–200 元；项目比原计划滞后

（46）A．0.20；实际成本与计划的一致　B．0.80；实际成本比计划成本要低
　　　C．0.80；实际成本超出了计划成本　D．1.25；实际成本超出了计划成本

解析：

SV=EV–PV=–200 元<0，进度落后。CPI= EV/AC=0.8<1，成本超支。

答案：（45）D、（46）C

(2009 下半年，上午）试题（58）

项目甲、乙、丙、丁的工期都是三年，在第二年末其挣值分析数据如下表所示，按照趋势最早完工的应是 (58)。

项目	预算总成本	PV	EV	AC
甲	1400	1200	1000	900
乙	1400	1200	1100	1200
丙	1400	1200	1250	1300
丁	1400	1200	1300	1200

（58）A．甲　　　　B．乙　　　　C．丙　　　　D．丁

解析：

- 这道题代表了目前考试命题的一个方向：多给你一些数据。信息太多会使概念不清晰的考生陷入混乱。
- 首先，题目问的是进度，四列数据中只有 PV 和 EV 两列有用。

- 其次，PV 列中的数据都相同，只看 EV 即可。
- 项目丁的 EV 最大，按照趋势应最早完工。

答案：D

(2009 下半年，上午）试题（59）

某项目成本偏差（CV）大于 0，进度偏差（SV）小于 0，则该项目的状态是 (59)。

(59) A．成本节约、进度超前　　　B．成本节约、进度落后
　　 C．成本超支、进度超前　　　D．成本超支、进度落后

解析：

CV 大于 0，成本节约。SV 小于 0，进度落后。

答案：B

(2010 上半年，上午）试题（57）

项目 I、II、III、IV 的工期都是三年，在第二年末其挣值分析数据如下表所示，按照趋势最早完工的应是项目_(57)_。

项 目	预算总成本	EV	PV	AC
I	1500	1000	1200	900
II	1500	1300	1200	1300
III	1500	1250	1200	1300
IV	1500	1100	1200	1200

(57) A．I　　　B．II　　　C．III　　　D．IV

解析：

- 首先，题目问的是进度，四列数据中只有 EV 和 PV 两列有用。
- 其次，PV 列中的数据都相同，只看 EV 即可。
- 项目 II 的 EV 最大，按照趋势应最早完工。

答案：B

(2011 下半年，上午）试题（38）、（39）

某大型项目进行到两年时，使用挣值法所需要的三个中间变量的数值分别是：计划值 PV 为 400 万元，实际成本 AC 为 200 万元，挣值 EV 为 100 万元。基于该项目的成本偏差，下列描述正确的是_(38)_,基于该项目的成本绩效指数，下列描述中正确的是_(39)_。

(38) A．项目成本偏差为负且项目处于超支状态
　　 B．项目成本偏差为正且项目处于超支状态
　　 C．项目成本偏差为负且项目处于成本节约状态
　　 D．项目成本偏差为正且项目处于成本节约状态

(39) A. 成本绩效指数小于 1 且实际发生的成本是预算成本的 2 倍
     B. 成本绩效指数大于 1 且实际发生的成本是预算成本的一半
     C. 成本绩效指数小于 1 且实际发生的成本是预算成本的一半
     D. 成本绩效指数大于 1 且实际发生的成本是预算成本的 2 倍

解析：
- CV = EV–AC = 100–200 = –100<0，成本超支。
- CPI = EV/AC = 100/200 = 0.5<1，实际发生的成本是预算成本的 2 倍。

答案：(38) A、(39) A

(2012 上半年，上午) 试题 (61)

某信息系统集成项目的预算为 5 050 000 元，工期 6 周。某时间点，该项目花了 1 550 000 元完成了预计要花 1 690 000 元的工作，而计划成本是 2 110 000 元。则该项目当前的实际成本 (61)。

(61) A. 低于预算   B. 超出预算
     C. 符合预算   D. 提供的信息不足，无法判断

解析：
- 根据题干的介绍，AC=155 万元，EV = 169 万元，PV = 211 万元，BAC = 505 万元。
- EV<PV 进度落后，EV>AC 成本节约。
- 破解挣值计算题其实很简单，关键就是要对 EV、PV、AC 这三个概念非常清晰，把下边这张表里的英文和中文定义两两做一下对比，你会发现都只差几个字，反复揣摩几遍，奥妙自现。

PV	Planned Value	计划值	Budgeted cost of the work scheduled	计划完成工作的预算成本
EV	Earned Value	挣值	Budgeted cost of the work performed	已完成工作的预算成本
AC	Actual Cost	实际成本	Actual cost of the work performed	已完成工作的实际成本

答案：A

(2013 下半年，上午) 试题 (39)

在进行挣值管理时，如果实际进度点位于 PV 曲线的左侧，则该点与 PV 曲线的垂直距离表示实际进度比计划进度 (39)。

(39) A. 超前的时间   B. 拖后的时间
     C. 超额完成的任务量   D. 拖欠的任务量

解析：
题目所述情况如下图所示。

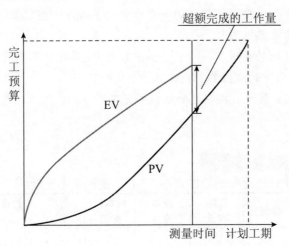

答案：C

(2013下半年，上午) 试题 (58)

某项目计划工期为4年，预算总成本为800万元。在项目实施过程中，通过对成本的核算和有关成本与进度的记录得知，开工后两年末实际成本发生额为200万元，所完成工作的计划预算成本额为100万元。与项目预算成本比较可知，当工期过半时，项目的计划成本发生预算应该为400万元。该项目成本绩效指数CPI为__(58)__。

(58) A. 50% B. 25% C. 12.5% D. 10%

解析：
- PV=400万元，AC=200万元，EV=100万元。
- 成本绩效指数 CPI=EV/AC=100/200=50%，成本超支。

答案：A

(2014上半年，上午) 试题 (56)

项目Ⅰ、Ⅱ、Ⅲ、Ⅳ的工期都是三年，在第二年末其挣值分析数据如下表所示。按此趋势，项目__(56)__应最早完工。

项 目	预计总成本	EV	PV	AC
Ⅰ	1500	1000	1200	900
Ⅱ	1500	1300	1200	1300
Ⅲ	1500	1250	1200	1300
Ⅳ	1500	1100	1200	1200

(56) A. I　　　　B. II　　　　C. III　　　　D. IV

解析：
- 这道题代表了目前考试命题的一个方向：多给你一些数据。信息太多会使概念不清晰的考生陷入混乱。
- 首先，题目问的是进度，四列数据中只有 PV 和 EV 两列有用。
- 其次，PV 列中的数据都相同，只看 EV 即可。
- 项目 II 的 EV 最大，按照趋势应最早完工。

答案：B

（2014 下半年，上午）试题（43）

下表是某项目执行过程中的输出表格，__(43)__ 说法是不正确的。

工作任务	预算	挣值	实际成本	成本偏差	成本偏差率	进度偏差	进度偏差率	成本CPI	进度SPI
1.前期计划编制	63 000	58 000	62 500	-4500	-7.8%	-5000	-7.9%	0.93	0.92
2.检查表草案	64 000	48 000	46 800	1200	2.5%	-16 000	-25.0%	1.03	0.75
3.课题设计	23 000	20 000	23 500	-3500	-17.5%	-3000	-13.0%	0.85	0.87
4.中期评估	68 000	68 000	72 500	-4500	-6.6%	0	0	0.94	1.00
总计	218 000	194 000	205 300	-11 300	-5.8%	-24 000	-11.0%	0.95	0.89

(43) A. 该表是项目执行过程中的一份绩效报告
　　 B. 该表缺少对于项目进展的预测
　　 C. 根据此表可以分析出该项目的实际成本低于预算成本
　　 D. 根据此表可以分析出该项目的实际进度落后于计划

解析：
- CPI 和 SPI 均小于 1，成本超支、进度落后。
- B 正确，表中没有给出 EAC、ETC 等项目预测。

答案：C

（2015 上半年，上午）试题（58）

假设某项目任务已进行了充分细化分解，任务安排及完成情况如下图，已获价值适用 50/50 规则（活动开始执行即获得一半价值），则下图中项目监控点的 PV、EV、BAC 分别为__(58)__。

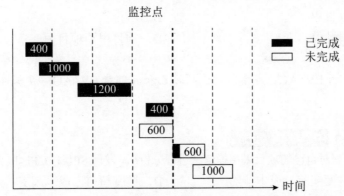

（58）A．PV=4200　　EV=3000　　BAC=5200　　B．PV=4200　　EV=3300　　BAC=4600
　　　C．PV=3600　　EV=3300　　BAC=5200　　D．PV=3600　　EV=3000　　BAC=4600

解析：
- PV =400+1000+1200+400+600=3600。
- 题干中提到适用 50/50 规则"活动开始执行即获得一半价值"，则 EV=已全部完成的工作的预算成本+已部分完成的工作的预算成本的一半。
- EV =400+1000+1200+400+600×50%=3300。
- BAC=400+1000+1200+400+600+600+1000=5200。

答案：C

（2016 上半年，上午）试题（44）

项目进行到某阶段时，项目经理进行绩效分析，计算出 CPI 值为 1.09，这表示 (44)。

（44）A．每花费 109 元人民币，只创造相当于 100 元的价值
　　　B．每花费 100 元人民币，可创造相当于 109 元的价值
　　　C．项目进展到计划进度的 109%
　　　D．项目超额支出 9%的成本

解析：
CPI 值为 1.09，成本节约；每花费 1 元成本，挣得 1.09 元的价值。

答案：B

（2016 上半年，上午）试题（45）

下表是甲、乙、丙三个项目的进度数据，则 (45) 最有可能在成本的约束内完成。

项目	PV	EV	AC
甲	15 000	8000	5000
乙	15 000	5000	8000
丙	15 000	8000	9000

(45) A. 项目甲 　　　　　　　　 B. 项目乙
　　　 C. 项目丙 　　　　　　　　 D. 项目甲和项目丙

解析:
只有项目甲的 EV>AC, 成本节约; 项目乙和丙都是 EV<AC, 成本超支。
答案: A

(2016 下半年, 下午) 试题 (58)

项目经理小李对自己的项目采用挣值法进行分析后, 发现 SPI>1、CPI<1, 则该项目__(58)__。

(58) A. 进度超前, 成本节约 　　　　 B. 进度超前, 成本超支
　　　 C. 进度延后, 成本节约 　　　　 D. 进度延后, 成本超支

解析:
SPI>1, 进度超前。CPI<1, 成本超支。
答案: B

(2018 上半年, 上午) 试题 (59)

某信息系统集成项目计划 6 周完成, 项目经理就前 4 周的项目进展情况进行分析, 具体情况如下, 项目的成本执行指数 CPI 为__(59)__。

周	计划投入成本值（元）	实际投入成本值（元）	完成百分比
1	1000	1000	100%
2	3000	2500	100%
3	8000	10 000	100%
4	13 000	15 000	90%
5	17 000		
6	19 000		

(59) A. 0.83 　　　 B. 0.87 　　　 C. 0.88 　　　 D. 0.95

解析:
- AC=1000+2500+10 000+15 000=28 500 元。
- EV=1000+3000+8000+13 000×90%=23 700 元。
- CPI=EV/AC=23 700/28 500=0.83。

答案: A

(2019 上半年, 上午) 试题 (74)

Earned value management (EVM) integrates the scope baseline with the __(74)__ baseline, along with schedule baseline, to form the performance baseline, which helps the project management team assess and measure project performance and progress.

(74) A. quality 　　　 B. risk 　　　 C. change 　　　 D. cost

解析：
挣值管理（EVM）将范围基准与（成本）基准和进度基准结合起来，一起构成项目绩效基准，帮助项目管理团队评估和测量项目的绩效和进展情况。
答案： D

2.5 成本预测

2.5.1 知识点回顾

随着项目进展，项目团队可根据项目绩效，对完工估算（Estimate at Completion，EAC）进行预测，预测的结果可能与完工预算（Budget at Completion，BAC）存在差异。预测 EAC 是根据当前掌握的绩效信息和其他知识，预计项目未来的情况和事件。

在计算 EAC 时，通常用已完成工作的实际成本 AC，加上剩余工作的完工尚需估算（Estimate to Completion，ETC），即：EAC=AC+ETC。

ETC 的计算方法有两种：

- 基于非典型的偏差计算 ETC，如果当前的偏差被看作是非典型的，并且项目团队预期在以后将不会发生这种类似偏差时，这种方法被经常使用。计算公式为：ETC=BAC–EV，此时 EAC=BAC–CV。
- 基于典型的偏差计算 ETC，如果当前的偏差被看作是可代表未来偏差的典型偏差时，可以采用这种方法。计算公式为：ETC=（BAC–EV）/CPI，此时 EAC=BAC/CPI。

完工偏差（Variance at Completion，VAC）是对预算亏空量或盈余量的一种预测，是完工预算与完工估算之差，即 VAC=BAC–EAC。

完工尚需绩效指数（To-Complete Performance Index，TCPI）是一种为了实现特定的管理目标，剩余资源的使用必须达到的成本绩效指标，是完成剩余工作所需的成本与剩余预算之比。TCPI 是指为了实现具体的管理目标（如 BAC 或 EAC），剩余工作的实施必须达到的成本绩效指标。TCPI 的计算公式为：TCPI=（BAC–EV）/（BAC–AC）。

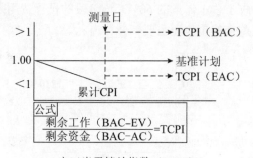

完工尚需绩效指数（TCPI）

下表列出了有关成本预测的全部计算公式。

Budget at Completion 完工预算	BAC=（项目完工时）项目整体计划价值
Estimate at Completion 完工估算	EAC=AC+ETC
Estimate to Completion 完工尚需成本	ETC=（BAC–EV）/CPI 或 BAC–EV
Variance at Completion 完工偏差	VAC=BAC–EAC
To-Complete Performance Index 完工尚需绩效指数	TCPI=（BAC–EV）/（BAC–AC）

2.5.2 历年试题解析

（2007下半年，上午）试题（40）

项目经理认为到目前为止的费用在某种程度上是项目将发生的剩余工作所需成本的指示器，则 EAC 的公式为（40）。

（40）A．EAC=AC+（BAC–EV）/CPI　　　　B．EAC=AC+ETC
　　　 C．EAC=AC+BAC–EV　　　　　　　　D．EAC=AC+EV

解析：
- B 选项是 EAC 的通用计算公式。
- 当项目按照当前成本绩效情况继续进行时，即当前的偏差被看作是可代表未来偏差的典型偏差，EAC 的计算公式是 A 选项。
- 当项目进行了纠偏，接下来的工作仍按照原成本基准计划进行时，EAC 的计算公式是 C 选项。

答案：A

（2010上半年，上午）试题（58）

已知某综合布线工程的挣值曲线如下图所示：总预算为 1230 万元，到目前为止已支出 900 万元，实际完成了总工作量的 60%，该阶段的预算费用是 850 万元。按目前的状况继续发展，要完成剩余的工作还需要 (58) 万元。

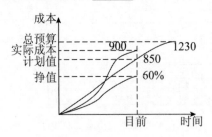

(58) A. 330　　　　B. 492　　　　C. 600　　　　D. 738

解析：

- PMBOK 思路：
  - 审题：题目中说"按目前的状况继续发展"，所以应该使用公式 ETC=（BAC–EV）/CPI。
  - BAC=1230，EV=1230×0.6，AC=900，CPI=（1230×0.6）/900。
  - ETC=（BAC–EV）/CPI =600 万元。
- 小学生思路：
  - 前 60%花了 900 万，剩下的 40%还需要花多少钱？

$$\frac{900}{60\%} = \frac{?}{40\%}$$

  - ETC=900×40%/60%=600 万元。
- 对于挣值计算的选择题，返璞归真，简化思维，回到小学生应用题，反而更快捷准确。

答案：C

（2011 上半年，上午）试题（61）

项目计划工期为 4 年，预算总成本为 800 万元。在项目的实施过程中，通过对成本的核算和有关成本与进度的记录得知，开工后第 2 年末实际成本发生额为 200 万元，所完成工作的计划预算成本额为 100 万元。与项目预算成本比较可知：当工期过半时，项目的计划成本发生额应该为 400 万元。此时如果不采取任何纠正措施，照此速度发展下去，那么到开工后第 4 年末项目会出现__(61)__万元的成本超支。

(61) A. 50　　　　B. 100　　　　C. 200　　　　D. 400

解析：

- PMBOK 思路：
  - 第 2 年末时，AC=200，EV = 100，PV = 400，BAC = 800，CPI = EV / AC = 100/200 = 0.5，SPI = EV/PV = 100/400 = 0.25。
  - 因假定"不采取任何纠正措施"，所以接下来的 2 年，CPI 和 SPI 保持不变。
  - 第 4 年末时，PV=800，EV = PV × SPI = 800×0.25 =200，AC = EV / CPI = 200/0.5 = 400，CV = EV–AC = 200–400 =–200，成本超支 200 万元。
- 小学生思路：
  - 2 年花超了 100 万元，照此下去，4 年要花超多少？显然是 200 万元。
- 对于挣值计算的选择题，返璞归真，简化思维，回到小学生应用题，反而更快捷准确。

举一反三

- 这道题让求的是第 4 年末的成本偏差，不是完工时的成本偏差。
- 这个项目的计划完工时间是第 4 年末，实际完工时间是第 16 年末。
- 完工偏差 VAC=BAC−EAC=BAC−BAC/CPI=800−800/0.5= −800 万元。

答案：C

(2012 上半年，上午) 试题（39）

根据下图，表示竣工费用超支情况的是 (39)。

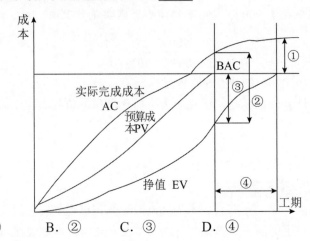

(39) A. ①　　B. ②　　C. ③　　D. ④

解析：

- 首先，图中 EV 曲线在最下边，该项目成本超支、进度落后。
- 其次，题目问成本偏差，应该看 EV 和 AC 的差值，③、④排除。
- ②为到达计划工期时的成本偏差，因项目进度落后，此时项目尚未完工，所以②不是竣工时的费用超支金额。
- 图中最右边的竖线为项目的实际完工时间，此时 EV=BAC，即所有工作都已完成，项目竣工，此时 EV 和 AC 之间的差值，即①，为竣工时的费用超支金额（即完工偏差 VAC=BAC−EAC）。

答案：A

(2013 下半年，上午) 试题（45）

按照沟通计划安排，项目经理在某财务控制点要根据挣值分析理论向财务总监提交绩效报告，下列绩效报告内容正确的是 (45) 。

(45) A. 按照控制账户中财务指标，对 CPI、CV、BAC 进行计算和分析并提出措施
　　　B. 根据控制点基线，对 CPI、CV、SPI、SV、BAC 进行计算和分析并提出措施
　　　C. 根据控制点基线，对 CPI、CV、SPI、SV、ETC 进行计算和分析并提出措施

D. 按照控制账户中财务指标，汇报财务状态、进展报告，进行状态分析

解析：
- A 和 D 依据的都是财务指标，不妥，应依据该控制点的基线（基准）。
- B 和 C 的区别就是 BAC 和 ETC。
- BAC（完工预算）是确定的，除非发生预算变更，所以不需要每次重新计算和分析。
- EAC（完工估算）则是对完成项目所需成本的估算和预测，需要根据项目进展及时更新和调整。
- 在此，顺便复习一下控制账户（Control Account）的定义：
  - ◆ 控制账户是一种管理控制点，在该控制点上，把范围、成本和进度加以整合，并把它们与挣值相比较，以测量绩效。
  - ◆ 控制账户设置在工作分解结构中的特定管理节点上。每一个控制账户都可以包括一个或多个工作包，但是每一个工作包只能属于一个控制账户。

答案：C

（2013 下半年，上午）试题（57）

某软件开发项目，预算为 40 万元，计划在 40 个工作日内完成。当项目进展到 30 个工作日时，项目经理对项目进行了绩效评估，结果是：项目完成当期计划进度的 70%，花费了 23 万，按此绩效还需投入大约 __(57)__ 万元才能完成该项目。

(57) A. 10　　　　B. 12　　　　C. 19　　　　D. 21

解析：
- 题目中指出"按此绩效还需"，应该使用公式 ETC=（BAC–EV）/CPI。
- BAC=40 万元。
- PV=30 万元（假设任务均匀分布，每天的工作量为 1 万元）。
- EV=PV×70%=21 万元，进度落后。
- CPI=EV/AC=21/23=0.913，成本超支。
- ETC=（BAC–EV）/CPI=（40–21）/0.913=20.81 万元。

答案：D

（2014 下半年，上午）试题（58）

某项目被分解成 10 项工作，每项工作的预计花费为 10 万元，工期为 10 个月。按照进度计划，前 3 个月应该完成其中的 3 项工作。但是到第 3 个月底的时候，项目组实际只完成了 2 项工作，实际花费为 30 万元。项目经理采用了挣值分析的方法对该项目的绩效情况进行了分析，以下结论中，__(58)__ 是正确的。

(58) A. 根据预算，前 3 个月的计划成本为 30 万元，实际花费也是 30 万元，说明项目的成本控制得还不错，只是进度上有滞后

B. 如果该项目照此成本效率执行下去，到整个项目完成时，实际花费的成本将超过预算 50%

C. 如果该项目不采取任何措施继续执行下去，实际的完工工期将会超期 1 个月

D. 该项目目前的绩效状况不理想，但只要继续采用挣值分析的方法对项目进行监控，将会有效地防止成本超支

解析：
- 这道选择题堪比一道下午的案例题。
- BAC=10×10=100 万元。
- 第 3 个月底时，PV=3×10=30 万元；EV=2×10=20 万元；AC=30 万元。
- 则 SPI=EV/PV=20/30=2/3；CPI=EV/AC=20/30=2/3。进度落后且成本超支，A 错误。
- 若项目照此成本效率执行下去，EAC=BAC/CPI=100/（2/3）=150 万元，或 ETC=（BAC–EV）/CPI=（100–20）/（2/3）=120 万元，EAC=ETC+AC=120+30=150 万元。
- 项目原预算即 BAC=100 万元，照此成本效率执行下去，到整个项目完成时，实际花费的成本将超过预算 50 万元（BAC 的 50%），B 正确。
- 若不采取任何措施继续执行下去，则实际工期=计划工期/SPI=10/（2/3）=15 个月，C 错误。
- 只监控而不采取措施无法阻止成本超支，D 错误。

答案：B

(2015 下半年，上午) 试题（57）、（58）

某项目包含 A、B、C 三项主要活动，项目经理在成本估算时采用自下而上的方法，估算出三项活动的成本分别为 13 万元、23 万元和 8 万元，同时为了应对未来可能遇到的不确定因素，预留了 10 万元的管理储备，同时为每个活动预留了 2 万元的准备金。该项目的总预算为 (57) 万元。项目进行到第二个月时，实际花费为 20 万元，完成总工作量的 30%。如果项目按照当前绩效继续进展下去，预测项目的完工尚需成本 ETC 约为 (58) 万元。

(57) A. 44　　　　　B. 54　　　　　C. 60　　　　　D. 50
(58) A. 46.7　　　　B. 40.7　　　　C. 45　　　　　D. 46

解析：
- 项目总预算=完工预算+管理储备。
- 完工预算（Budget at Completion，BAC）=∑（工作包的成本估算+工作包的应急储备）。
- 应急储备（Contingency reserve）是项目总预算的一部分，并且会被分配到具体的任务活动预算中去；它是成本基准的一部分，参加挣值计算；本题中为每个

活动预留的 2 万元的准备金即为应急储备。
- 管理储备（Management Reserve）是项目总预算的一部分，但不会被分配到具体的任务活动预算中去；它不属于成本基准，不参加挣值计算；本题中为了应对未来可能遇到的不确定因素，为项目预留的 10 万元即为管理储备。
- 本项目：BAC=13+23+8+3×2=50 万元，项目总预算=50+10=60 万元。
- 第二个月时，AC=20 万元，EV=BAC×30%=50×30%=15 万元，CPI=0.75。
- 题目中指出"按照当前绩效继续进展下去"，应该使用公式 ETC=（BAC–EV）/CPI=（50–15）/0.75=46.67 万元。

提醒： 关于管理储备和应急储备的系统区分请参见本书 2.3 节成本预算中（2012 下半年，上午）第（54）题的解析。

答案：（57）C、（58）A

（2017 下半年，上午）试题（58）、（59）（60）

某系统集成项目包含了三个软件模块，现在估算项目成本时，项目经理考虑到其中的模块 A 技术成熟，已在以前类似项目中多次使用并成功交付，所以项目经理忽略了 A 的开发成本，只给 A 预留了 5 万元，以防意外发生。然后估算了 B 的成本为 50 万元，C 的成本为 30 万元，应急储备为 10 万元，三者集成成本为 5 万元，并预留了项目的 10 万元管理储备。如果你是项目组成员，该项目的成本基准是 (58) 万元，项目预算是 (59) 万元，项目开始执行后，当项目的进度绩效指数 SPI 为 0.6 时，项目实际花费 70 万元，超出预算 10 万元，如果不加以纠偏，请根据当前项目进展，估算该项目的完工估算值（EAC）为 (60) 万元。

(58) A. 90　　　　B. 95　　　　C. 100　　　　D. 110
(59) A. 90　　　　B. 95　　　　C. 100　　　　D. 110
(60) A. 64　　　　B. 134　　　C. 194.4　　　D. 124.4

解析：
- 项目完工时的成本基准=BAC=5+50+30+10+5=100 万元。
- 项目总预算=BAC+管理储备=100+10=110 万元。
- AC=70 万元，PV=60 万元，EV=PV×SPI=60×0.6=36 万元。
- EAC=BAC/CPI=BAC×AC/EV=100×70/36=194.4 万元。

提醒： "项目实际花费 70 万元，超出预算 10 万元"这句话不严谨，有歧义。不过，如果考生将其理解为 CV=–10 万元，从而求得 EV=60 万元，最后算出的 EAC 将是 116.7 万元，没有这个选项，此路不通。

答案：（58）C、（59）D、（60）C

(2019上半年,上午)试题(59)

下表给出了某项目到2018年12月30日为止的部分成本执行(绩效)数据。如果当前的成本偏差是非典型的,则完工估算(EAC)为_(59)_元。

活动编号	活动	完成百分比(%)	计划值(PV)/元	实际成本(AC)/元
1	A	100	1000	1000
2	B	100	800	1000
3	C	100	2000	2200
4	D	100	5000	5100
5	E	80	3200	3000
6	F	60	4000	3800
合计:			16 000	16 100
项目总预算(BAC):40 000元				
报告日期:2018年12月30日				

(59) A. 45 000   B. 40 100   C. 42 340   D. 47 059

解析:
- EV=1000+800+2000+5000+3200×0.8+4000×0.6=13 760元。
- EAC=AC+BAC−EV=16 100+40 000−13 760=42 340元。

答案:C

(2019下半年,上午)试题(37)

下表给出了某项目到2019年6月30日为止的成本执行(绩效)数据。如果当前的成本偏差是典型的,则完工估算(EAC)为:_(37)_元。

活动	完成百分比(%)	计划值(PV)/元	实际成本(AC)/元
A	100	2200	2500
B	100	2500	2900
C	100	2500	2800
D	80	1500	1500
E	70	3000	2500
F	60	2500	2200
合计:		14 200	14 400
项目总预算(BAC):40 000元			
报告日期:2019年6月30日			

(37) A. 48 000   B. 44 000   C. 42 400   D. 41 200

解析:
- EV=2200+2500+2500+1500×0.8+3000×0.7+2500×0.6=12 000元。
- CPI=EV/AC=12 000/14 400=5/6。

- EAC=BAC/CPI=40 000×6/5=48 000 元。

答案：A

2.6 综合案例

信息系统项目管理师考试下午的案例分析题，是对考生知识与能力的综合考察，成本管理是其中的重中之重，也是难中之难。

2.6.1 （2005下半年，下午）试题二

一个预算 100 万元的项目，为期 12 周，现在工作进行到第 8 周。已知成本预算是 64 万元，实际成本支出是 68 万元，挣值为 54 万元。

【问题1】（8分）

请计算成本偏差（CV）、进度偏差（SV）、成本绩效指数（CPI）、进度绩效指数（SPI）。

【问题2】（5分）

根据给定数据，近似画出该项目的预算成本、实际成本和挣值图。

【问题3】（12分）

对以下四幅图表，分别分析其所代表的效率、进度和成本等情况，针对每幅图表所反映的问题，可采取哪些调整措施？

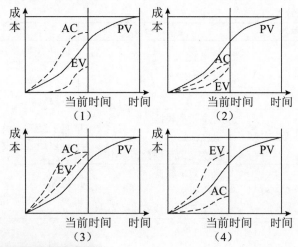

(2005下半年，下午)试题二解析

【问题1】（8分）

CV=EV–AC=54–68=–14 万元。

SV=EV–PV=54–64=–10 万元。

CPI=EV/AC=54/68=0.794。

SPI=EV/PV=54/64=0.844。

【问题2】(5分)

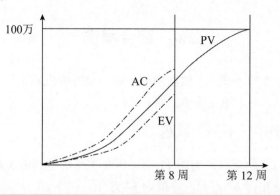

提醒:画这张图时需要注意的要点很多。
(1) EV 和 AC 只能画到当前时间 (第8周),不能再向右延长,因为我们无从知道下一周实际能完成哪些工作、实际花费多少成本。
(2) PV 则须画到第12周,PV 这根线就是成本基准,其终点的横坐标是项目的计划完工时间,纵坐标是项目的完工预算(BAC)。
(3) 惯例是如果 PV 为直线(代表工作量均匀分布),则 AC、EV 也为直线;如果 PV 为曲线,则 AC、EV 也为曲线。

【问题3】(12分)

图序号	三参数关系	分析(含义)	措施
(1)	AC>PV>EV	效率低 进度拖延 投入超前	提高效率,例如用工作效率高的人员更换一批工作效率低的人员;赶工、工作并行以追赶进度;加强成本监控
(2)	PV>AC≥EV	进度效率较低 进度拖延 成本支出与预算相关不大	增加高效人员投入;赶工、工作并行以追赶进度
(3)	AC≥EV>PV	成本效率较低 进度提前 成本支出与预算相关不大	提高效率,减少人员成本,加强人员培训和质量控制
(4)	EV>PV>AC	效率高 进度提前 投入延后	密切监控,加强质量控制

(每一个图形进度、成本、措施各一分。)

2.6.2 （2010下半年，下午）试题三

某项目经理将其负责的系统集成项目进行了工作分解，并对每个工作单元进行了成本估算，得到其计划成本。第四个月底时，各任务的计划成本、实际成本及完成百分比如下表所示。

任务名称	计划成本（万元）	实际成本（万元）	完成百分比
A	10	9	80%
B	7	6.5	100%
C	8	7.5	90%
D	9	8.5	90%
E	5	5	100%
F	2	2	90

【问题1】（10分）

请分别计算该项目在第四个月底的 PV、EV、AC 值，并写出计算过程。请从进度和成本两方面评价此项目的执行绩效如何，并说明依据。

【问题2】（5分）

有人认为：项目某一阶段实际花费的成本（AC）如果小于计划支出成本（PV），说明此时项目成本是节约的，你认为这种说法对吗？请结合本题说明为什么。

【问题3】（10分）

（1）如果从第五月开始，项目不再出现成本偏差，则此项目的预计完工成本（EAC）是多少？

（2）如果项目仍按目前状况继续发展，则此项目的预计完工成本（EAC）是多少？

（3）针对项目目前的状况，项目经理可以采取什么措施？

（2010下半年，下午）试题三解析

【问题1】（10分）

PV=10+7+8+9+5+2=41 万元。（2分）

EV=10×80%+7×90%+9×90%+5+2×90%=8+7+7.2+8.1+5+1.8=37.1 万元。（2分）

AC=9+6.5+7.5+8.5+5+2=38.5 万元。（2分）

进度落后，成本超支。（2分）

原因：（2分）

SV=EV–PV=37.1–41=–3.9<0。

CV=EV–AC=37.1–38.5=–1.4<0。

或者：

SPI=EV/PV=37.1/41=0.905<1。

CPI=EV/AC=37.1/38.5=0.964<1。

【问题 2】（5 分）

不对（2 分），例如本题中第四个月底的计划成本 PV 为 41 万元，实际成本 AC 为 38.5 万元，虽然 AC<PV，但成本却是超支的。AC 小，不是由于项目实施中成本节省了，而是由于进度落后计划造成的。（3 分）

【问题 3】（10 分）

（1） ETC=BAC–EV=41–37.1=3.9 万元。（2 分）
EAC=AC+ETC=38.5+3.9=42.4 万元。（2 分）
或者：EAC=BAC–CV=41–（–1.4）=42.4 万元。（4 分）

（2） EAC=AC+（BAC–EV）/CPI=38.5+（41–37.1）/0.964=42.5 万元。（4 分）

（3）加快进度（赶工或加班）；控制成本；必要时调整进度基准和成本基准。（满分 2 分，每条 1 分）

2.6.3 （2013 下半年，下午）试题二

项目组成员小张根据项目经理的要求绘制了项目 A 的 WBS 图（图 1），并根据工作量对项目的成本进行了分配，见表 1。

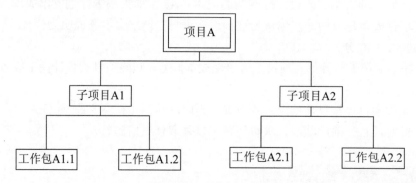

图 1 项目 A 的 WBS 图

表 1 项目成本分配表　　　　　　　　　　　单位：万元

项目		子项目		工作包	
名称	估算值	名称	估算值	名称	估算值
A		A1		A1.1	12
				A1.2	14
		A2		A2.1	18
				A2.2	16

【问题 1】（3 分）

如果小张采取自下而上的估算方法，请计算 A1、A2、A 的估算值分别是多少。

【问题 2】（10 分）

在进行项目预算审批时，财务总监指出在 2012 年初公司实施过一个类似项目，当时的结算金额是 50 万元，考虑到物价因素，增加 10%也是可接受的，财务总监要求据此更改预算。请根据财务总监的建议列出 A1、A2、A1.1、A2.1 的估算值以及项目的总预算。

【问题 3】（3 分）

项目经理认为该项目与公司 2012 年初实施的一个类似项目还是有一些区别的，为稳妥起见，就项目预算事宜，项目经理可以向公司财务总监提出何种建议？

【问题 4】（9 分）

除了自下而上的估算方法，本案例还应用了哪些成本估算方法？成本估算的工具和技术还有哪些？

（2013 下半年，下午）试题二解析

【问题 1】（3 分）

A1=A1.1+A1.2=12+14=26 万元。（1 分）

A2=A2.1+A2.2=18+16=34 万元。（1 分）

A=A1+A2=26+34=60 万元。（1 分）

【问题 2】（10 分）

总预算 A=50+50×10%=55 万元。（2 分）

还按照原来估算的比例分配：

A1=26×55/60=23.8 万元。（2 分）

A2=34×55/60=31.2 万元。（2 分）

A1.1=12×55/60=11 万元。（2 分）

A2.1=18×55/60=16.5 万元。（2 分）

【问题 3】（3 分）

建议增加 5 万元的管理储备金。

【问题 4】（9 分）

案例中应用了类比估算或自上而下估算（2 分）、参数估算（2 分）。

其他成本估算的工具和技术：

（1）专家判断；

（2）自下而上估算；

（3）三点估算；

（4）储备分析；

（5）质量成本；

（6）项目管理软件；

（7）卖方投标分析；

(8) 群体决策技术。

（每项 1 分，最多 5 分。）

2.6.4 （2014 下半年，下午）试题一

某项目由 A、B、C、D、E、F、G、H、I、J 共 10 个工作包组成，项目计划执行时间为 5 个月，在项目执行到第 3 个月末的时候，公司对项目进行了检查，检查结果如下表所示（假设项目工作量在计划期内均匀分布）。

工作包	预算（万元）	预算按月分配（万元）					实际完成（%）
		第一个月	第二个月	第三个月	第四个月	第五个月	
A	12	6	6				100
B	8	2	3	3			100
C	20		6	10	4		100
D	10			6	4		75
E	3	2	1				75
F	40			20	15	5	50
G	3					3	50
H	3				2	1	50
I	2				1	1	25
J	4				2	2	25

【问题 1】（4 分）

计算到目前为止，项目的 PV、EV 分别为多少。

【问题 2】（11 分）

假设该项目到目前为止已支付 80 万元，请计算项目的 CPI 和 SPI，并指出项目整体的成本和进度执行情况以及项目中哪些工作包落后于计划进度？哪些工作包超前于计划进度？

【问题 3】（10 分）

如果项目的当前状态代表了项目未来的执行情况，预测项目未来的结束时间和总成本。并针对项目目前的状况，提出相应的应对措施。

（2014 下半年，下午）试题一解析

【问题 1】（4 分）

PV=12+8+16+6+3+20=65 万元。（2 分）

EV=12×100%+8×100%+20×100%+10×75%+3×75%+40×50%+3×50%+3×50%+2×25%+4×25%=74.25 万元。（2 分）

【问题 2】（11 分）

AC=80 万元。

CPI=EV/AC=74.25/80=0.928。（1分）
SPI=EV/PV=74.25/65=1.142。（1分）
项目成本超支，进度提前。（2分）
工作包 E 落后于进度。（1分）
工作包 C、D、G、H、I、J 提前于原计划。（6分）

> 提醒：工作包的进度情况可见下表。
> - 每个工作包前三个月预算的累加即为 PV，工作包的总预算乘以实际完成率即为 EV。
> - 工作包 A、B、F 的 PV=EV，进度正常。
> - 工作包 C、D、G、H、I、J 的 PV<EV，进度提前。
> - 工作包 E 的 PV>EV，进度落后。

工作包	预算（万元）	预算按月分配（万元）			PV（万元）	实际完成（%）	EV（万元）
		第一个月	第二个月	第三个月			
A	12	6	6		12	100	12
B	8	2	3	3	8	100	8
C	20		6	10	16	100	20
D	10		6		6	75	7.5
E	3	2	1		3	75	2.25
F	40			20	20	50	20
G	3				0	50	1.5
H	3				0	50	1.5
I	2				0	25	0.5
J	4				0	25	1
合计	105				65		74.25

【问题3】（10分）
EAC=BAC/CPI=105/0.928=113.15 万元。（2分）
项目结束时间=计划工期/SPI=5/1.142=4.38 月。（2分）
鉴于目前项目成本超支，项目组可采取如下应对措施：
（1）关注成本超支较严重的工作。
（2）对成本的支出进行细化分析，找出成本超支的原因。
（3）针对不同的原因，采取对应的措施。例如：
　　（a）减少不必要的工作；
　　（b）优化工作流程，提高效率；
　　（c）削减不必要的资源。
（4）定期对项目的成本绩效进行评估，及时按情况进行调整。
（5）加强质量管理，及时发现问题，减少返工，从而节约成本。

(6) 必要时，调整成本基准。

（每条 1 分，最多 6 分。）

2.6.5 （2017 上半年，下午）试题一

某项目工期为 6 个月，该项目的项目经理在第 3 个月末对项目进行了中期检查，检查结果表明完成了计划进度的 90%，相关情况见下表（单位：万元），表中活动之间存在 F-S 关系。

序号	活动	第1月	第2月	第3月	第4月	第5月	第6月	PV值
1	编制计划	4	4					8
2	需求调研		6	6				12
3	概要设计			4	4			8
4	数据设计				8	4		12
5	详细设计					8	2	10
月度 PV		4	10	10	12	12	2	
月度 AC		4	11	11				

【问题 1】（8 分）

计算中期检查时项目的 CPI、CV 和 SV，以及"概要设计"活动的 EV 和 SPI。

【问题 2】（4 分）

如果按照当前的绩效，计算项目的 ETC 和 EAC。

【问题 3】（8 分）

请对该项目目前的进展情况做出评价。如果公司规定，在项目中期评审中，项目的进度绩效指标和成本绩效指标在计划值的正负 10% 即为正常，则该项目是否需要采取纠正措施？如需要，请说明可采取哪些纠正措施进行成本控制；如不需要，请说明理由。

【问题 4】（5 分）

结合本案例，判断下列选项的正误（填写在答题纸的对应栏内，正确的选项填写"√"，错误的选项填写"×"）：

（1）应急储备是包含在成本基准内的一部分预算，用来应对已经接受的已识别风险，及已经制定应急或减轻措施的已识别风险。（　　）

（2）管理储备主要应对项目的"已知-未知"风险，是为了管理控制的目的而特别留出的项目预算。（　　）

（3）管理储备是项目成本基准的有机组成部分，不需要高层管理者审批就可以使用。（　　）

（4）成本基准就是项目的总预算，不需要按照项目工作分解结构和项目生命周期进行分解。（　　）

（5）成本管理过程及其使用的工具和技术会因应用领域的不同而变化，一般在项目

生命期定义过程中对此进行选择。（　　）

（2017 上半年，下午）试题一解析

【问题 1】（8 分）

目前项目的：

SPI=0.9。

PV=4+10+10=24 万元。（1 分）

EV=SPI×PV=0.9×24=21.6 万元。（1 分）

AC=4+11+11=26 万元。（1 分）

CPI=EV/AC=21.6/26=0.83。（1 分）

CV=EV−AC=21.6−26= −4.4 万元。（1 分）

SV=EV−PV=21.6−24= −2.4 万元。（1 分）

（直接给出 CPI、CV、SV 的正确结果，每个给 2 分。）

"概要设计"活动的：

EV=21.6−8−12=1.6 万元。（1 分）

SPI=EV/PV=1.6/4=0.4。（1 分）

提醒：本题与系统集成项目管理工程师考试 2012 年下半年的试题三如出一辙，关键是要知道 SPI=0.9，并由此求出 EV。

【问题 2】（4 分）

ETC=（BAC−EV）/CPI=（50−21.6）/0.83=34.22 万元。（2 分）

EAC= AC+ETC=26+34.22=60.22 万元。（2 分）

【问题 3】（8 分）

该项目目前的进展情况：进度落后（1 分）、成本超支（1 分）。

项目的 CPI=0.83<90%，超过了允许的偏差范围，需要采取成本纠正措施。（1 分）

可采取的成本纠正措施有：

（1）关注成本超支较严重的工作。

（2）对成本的支出进行细化分析，找出成本超支的原因。

（3）针对不同的原因，采取对应的措施。例如：

　　（a）减少不必要的工作；

　　（b）优化工作流程，提高效率；

　　（c）削减不必要的资源。

（4）定期对项目的成本绩效进行评估，及时按情况进行调整。

（5）加强质量管理，及时发现问题，减少返工，从而节约成本。

（6）必要时，调整成本基准。

（每项 1 分，共 5 分，其他合理答案酌情给分。）

【问题 4】（5 分）

（1）（√）、（2）（×）、（3）（×）、（4）（×）、（5）（√）。

> 提醒：应急储备用来处理预期但不确定的事件——"已知-未知"风险（已经识别，但不知道是否会发生的风险）。
> 管理储备用来处理非预期且不确定的事件——"已知-未知"风险。
> 应急储备是成本绩效基准的一部分，参加挣值计算，由项目经理负责管理使用。
> 管理储备其实是"管理层所掌握的储备"，一般由公司高层管理；项目经理使用管理储备，需要向项目发起人或管理层申请。
> 管理储备是项目总预算的一部分，但不会被分配到具体的任务活动预算中去。
> 管理储备不属于成本绩效基准，不参加挣值计算。
> 项目总预算 = 完工预算 + 管理储备。
> 完工预算（BAC）= ∑（工作包的成本估算+工作包的应急储备）。

2.6.6 （2019 下半年，下午）试题二

某公司完成一个工期 10 周的系统集成项目，该项目包含 A、B、C、D、E 五项任务。项目经理制定了成本预算表（如表 1），执行过程中记录了每个时段项目的执行情况（如表 2、表 3）。

表 1 成本预算表（单位：万元）

任务	1 周	2 周	3 周	4 周	5 周	6 周	7 周	8 周	9 周	10 周
A	10	15	5							
B		10	20	20						
C				5	5	25	5			
D					5	15	10	10		
E								5	20	25
合计	10	25	25	25	10	40	15	15	20	25

表 2 实际成本发生表（单位：万元）

任务	1 周	2 周	3 周	4 周	5 周	6 周	7 周	8 周	9 周	10 周
A	10	14	10							
B		10	14	20						
C				5	5	10				
D					5	8				
E										
合计	10	24	24	25	10	18				

表3 任务完成百分比

任务	1周	2周	3周	4周	5周	6周	7周	8周	9周	10周
A	30%	50%	100%							
B		20%	50%	100%						
C					5%	10%	40%			
D						10%	20%			
E										

【问题1】(5分)

项目执行到了第6周,请填写如下的项目EV表,将答案填写在答题纸对应栏内。

任务	1周	2周	3周	4周	5周	6周	7周	8周	9周	10周
A										
B										
C										
D										
E										
合计										

【问题2】(14分)

(1)经分析任务C的成本偏差是非典型的,而D的偏差是典型的。针对目前的情况,请计算项目完工时的成本估算值(EAC)。

(2)判断项目目前的绩效情况。

【问题3】(6分)

针对项目目前的进度绩效,请写出项目经理可选的措施。

(2019下半年,下午)试题二解析

【问题1】(5分)

本题有2种填法,都是正确的。

填法1 第6周时的项目EV表(单位:万元)

任务	1周	2周	3周	4周	5周	6周	7周	8周	9周	10周
A	9	6	15							
B		10	15	25						
C					2	2	12			
D						4	4			
E										
合计	9	16	30	27	6	16				

填法2　第6周时的项目EV表（单位：万元）

任务	1周	2周	3周	4周	5周	6周	7周	8周	9周	10周
A	9	15	30	30	30	30				
B		10	25	50	50	50				
C				2	4	16				
D					4	8				
E										
合计	9	25	55	82	88	104				

提醒： 很多考生在考试现场非常纠结，到底表中应该填写"截止到本周的累计挣得值"，还是"本周的新挣得值"？如果答题纸如下图所示再增加一列"任务 EV"就好了，就没有歧义了。

任务	1周	2周	3周	4周	5周	6周	7周	8周	9周	任务EV
A	9	6	15							30
B		10	15	25						50
C				2	2	12				16
D					4	4				8
E										
合计	9	16	30	27	6	16				104

【问题2】（14分）

（1）任务 C 的完工尚需估算 $ETC_C = BAC_C - EV_C = 40 - 16 = 24$ 万元。

任务 D 的完工尚需估算 $ETC_D = (BAC_D - EV_D)/CPI_D = (40-8)/(8/13) = 52$ 万元。

任务 E 的完工尚需估算 $ETC_E = BAC_E = 5+20+25 = 50$ 万元。

项目的完工尚需估算 $ETC_{项目} = ETC_C + ETC_D + ETC_E = 24+52+50 = 126$ 万元。

项目的实际成本 $AC_{项目} = 10+24+24+25+10+18 = 111$ 万元。

项目的完工估算 $EAC_{项目} = AC_{项目} + ETC_{项目} = 111+126 = 237$ 万元。

（2）项目的计划值 $PV_{项目} = 10+25+25+25+10+40 = 135$ 万元。

项目的挣值 $EV_{项目} = 9+16+30+27+6+16 = 104$ 万元。

项目的成本偏差 $CV_{项目} = EV_{项目} - AC_{项目} = 104-111 = -7$ 万元 <0，成本超支。

项目的进度偏差 $SV_{项目} = EV_{项目} - PV_{项目} = 104-135 = -31$ 万元 <0，进度落后。

【问题3】（6分）

（1）赶工，投入更多的资源或增加工作时间，以缩短关键活动的工期；

（2）快速跟进，并行施工，以缩短关键路径的长度；

（3）使用高素质的资源或经验更丰富的人员；

（4）减小活动范围或降低活动要求；

（5）改进方法或技术，以提高生产效率；

（6）加强质量管理，及时发现问题，减少返工，从而缩短工期。

第 3 章　进度成本综合案例题

信息系统项目管理师考试下午的案例分析题，是对考生知识与能力的综合考察，进度成本综合案例题既考进度又考成本，难度较大。

3.1　（2011 下半年，下午）试题一

张某是某公司的项目经理，有着丰富的项目管理经验，最近负责某电子商务系统开发的项目管理工作。该项目经过工作分解后，范围已经明确。为了更好地对项目的开发过程进行监控，保证项目顺利完成，张某拟采用网络计划技术对项目进度进行管理。经过分析，张某得到了一张工作计划表，如下所示。

工作代号	紧前工作	计划工作历时（天）	最短工作历时（天）	每缩短一天所需增加的费用（万元）
A	—	5	4	5
B	A	2	2	
C	A	8	7	3
D	B、C	10	9	2
E	C	5	4	1
F	D	10	8	2
G	D、E	11	8	5
H	F、G	10	9	8
每天的间接费用 1 万元				

事件 1：为了表明各活动之间的逻辑关系，计算工期，张某将任务及有关属性用以下图样表示，然后根据工作计划表，绘制单代号网络图。

ES	DU	EF
	ID	
LS		LF

其中，ES 表示最早开始时间；EF 表示最早结束时间；LS 表示最迟开始时间；LF 表示最迟结束时间；DU 表示工作历时；ID 表示工作代号。

事件 2：张某的工作计划得到了公司的认可，但是项目建设方（甲方）提出，因该项目涉及融资，希望建设工期能够提前 2 天，并可额外支付 8 万元的项目款。

事件 3：张某将新的项目计划上报给了公司，公司请财务部估算项目的利润。

【问题1】(13分)

(1)请按照事件1的要求,帮助张某完成此项目的单代号网络图。
(2)指出项目的关键路径和工期。

【问题2】(6分)

在事件2中,请简要分析张某应如何调整工作计划,才能既满足建设方的工期要求,又尽量节省费用。

【问题3】(6分)

请指出事件3中,财务部估算的项目利润因工期提前变化了多少,为什么?

(2011下半年,下午)试题一解析

【问题1】(13分)

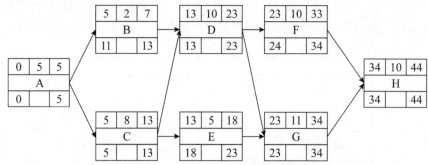

画出单代号网络图可得10分。其中,每个节点数据填写正确可得1分(共8分),画出正确的节点间连线可得2分。

关键路径为ACDGH(2分),工期44天(1分)。

【问题2】(6分)

为使工期缩短2天,且节约支出,应将C压缩1天(3分),D压缩1天(3分)。

提醒:

- 由于赶工只能在关键路径上进行,首先,在A、C、D、G、H五个任务中选取赶工成本变化率(每缩短1天所增加的成本)最小的D进行压缩。由于D的最短工作历时是9天,也就是说D的工期只能减少1天,此时网络图的关键路径仍为ACDGH,工期变为43天。

- 接下来选取关键路径上赶工成本变化率第二小的C进行压缩,压缩后C的工期变为7天,此时的新网络图如下图所示,新网络图的关键路径仍为ACDGH,工期变为42天。

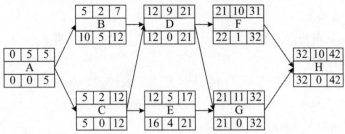

【问题 3】（6 分）

利润增加 5 万元（3 分）。

缩短 C、D 工期各 1 天会增加 5 万元的费用（2 万元+3 万元），但节约了间接费用 2 万元，而客户为此增加 8 万元的项目款，因此项目利润增加 5 万元（3 分）。

提醒：这道题很多考生在考试时都答错了，主要是审题不细，忽略了表格最下边那一行字"每天的间接费用 1 万元"。项目工期缩短 2 天，间接费用节约 2 万元。

3.2 （2012 上半年，下午）试题二

某项目进入详细设计阶段后，项目经理为后续活动制定了如下图所示的网络计划图，图中的"△"标志代表开发过程的一个里程碑，此处需进行阶段评审，模块 1 和模块 2 都要通过评审后才能开始修复。

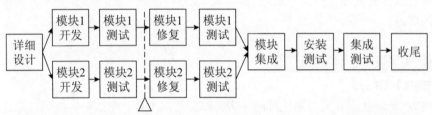

项目经理对网络图中的各活动进行了成本估算，估计每人每天耗费的成本为 1000 元，安排了各活动的人员数量并统计了模块 1、模块 2 的开发和测试活动的工作量（如下表所示），其中阶段评审活动不计入项目组的时间和人力成本预算，如下表所示。

活 动	人数安排	预计完成工作量（人·天）
模块 1 开发	8	48
模块 1 测试	1	3
模块 1 修复	8	8
模块 1 测试	1	2
模块 2 开发	10	80
模块 2 测试	1	3
模块 2 修复	10	10
模块 2 测试	1	2

【问题 1】（3 分）

请计算该项目自模块开发起至模块测试全部结束的计划工期。

【问题 2】（10 分）

详细设计完成后，项目组用了 11 天才进入阶段评审。在阶段评审中发现：模块 1 开发已完成，测试尚未开始；模块 2 的开发和测试均已完成，修复工作尚未开始，模块 2 的实际工作量比计划多用了 3 人·天。

（1）请计算自详细设计完成至阶段评审期间模块 1 的 PV、EV、AC，并评价其进度和成本绩效。

（2）请计算自详细设计完成至阶段评审期间模块 2 的 PV、EV、AC，并评价其进度和成本绩效。

【问题 3】（8 分）

（1）如果阶段评审未做出任何调整措施，项目仍按当前状况进展，请预测从阶段评审结束到软件集成开始这一期间模块 1、模块 2 的 ETC（完工尚需成本）（给出公式并计算结果）。

（2）如果阶段评审后采取了有效的措施，项目仍按计划进展，请预测从阶段评审结束到软件集成开始这一期间模块 1、模块 2 的 ETC（完工尚需成本）（给出公式并计算结果）。

【问题 4】（4 分）

请结合软件开发和测试的一般过程，指出项目经理制定的网络计划和人力成本预算中存在的问题。

（2012 上半年，下午）试题二解析

【问题 1】（3 分）

模块 1：开发时间 6 天；测试时间 3 天；修复时间 1 天；测试时间 2 天；总计 12 天。

模块 2：开发时间 8 天；测试时间 3 天；修复时间 1 天；测试时间 2 天；总计 14 天。

关键路径为模块 2 的开发、测试、修复和测试，该部分工作的计划工期为 14 天。

【问题 2】（10 分）

（1） PV＝（48+3）×1000=51 000 元。

EV=48×1000=48 000 元。

AC=11×8×1000=88 000 元。

进度绩效：进度滞后。

成本绩效：成本超支。

提醒：这一问的难点就在于计算模块 1 的 AC，模块 1 的开发用了 11 天才完成，所以实际成本为 11 天×8 人×1000/（人·天）=88 000 元。

（2） PV=（80+3）×1000=83 000 元。

EV=（80+3）×1000=83 000 元。

AC=83000+3×1000=86 000 元。

进度绩效：进度符合计划。

成本绩效：成本超支。

> **提醒**：模块 2 的实际工作量比计划多用了 3 人·天，所以实际成本 AC＝EV+3×1000＝86 000 元。
> 破解挣值计算题其实很简单，关键就是 EV、PV、AC 这三个概念要非常清晰，把下边这张表里的英文和中文定义两两做一下对比，你会发现都只差几个字，反复揣摩几遍，奥妙自现。

PV	Planned Value	计划值	Budgeted cost of the work scheduled	计划完成工作的预算成本
EV	Earned Value	挣值	Budgeted cost of the work performed	已完成工作的预算成本
AC	Actual Cost	实际成本	Actual cost of the work performed	已完成工作的实际成本

【问题 3】（8 分）

（1）模块 1：ETC=（BAC–EV）/CPI=（61–48）×1000/（48 000/88 000）≈23 833 元。

模块 2：ETC=（BAC–EV）/CPI=（95–83）×1000/（83 000/86 000）≈12 434 元。

（2）模块 1：ETC=BAC–EV=（61–48）×1000=13 000 元。

模块 2：ETC=BAC–EV=（95–83）×1000=12 000 元。

【问题 4】（4 分）

非计算问题，暂略，详细解答请见《信息系统项目管理师考试试题分类精解》，耿洪彪著，清华大学出版社 2014 年出版，下同。

3.3 （2013 下半年，下午）试题一

一个信息系统集成项目有 A、B、C、D、E、F 共 6 个活动，目前是第 12 周末，活动的信息如下：

活动 A：持续时间 5 周，预算 30 万元，没有前置活动，实际成本 35.5 万元，已完成 100%；

活动 B：持续时间 5 周，预算 70 万元，前置活动为 A，实际成本 83 万元，已完成 100%；

活动 C：持续时间 8 周，预算 60 万元，前置活动为 B，实际成本 17.5 万元，已完成 20%；

活动 D：持续时间 7 周，预算 135 万元，前置活动为 A，实际成本 159 万元，已完

成 100%；

活动 E：持续时间 3 周，预算 30 万元，前置活动为 D，实际成本 0 万元，已完成 0%；

活动 F：持续时间 7 周，预算 70 万元，前置活动为 C 和 E，实际成本 0 万元，已完成 0%。

项目在开始获得的投入资金为 220 万元，第 10 周获得投入资金 75 万元，第 15 周获得投入资金 105 万元，第 20 周获得投入资金 35 万元。

【问题 1】（12 分）

请计算当前的成本偏差（CV）和进度偏差（SV），以及进度绩效指数（SPI）和成本绩效指数（CPI），并分析项目的进展情况。

【问题 2】（10 分）

分别按照非典型偏差和典型偏差的计算方式，计算项目在第 12 周末时的完工尚需成本（ETC）和完工估算成本（EAC）。

【问题 3】（3 分）

在不影响项目完工时间的前提下，同时考虑资金平衡的要求，在第 13 周开始应该如何调整项目进度计划？

（2013 下半年，下午）试题一解析

【问题 1】（12 分）

AC=35.5+83+17.5+159=295 万元。（1 分）

PV=30+70+135+60×2/8=250 万元。（1 分）

EV=30+70+135+60×20%=247 万元。（2 分）

CV=EV−AC=247−295= −48 万元。（1 分）

CPI=EV/AC=247/295=0.837。（1 分）

成本超支。（2 分）

SV=EV−PV=247−250= −3 万元。（1 分）

SPI=EV/PV=247/250=0.988。（1 分）

进度落后。（2 分）

（如直接给出 CV、SV、SPI、CPI 的值，则每个给 2 分。项目进展情况回答正确，每个给 2 分。）

提醒：绘制网络图会使你思路清晰，有助于此题的计算。

第 3 章　进度成本综合案例题

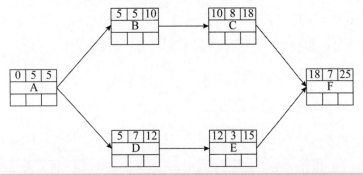

> 提醒：计算 PV 时需要注意：在第 12 周末时，活动 A、B、D 均应完成，活动 C 应进行 2 周（即 12−10＝2），而活动 C 的总工期是 8 周，则其按计划应进行的 2 周工作的预算为 60×2/8=15 万元。

【问题 2】（10 分）

完工预算 BAC=30+70+60+135+30+70=395 万元。

非典型偏差：ETC=BAC–EV=395–247=148 万元。（2 分）

　　　　　　EAC=AC+ETC=295+148=443 万元。（2 分）

或　EAC=BAC–CV=395+48=443 万元。

典型偏差：ETC=（BAC–EV）/CPI=（395–247）/0.837=176.82 万元。（2 分）

　　　　　EAC=AC+ETC=295+176.82=471.82 万元。（2 分）

或　EAC=BAC/CPI=395/0.837=471.92 万元。

（结果不正确，过程正确酌情给分。）

> 提醒：
> - 非典型=特例，即接下来不会再有偏差，接下来的工作仍按照原成本基准计划进行。
> - 典型=偏差继续下去，项目按照当前成本绩效情况（CPI）继续进行。

举一反三　BAC、ETC 和 EAC 都是项目完工相关联的概念。如果题目要你求：完成第 13 周末时的预定工作尚需多少成本和届时的总成本估算，又该如何计算呢？

- 截止到第 13 周末的总预算=30+70+135+60×（13−10）/8+30×（13−12）/3=267.5 万元。
- 非典型偏差：截止到第 13 周末的尚需成本=267.5−EV=267.5−247=20.5 万元。
- 截止到第 13 周末的总成本估算=AC+20.5=295+20.5=315.5 万元。
- 典型偏差：截止到第 13 周末的尚需成本=（267.5−EV）/CPI=24.5 万元。
- 截止到第 13 周末的总成本估算=AC+24.5=295+24.5=319.5 万元。

【问题 3】（3 分）

如果考虑资金限制平衡的要求，在第 13 周开始应该将活动 E 推后 3 周进行（由第 13 周开始推迟到第 16 周开始），以符合资金限制需求。(3 分，只回答活动 E 推后进行得 2 分。)

提醒：此时网络图调整如下：

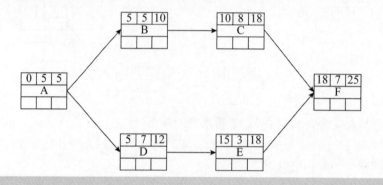

提醒：
- 12 周末=13 周初，15 周末=16 周初。
- 到第 12 周末时，已实际花费 295 万元，此时投入项目的 295 万元资金（即项目开始时投入的 220 万元 + 项目第 10 周时投入的 75 万元）已全部用光。如果此时同时开始活动 C 和活动 E，资金压力较大，因此应将非关键任务 E 推后 3 周进行（E 的自由时差是 3 周），以减轻资金压力。

有同学问：由于在第 15 周时才有 105 万元资金进入，是否项目在 13 周、14 周处于停工状态？还不至于，工程项目大多都是先干活再付款。当然，若题目明确说明必须先付款否则立即停工，则例外。

3.4　（2014 上半年，下午）试题二

一个信息系统集成项目有 A、B、C、D、E、F、G 共 7 个活动。各个活动的顺序关系、计划进度和成本预算如下图所示，大写字母为活动名称，其后面括号中的第一个数字是该活动计划进度持续的周数，第二个数字是该活动的成本预算，单位是万元。该项目资金分三次投入，分别在第 1 周初、第 10 周初和第 15 周初投入资金。

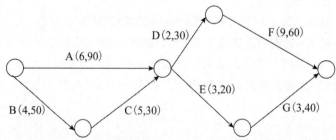

项目进行的前 9 周，由于第 3 周时因公司有个临时活动停工 1 周。为赶进度，从其

他项目组中临时抽调 4 名开发人员到本项目组。第 9 周末时,活动 A、B 和 C 的信息如下,其他活动均未进行。

活动 A:实际用时 8 周,实际成本 100 万元,已完成 100%。
活动 B:实际用时 4 周,实际成本 55 万元,已完成 100%。
活动 C:实际用时 5 周,实际成本 35 万元,已完成 100%。

从第 10 周开始,抽调的 4 名开发人员离开本项目组,这样项目进行到第 14 周末的情况如下,其中由于对活动 F 的难度估计不足,导致了进度和成本的偏差。

活动 D:实际用时 2 周,实际成本 30 万元,已完成 100%。
活动 E:实际用时 0 周,实际成本 0 万元,已完成 0%。
活动 F:实际用时 3 周,实际成本 40 万元,已完成 20%。
活动 G:实际用时 0 周,实际成本 0 万元,已完成 0%。

【问题 1】(10 分)
在不影响项目总体工期的前提下,制订能使资金成本最优化的资金投入计划。请计算三个资金投入点分别要投入的资金量并写出在此投入计划下项目各个活动的执行顺序。

【问题 2】(5 分)
请计算项目进行到第 9 周末时的成本偏差(CV)和进度偏差(SV),并分析项目的进展情况。

【问题 3】(5 分)
请计算项目进行到第 15 周初时的成本偏差(CV)和进度偏差(SV),并分析项目的进展情况。

【问题 4】(5 分)
若需要计算项目第 15 周初时的完工尚需成本(ETC)和完工估算成本(EAC),采用哪种方式计算更适合?写出计算公式。

(2014 上半年,下午)试题二解析

【问题 1】(10 分)
(1)第 1 周初投入资金:90+50+30=170 万元。
执行顺序:A 与 B、C 并行,B 结束后开始 C。
具体安排:第 1~6 周执行 A;第 1~4 周执行 B,第 5~9 周执行 C。
(2)第 10 周初投入资金:30+60×(3/9)=50 万元。
执行顺序:A、B、C 都结束后,开始 D;D 结束后开始 F。
具体安排:第 10~11 周执行 D,第 12~14 周执行 F。
(3)第 15 周初投入资金:20+40+60×(6/9)=100 万元。
执行顺序:F 开始 3 周后同时开始 E;E 完成后开始 G。
具体安排:第 15~20 周执行 F,第 15~17 周执行 E,第 18~20 周执行 G。

提醒：
- 要解决这道题，关键在于搞清楚何谓"能使资金成本最优化的资金投入计划"。
- "资金成本最优"：在不影响项目总工期的前提下，最晚投入资金。因此，第10周初不应投入 E 和 G 所需资金。
- 有同学问，A 为什么不安排在第 4~9 周进行？答：活动的资金已经在第 1 周初投入，A 应尽早进行，以免在执行过程中意外拖延而影响项目总工期。
- 此外，第 9 周末 = 第 10 周初。
- 时标网络图如下所示。

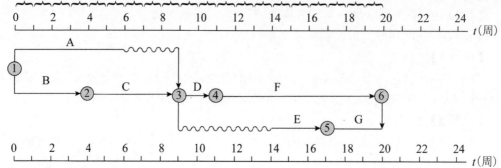

【问题2】（5分）

AC=100+55+35=190 万元。

PV=90+50+30=170 万元。

EV=90+50+30=170 万元。

CV=EV–AC=170–190= –20 万元。

SV=EV–PV=170–170= 0 万元。

项目成本超支、进度适中。

【问题3】（5分）

AC=190+30+40=260 万元。

PV=170+30+60×（3/9）=220 万元。

EV=170+30+60×20%=212 万元。

CV=EV–AC=212–260= –48 万元。

SV=EV–PV=212–220= –8 万元。

项目成本超支、进度落后。

提醒：计算 PV 时应按问题 1 的成本最优计划来算，而不是按 E、G 最早开始时间来算。

【问题4】（5分）

案例中出现了进度和成本偏差，其原因并没有找到并得到改正，所以采用典型偏差的公式来进行计算：

ETC=（BAC–EV）/CPI；

EAC= AC＋（BAC–EV）/CPI 或 EAC=BAC/CPI。

3.5 （2015上半年，下午）试题一

某信息系统工程项目由 A、B、C、D、E、F、G 七个任务构成，项目组根据不同任务特点、人员情况等，对各项任务进行了历时估算并排序，并给出了进度计划，如下图。

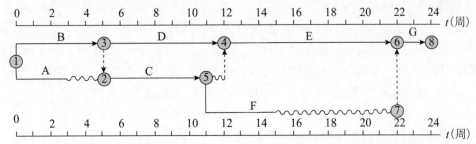

项目中各项任务的预算（方框中，单位是万元）、从财务部获取的监控点处各项任务的实际费用（括号中，单位为万元），及各任务在监控点时的完成情况如下图。

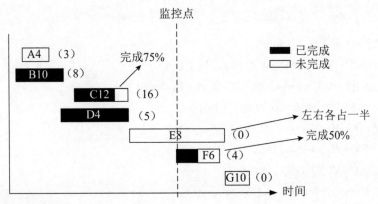

【问题1】（10分）

（1）请指出该项目的关键路径、工期。

（2）本例给出的进度计划图叫什么图？还有哪几种图可以表示进度计划？

（3）请计算任务 A、D 和 F 的总时差和自由时差。

（4）若任务 C 拖延 1 周，对项目的进度有无影响？为什么？

【问题2】（7分）

计算监控点时刻对应的 PV、EV、AC、CV、SV、CPI 和 SPI。

【问题 3】（4 分）

请分析监控点时刻对应的项目绩效，并指出绩效改进的措施。

【问题 4】（4 分）

（1）请计算该项目的总预算。

（2）若在监控点时刻对项目进行了绩效评估后，找到了影响绩效的原因并予以纠正，请预测此种情况下项目的 ETC、EAC。

（2015 上半年，下午）试题一解析

【问题 1】（10 分）

（1）关键路径是 BDEG（1 分）。工期为 24 周（1 分）。

（2）给出的为时标网络图（双代号网络图/箭线图）（1 分）。还有前导图（单代号网络图）、里程碑图、横道图（甘特图）可以表示进度计划（每个 1 分，最多得 2 分）。

（3）A 的总时差=3 周（0.5 分），自由时差=2 周（0.5 分）。

D 的总时差=0 周（0.5 分），自由时差=0 周（0.5 分）。

F 的总时差=7 周（0.5 分），自由时差=7 周（0.5 分）。

（4）没有影响（1 分）。任务 C 有 1 周总时差，所以拖延 1 周对项目总体进度没有影响（1 分）。

提醒：关键路径就是没有波浪线的路径，波浪线是自由浮动。

【问题 2】（7 分）

PV=4+10+12+4+8×50%=34 万元。（1 分）

EV=4+10+12×75%+4+6×50%=30 万元。（1 分）

AC=3+8+16+5+0+4+0=36 万元。（1 分）

CV=EV–AC=30–36=–6 万元。（1 分）

SV=EV–PV=30–34=–4 万元。（1 分）

CPI=EV/AC=30/36=0.83。（1 分）

SPI=EV/PV=30/34=0.88。（1 分）

【问题 3】（4 分）

CV<0，CPI<1；SV<0，SPI<1。说明项目的进度滞后（1 分），成本超支（1 分）。

进度纠偏措施：

（1）赶工，投入更多的资源或增加工作时间，以缩短关键活动的工期；

（2）快速跟进，并行施工，以缩短关键路径的长度；

（3）使用高素质的资源或经验更丰富的人员；

（4）改进方法或技术，以提高生产效率；

（5）减小活动范围或降低活动要求；

（6）加强质量管理，及时发现问题，减少返工，从而缩短工期。

成本纠偏措施：

（1）关注成本超支较严重的工作。

（2）对成本的支出进行细化分析，找出成本超支的原因。

（3）针对不同的原因，采取对应的措施。例如：

　　（a）减少不必要的工作；

　　（b）优化工作流程，提高效率；

　　（c）削减不必要的资源。

（4）定期对项目的成本绩效进行评估，及时按情况进行调整。

（5）加强质量管理，及时发现问题，减少返工，从而节约成本。

（6）必要时，调整成本基准。

【问题4】（4分）

（1）BAC=4+10+12+4+8+6+10=54 万元。（2分）

（2）ETC=BAC–EV=54–30=24 万元。（1分）

EAC=AC+ETC=36+24=60 万元。（1分）

3.6 （2015下半年，下午）试题二

已知某信息工程项目由 A、B、C、D、E、G、H、I 八个活动构成，项目工期要求为 100 天。项目组根据初步历时估算、各活动间逻辑关系得出的初步进度计划网络图如下图所示（箭线下方为活动历时）。

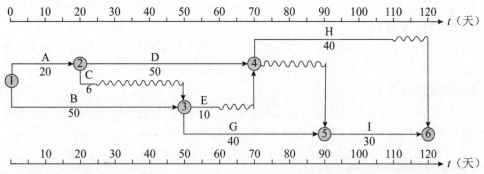

【问题1】（7分）

（1）请给出该项目初步进度计划的关键路径和工期。

（2）该项目进度计划需要压缩多少天才能满足工期要求？可能需要压缩的活动都有哪些？

（3）若项目组将 B 和 H 均压缩至 30 天，是否可满足工期要求？压缩后项目的关键

路径有多少条？关键路径上的活动是什么？

【问题 2】（9 分）

项目组根据工期要求、资源情况及预算进行了工期优化，即将 B 压缩至 30 天、D 压缩至 40 天，并形成了最终进度计划网络图；给出的项目所需资源数量与资源费率如下表所示。

活　动	资　源	费率（元/人·天）	活　动	资　源	费率（元/人·天）
A	1 人	180	E	1 人	180
B	2 人	220	G	2 人	200
C	1 人	150	H	2 人	100
D	2 人	240	I	2 人	150

按最终进度计划执行到第 40 天晚上对项目进行监测时发现，活动 D 完成一半，活动 E 准备第二天开始，活动 G 完成了 1/4；此时累计支付的实际成本为 40 000 元，请在下表中填写此时该项目的绩效信息。

活　动	PV	EV
A		
B		
C		
D		
E		
G		
H		
I		
合计		

【问题 3】（6 分）

请计算第 40 天晚上时项目的 CV、SV、CPI、SPI（给出计算公式和计算结果，结果保留 2 位小数），评价当前项目绩效，并给出改进措施。

【问题 4】（3 分）

项目组发现问题后及时进行了纠正，对项目的后续执行没有影响，请预测项目完工尚需成本 ETC 和完工估算 EAC（给出计算公式和计算结果）。

（2015 下半年，下午）试题二解析

【问题 1】（7 分）

（1）关键路径：BGI；工期：120 天。

（2）该项目进度计划需要压缩 20 天才能满足工期要求，可能需要压缩 A、B、D、G、H、I 活动。

（3）若项目组将 B 和 H 均压缩至 30 天，可以满足工期要求，压缩后项目的关键路径有 3 条，分别是 ADH、ADI 和 BGI，此时的工期为 100 天。

> **提醒**
> - 时标网络图是双代号网络图，即活动在边上，节点代表活动的起止，直线的横向长度代表任务的工期，波浪线代表活动的自由浮动（自由时差），节点 4 和节点 5 之间箭线是虚活动。
> - 图看懂之后，这道题就非常简单了。关键路径就是没有波浪线的路径，只有 1 条，即 BGI；工期即最后一个节点的时间，即 120 天。
> - 网络图中超过 100 天的路径有两条，分别是 ADH（110 天）和 BGI（120 天），若要将项目工期压缩到 100 天，这两条路径都需要被压缩。
> - 将 B 和 H 均压缩至 30 天后的新网络图如下所示，此时，关键路径有 3 条，分别是 ADH、ADI 和 BGI，工期为 100 天。

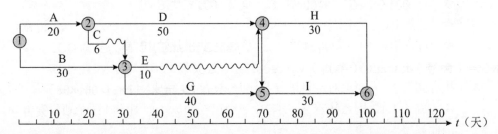

注意：千万不要忘记节点 4 和节点 5 之间的那个虚活动，否则你会遗漏掉 ADI。

【**问题 2**】（9 分）

活　动	PV	EV
A	3600（元）	3600（元）
B	13 200（元）	13 200（元）
C	900（元）	900（元）
D	9600（元）	9600（元）
E	1800（元）	0（元）
G	4000（元）	4000（元）
H	0（元）	0（元）
I	0（元）	0（元）
合计	33 100（元）	31 300（元）

提醒：工期优化后的新网络图如下。

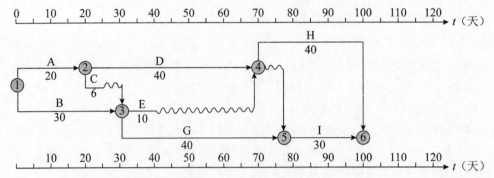

- 工期优化后，在第 40 天晚上，按照计划，A、B、C、E 应完成，D 应开始 20 天，G 应开始 10 天，H 和 I 尚未开始。于是：
  ◆ A 的 PV=20×1×180=3600 元。
  ◆ B 的 PV=30×2×220=13 200 元。
  ◆ C 的 PV=6×1×150=900 元。
  ◆ D 的 PV=20×2×240=9600 元（D 按计划应开始 20 天）。
  ◆ E 的 PV=10×1×180=1800 元。
  ◆ G 的 PV=10×2×200=4000 元（G 按计划应开始 10 天）。
  ◆ H 和 I 的 PV=0 元。

- 执行到第 40 天晚上对项目进行监测时发现，D 完成一半，E 准备第二天开始，G 完成了 1/4，则意味着 A、B、C 三个已经完成，而 H 和 I 两个还没有开始。因此：
  ◆ A 的 EV=A 的 PV=3600 元。
  ◆ B 的 EV=B 的 PV=13 200 元。
  ◆ C 的 EV=C 的 PV=900 元。
  ◆ D 的 EV=40×2×240/2=9600 元（D 实际做完了一半）。
  ◆ G 的 EV=40×2×200/4=4000 元（G 实际做完了 1/4）。
  ◆ E、H 和 I 的 EV = 0 元。

- 比照计划，实际只有 E 没有按时完成，其余任务均进展正常。

【问题 3】（6 分）

PV=33 100 元。

EV=31 300 元。

AC=40 000 元。

CV=EV–AC=31 300–40 000 = –8700 元。

SV=EV–PV=31 300–33 100 = –1800 元。

CPI=EV/AC=31 300/40 000 = 0.78。

SPI=EV/PV=31 300/33 100=0.95。

进度落后,成本超支。

进度暂不需要调整,虽然 E 落后了 10 天,但由于它是非关键任务,且有 20 天的自由浮动,所以可暂不调整。

成本纠偏措施可参见本书 3.5 节(2015 上半年,下午)试题一问题 3 的解析。

> **提醒**: 在系统集成项目管理工程师考试 2012 年上半年的案例试题二问题 2 中也出过类似的问题:进度落后,但可暂不调整,因为是非关键任务,且自由浮动时间非常充裕。

【问题 4】(3 分)

ETC=BAC–EV=20×240×2+10×180+30×200×2+40×100×2+30×150×2=40 400 元。

EAC=AC+ETC=40 000+40 400=80 400 元。

> **提醒**:
> - "项目组发现问题后及时进行了纠正,对项目的后续执行没有影响"提示我们使用非典型偏差情况下的计算公式:ETC = BAC–EV,EAC=AC + ETC 或 EAC = BAC – CV。
> - BAC=71 700 元,ETC=71 700–31 300=40 400 元,EAC=71 700 – (–8700) =80 400 元。
> - 不过,与其费事去求 BAC,不如利用非典型偏差的定义(项目未来的工作绩效与当前无关,和原计划保持一样,即项目未来的成本绩效指数和进度绩效指数都是"1"),直接求 ETC=项目剩余的工作量,更为简捷一些。

3.7 (2016 上半年,下午)试题一

下图给出了一个信息系统项目的进度网络图。

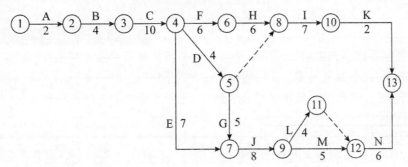

下表给出了该项目各项作业正常工作与赶工工作的时间和费用。

活动	正常工作		赶工工作	
	时间/天	费用/元	时间/天	费用/元
A	2	1200	1	1500
B	4	2500	3	2700
C	10	5500	7	6400
D	4	3400	2	4100
E	7	1400	5	1600
F	6	1900	4	2200
G	5	1100	3	1400
H	6	9300	4	9900
I	7	1300	5	1700
J	8	4600	6	4800
K	2	300	1	400
L	4	900	3	1000
M	5	1800	3	2100
N	6	2600	3	2960

【问题 1】（3 分）

请给出项目关键路径。

【问题 2】（3 分）

请计算项目总工期。

【问题 3】（19 分）

（1）请计算关键路径上各活动的可缩短时间，每缩短一天增加的费用和增加的总费用。将关键路径上各活动的名称以及对应的计算结果填入答题纸相对应的表格中。

活 动	可缩短时间	每缩短 1 天增加的费用	增加的总费用

（2）如果项目工期要求缩短到 38 天，请给出具体的工期压缩方案并计算需要增加的最少费用。

(2016 上半年，下午) 试题一解析

【问题 1】（3 分）

项目关键路径为 ABCDGJMN。

【问题 2】（3 分）

项目总工期=2+4+10+4+5+8+5+6=44 天。

【问题 3】（19 分）

（1）

活 动	可缩短时间	每缩短 1 天增加的费用	增加的总费用
A	1	300	300
B	1	200	200
C	3	300	900
D	2	350	700
G	2	150	300
J	2	100	200
M	2	150	300
N	3	120	360

（每行 1 分，共 8 分。）

（2）首先，将 J 的工期压缩 2 天，增加费用 200 元；（3 分）

其次，将 N 的工期压缩 3 天，增加费用 360 元；（3 分）

最后，将 G 或 M 的工期压缩 1 天，增加费用 150 元；（3 分）

总计增加费用 710 元。（2 分）

提醒：按照单位压缩成本由小到大的顺序进行压缩。

3.8 (2016 下半年，下午) 试题一

已知某信息工程由 A、B、C、D、E、F、G、H 八个活动构成，项目的活动历时，活动所需人数、费用及活动逻辑关系如下表所示。

活动名称	历时（单位：天）	所需人数	费用（单位：元/人天）	紧前活动
A	3	3	100	—
B	2	1	200	A
C	8	4	400	A
D	4	3	100	B
E	10	2	200	C
F	7	1	200	C
G	8	3	300	D

| H | 5 | 4 | 200 | E、F、G |

【问题1】(4分)

请给出该项目的关键路径和工期。

【问题2】(12分)

第14天晚的监控数据显示活动E、G均完成一半,F尚未开始,项目实际成本支出为12 000元。

(1)请计算此时项目的计划值(PV)和挣值(EV)。

(2)请判断此时项目的成本偏差(CV)和进度偏差(SV),以及成本和进度执行情况。

【问题3】(3分)

若后续不做调整,对项目工期是否有影响?为什么?

【问题4】(6分)

(1)请给出总预算(BAC)、完工尚需估算(ETC)和完工估算(EAC)的值。

(2)请预测是否会超出总预算(BAC)。完工偏差(VAC)是多少?

(2016下半年,下午)试题一解析

【问题1】(4分)

关键路径为ACEH(2分),工期为26天(2分)。

提醒:网络图如下所示。

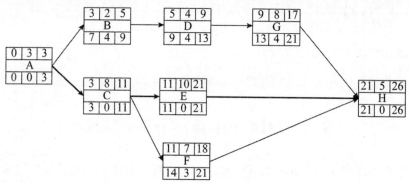

【问题2】(12分)

(1)PV=3×3×100+2×1×200+8×4×400+4×3×100+3×2×200+3×1×200+5×3×300=21 600元。(2分)

EV=3×3×100+2×1×200+8×4×400+4×3×100+5×2×200+4×3×300=20 900元。(2分)

(2)CV=EV–AC=20 900–12 000=8900元,大于0,成本节约。(4分)

SV=EV–PV=20 900–216 000= –700元,小于0,进度滞后。(4分)

提醒:E提前了2天,G落后了1天,F落后了3天。

【问题3】(3分)

没有影响。(1分)

G 虽然滞后了 1 天,但 G 有 4 天的自由时差可以利用;F 虽然滞后了 3 天,但 F 有 3 天的自由时差可以利用。所以即使后续没有调整,也不会影响项目工期。(2分)

【问题4】(6分)

(1) BAC=31 900 元。(1分)

ETC=BAC–EV=31 900–20 900=11 000 元。(1分)

EAC=AC+ETC=12 000+11 000=23 000 元。(1分)

(2) 不会超出总预算。

VAC=BAC–EAC=31 900–23 000=8900 元,大于 0,不会超出总预算。(2分)

3.9 (2017下半年,下午)试题二

某信息系统项目包含 A、B、C、D、E、F、G、H、I、J 十个活动。各活动的历时、成本估算值、活动逻辑关系如下表所示。

活动名称	活动历时(天)	成本估算值(元)	紧前活动
A	2	2000	—
B	4	3000	A
C	6	5000	B
D	4	3000	A
E	3	2000	D
F	2	2000	A
G	2	2000	F
H	3	3000	E、G
I	2	2000	C、H
J	3	3000	I

【问题1】(10分)

(1) 请计算活动 H、G 的总浮动时间和自由浮动时间。

(2) 请指出该项目的关键路径。

(3) 请计算该项目的总工期。

【问题2】(3分)

项目经理在第 9 天结束时对项目进度进行统计,发现活动 C 完成了 50%,活动 E 完成了 50%,活动 G 完成了 100%,请判断该项目工期是否会受到影响。为什么?

【问题3】(10分)

结合问题 2,项目经理在第 9 天结束时对项目成本进行了估算,发现活动 B 的实际花费比预估多了 1000 元,活动 D 的实际花费比预估少了 500 元,活动 C 的实际花费为

2000 元，活动 E 的实际花费为 1000 元，其他活动的实际花费与预估一致。

（1）请计算该项目的完工预算 BAC。

（2）请计算该时点计划值 PV、挣值 EV、成本绩效指数 CPI、进度绩效指数 SPI。

【问题 4】（3 分）

项目经理对项目进度、成本与计划不一致的原因进行了详细分析，并制定了改进措施。假设该改进措施是有效的，能确保项目后续过程不会再发生类似问题，请计算该项目的完工估算 EAC。

（2017 下半年，下午）试题二解析

【问题 1】（10 分）

（1）H 的总浮动时间为 0 天，自由浮动时间为 0 天；（2 分）

G 的总浮动时间为 3 天，自由浮动时间为 3 天。（2 分）

（2）关键路径为：ABCIJ 和 ADEHIJ。（4 分，只答出一条得 2 分）

（3）总工期为 17 天。（2 分）

提醒：网络图如下所示。

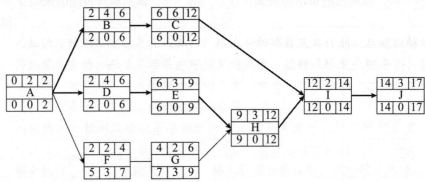

【问题 2】（3 分）

项目工期会受到影响。（1 分）

因为活动 E 在关键路径上，按计划在第 9 天结束时应全部完成，而目前只完成了 50%，关键路径进度落后，会影响到总工期。（2 分）

【问题 3】（10 分）

（1）BAC=2000+3000+5000+3000+2000+2000+2000+3000+2000+3000=27 000 元。（2 分）

（2）PV=2000+3000+2500+3000+2000+2000+2000=16 500 元。（1 分）

EV=2000+3000+2500+3000+1000+2000+2000=15 500 元。（1 分）

AC=2000+4000+2000+2500+1000+2000+2000=15 500 元。（1 分）

CPI=EV/AC=15 500/15 500=1。（2 分）

SPI=EV/PV=15 500/16 500≈0.939。（2 分）

提醒：第 9 天结束时的项目成本数据如下表所示。

活动	成本估算	计划完成（%）	PV	实际完成（%）	EV	AC
A	2000	100	2000	100	2000	2000
B	3000	100	3000	100	3000	4000
C	5000	50	2500	50	2500	2000
D	3000	100	3000	100	3000	2500
E	2000	100	2000	50	1000	1000
F	2000	100	2000	100	2000	2000
G	2000	100	2000	100	2000	2000
H	3000	0	0	0	0	0
I	2000	0	0	0	0	0
J	3000	0	0	0	0	0
合计	27 000		16 500		15 500	15 500

【问题 4】（3 分）

由于该项目的偏差是非典型的，因此：

EAC=AC+ETC=AC+（BAC–EV）=15 500+27 000–15 500=27 000 元。（3 分）

3.10 （2018 上半年，下午）试题二

某软件项目包含 8 项活动，活动之间的依赖关系，以及各活动的工作量和所需的资源如下表所示。假设不同类型的工作人员之间不能互换，但是同一类型的人员都可以从事与其相关的所有工作。所有参与该项目的工作人员，从项目一开始就进入项目团队，并直到项目结束时才能离开，在项目过程中不能承担其他活动（所有的工作都按照整天计算）。

活动	工作量（人·天）	依赖	资源类型
A	4		SA
B	3	A	SD
C	2	A	SD
D	4	A	SD
E	3	B	SC
F	3	C	SC
G	8	C、D	SC
H	2	E、F、G	SA

SA：系统分析人员　　　SD：系统设计人员　　　SC：软件编码人员

【问题 1】（14 分）

假设该项目团队有 SA 人员 1 人，SD 人员 2 人，SC 人员 3 人，请将下面（1）～（11）处的答案填写在答案纸的对应栏内。

- A 结束后，先投入（1）个 SD 完成 C，需要（2）天。
- C 结束后，再投入（3）个 SD 完成 D，需要（4）天。
- C 结束后，投入（5）个 SC 完成（6），需要（7）天。
- D 结束后，投入 SD 完成 B。
- C、D 结束后，投入（8）个 SC 完成 G，需要（9）天。
- G 结束后，投入（10）个 SC 完成 E，需要 1 天。
- E、F、G 完成后，投入 1 个 SA 完成 H，需要 2 天。
- 项目总工期为（11）天。

【问题 2】(7 分)

假设现在市场上一名 SA 每天的成本为 500 元，一名 SD 每天的成本为 500 元，一名 SC 每天的成本为 600 元，项目要压缩至 10 天完成。

(1) 则应增加什么类型的资源？增加多少？

(2) 项目成本增加还是减少？增加或减少多少？（请给出简要计算步骤）

【问题 3】(6 分)

请判断以下描述是否正确（填写在答题纸的对应栏内，正确的选项填写"√"，不正确的选项填写"×"）。

(1) 活动资源估算过程同费用估算过程紧密相关，外地施工团队聘用熟悉本地相关法规的资讯人员的成本不属于活动资源估算的范畴，只属于项目的成本部分。（ ）

(2) 制定综合资源日历属于活动资源估算过程的一部分，一般只包括资源的有无，而不包括人力资源的能力和技能。（ ）

(3) 项目变更造成项目延期，应在变更确认时发布，而非在交付前发布。（ ）

（2018 上半年，下午）试题二解析

【问题 1】(14 分)

- A 结束后，先投入 2 个 SD 完成 C，需要 1 天。
- C 结束后，再投入 2 个 SD 完 D，需要 2 天。
- C 结束后，投入 3 个 SC 完成 F，需要 1 天。
- D 结束后，投入 SD 完成 B。
- C、D 结束后，投入 3 个 SC 完成 G，需要 3 天。
- G 结束后，投入 3 个 SC 完成 E，需要 1 天。
- E、F、G 完成后，投入 1 个 SA 完成 H，需要 2 天。

（以上每空 1 分，共 10 分。）

- 项目总工期为 13 天。（4 分）

提醒：甘特图如下所示。

任务	资源投入	1	2	3	4	5	6	7	8	9	10	11	12	13
A	1SA	■	■	■	■	■								
C	2SD						■							
D	2SD							■						
F	3SC							■						
B	2SD								■	■				
G	3SC								■	■				
E	3SC										■			
H	1SA											■	■	■

【问题2】(7分)

(1) 增加SA，增加1人。(3分)

(2) 原项目成本=(500+2×500+3×600)×13=42 900元。(1分)

增加1名SA后，项目成本=(2×500+2×500+3×600)×10=38 000元。(1分)

成本减少了。(1分)

减少了42 900–38 000=4900元。(1分)

提醒：此时的甘特图如下所示。

任务	资源投入	1	2	3	4	5	6	7	8	9	10
A	2SA	■	■								
C	2SD			■							
D	2SD				■	■					
F	3SC				■	■					
B	2SD						■	■			
G	3SC						■	■	■		
E	3SC									■	
H	2SA										■

【问题3】(6分)

(1) ×、(2) ×、(3) √。

3.11　(2018下半年，下午)试题二

某信息系统项目包含如下十个活动。各活动的历时、活动逻辑关系如下表所示。

活动名称	活动历时（天）	紧前活动
A	2	
B	5	A
C	2	B、D
D	6	A
E	3	C、G
F	3	A
G	4	F
H	4	E
I	5	E
J	3	H、I

【问题1】（9分）

（1）请给出该项目的关键路线路径和总工期。

（2）请给出活动E、G的总浮动时间和自由浮动时间。

【问题2】（5分）

在项目开始前，客户希望将项目工期压缩为 19 天，并愿意承担所发生的所有额外费用。经过对各项活动的测算发现，只有活动B、D、I有可能缩短工期，其余活动均无法缩短工期。活动B、D、I最多可以缩短的天数以及额外费用如下。

活动名称	最多可以缩短的天数	每缩短一天需要增加的额外费用（元）
B	2	2000
D	3	2500
I	3	3000

在此要求下，请给出费用最少的工期压缩方案及其额外增加的费用。

【问题3】（4分）

请将下面（1）～（4）处的答案填写在答题纸的对应栏内。

项目活动之间的依赖关系分为四种：

（1）是法律或合同要求的或工作的内在性质决定的依赖关系。

（2）是基于具体应用领域的最佳实践或者基于项目的某种特殊性质而设定的依赖关系，即便还有其他顺序可以选用，但项目团队仍缺省按照此种特殊的顺序安排活动。

（3）是项目活动与非项目活动之间的依赖关系。

（4）是项目活动之间的紧前关系，通常在项目团队的控制之中。

【问题4】（9分）

假设该项目的总预算为 20 万元。其中包含 2 万元管理储备和 2 万元应急储备，当项目进行到某一天时，项目实际完成的工作量仅为应完成工作的 60%，此时的 PV 为 12 万元，实际花费为 10 万元。

（1）请计算该项目的BAC。

(2) 请计算当前时点的 EV、CV、SV。
(3) 在当前绩效情况下，请计算该项目的完工尚需估算 ETC。

(2018 下半年，下午) 试题二解析

【问题1】(9分)

(1) 该项目的关键路径为 ADCEIJ (3分)，总工期为 21 天 (2分)。

(2) 活动 E 的总浮动时间和自由浮动时间均为 0 天 (2分)，活动 G 的总浮动时间和自由浮动时间均为 1 天 (2分)。

提醒：该项目的网络图如下所示。

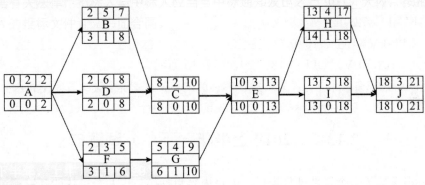

【问题2】(5分)

费用最少的工期压缩方案为：将活动 D 的工期压缩 1 天，再将活动 I 的工期压缩 1 天。此时额外增加的费用=2500+3000=5500 元。

提醒：
- 活动 B 为非关键任务，压缩它对缩短项目总工期没有帮助；
- 活动 D 压缩 1 天后，网络图发生了变化，关键路径增加为 3 条：ADCEIJ、ABCEIJ 和 AFGEIJ（如下图所示），此时继续压缩 D 已无法缩短项目总工期，只能压缩额外费用较高的 I。

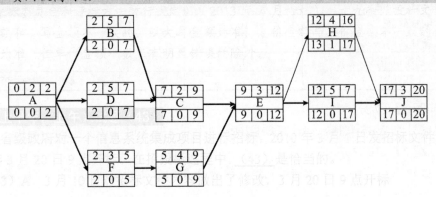

【问题3】(4分)
(1) 强制依赖关系。
(2) 选择性依赖关系。
(3) 外部依赖关系。
(4) 内部依赖关系。

【问题4】(9分)
(1) BAC=20–2=18 万元。
(2) PV=12 万元,AC=10 万元,SPI=60%。
EV=PV×SPI=12×60%=7.2 万元。
CV=EV–AC=7.2–10=–2.8 万元。
SV=EV–PV=7.2–12=–4.8 万元。
(3) CPI=EV/AC=7.2/10=0.72。
ETC=(BAC–EV)/CPI=(18–7.2)/0.72=15 万元。

提醒:"在当前绩效情况下",这是在提醒大家使用典型偏差公式计算 ETC。

3.12 (2019上半年,下午) 试题二

某公司承接了一个软件外包项目,项目内容包括 A、B 两个模块的开发测试。项目经理创建了项目的 WBS(见下表),估算了资源、工期,项目人力资源成本是 1000 元/(人·天)。

活动	人数安排	预计完成工作量(人·天)
模块 A 开发	8	48
模块 A 单元测试	1	4
模块 A 修复	8	8
模块 A 回归测试	1	3
模块 B 开发	8	80
模块 B 单元测试	1	3
模块 B 修复	10	10
模块 B 回归测试	1	2
A、B 接口调试	1	2
A、B 联调	2	4

【问题1】(7分)
根据目前 WBS 安排,请计算项目的最短工期,并绘制对应的时标网络图。

【问题2】(10分)
项目开展 11 天后,阶段评审发现:模块 A 的修复工作完成了一半,回归测试工

还没有开始;模块B开发工作已经结束,准备进入单元测试。此时,项目已经花费了18万元的人力资源成本。

(1)请计算项目当前的PV、EV、AC、CV、SV,并评价项目目前的进度和成本绩效。

(2)按照当前绩效继续进行,请预测项目ETC(写出计算过程,计算结果精确到个位)。

【问题3】(6分)

基于问题2,针对项目目前的绩效,项目经理应采取哪种措施保证项目按时完工?

(2019上半年,下午)试题二解析

【问题1】(7分)

项目最短工期20天。(1分)

时标网络图如下。

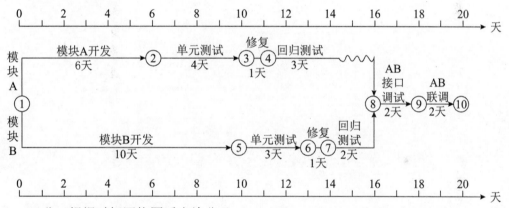

(6分,根据时标网络图适当给分。)

【问题2】(10分)

(1) PV=(48+4+8+80+1)×1000=141 000元。(1分)

EV=(48+4+4+80)×1000=136 000元。(1分)

AC=180 000元。(1分)

CV=EV–AC=136 000–180 000=–44 000元<0,成本超支。(2分)

SV=EV–PV=136 000–141 000=–5000元<0,进度落后。(2分)

(2) BAC=(48+4+8+3+80+3+10+2+2+4)×1000=164 000元。

CPI=EV/AC=136 000/180 00。

ETC=(BAC–EV)/CPI=(164 000–136 000)/(136 000/180 000)≈37 059元。(3分)

【问题3】(6分)

(1)赶工,投入更多的资源或增加工作时间,以缩短关键活动的工期。

（2）快速跟进，并行施工，以缩短关键路径的长度。

（3）使用高素质的资源或经验更丰富的人员。

（4）减小活动范围或降低活动要求。

（5）改进方法或技术，以提高生产效率。

（6）加强质量管理，及时发现问题，减少返工，从而缩短工期、节约成本。

（7）关注成本超支较严重的工作。

（8）对成本的支出进行细化分析，找出成本超支的原因。

（9）针对不同的成本超支原因，采取对应的措施。例如：减少不必要的工作、优化工作流程提高效率、削减不必要的资源。

（10）定期对项目的成本绩效进行评估，及时按情况进行调整。

（每条1分，最多6分。）

第4章　风险管理计算题

(2006下半年，上午) 试题 (62)

风险的成本估算完成后，可以针对风险表中的每个风险计算其风险曝光度。某软件小组计划项目中采用 50 个可复用的构件，每个构件平均是 100LOC，本地每个 LOC 的成本是 13 元人民币。下面是该小组定义的一个项目风险。

(1) 风险识别：预定要复用的软件构件中只有 50% 将被集成到应用中，剩余功能必须定制开发；

(2) 风险概率：60%；

(3) 该项目风险的风险曝光度是 (62)。

(62) A. 32 500　　　B. 65 000　　　C. 1500　　　D. 19 500

解析：

- LOC 就是代码行（Line of Code）。
- Risk Exposure（风险曝光度）=Probability（概率）×Impact（影响）=60%×（50×100×13×50%）=19 500 元。

答案： D

(2008上半年，上午) 试题 (70)

某电子商务公司要从 A 地向 B 地的用户发送一批价值 90 000 元的货物。从 A 地到 B 地有水、陆两条路线。走陆路时比较安全，其运输成本为 10 000 元；走水路时一般情况下的运输成本只要 7000 元，不过一旦遇到暴风雨天气，则会造成相当于这批货物总价值 10% 的损失。根据历年情况，这期间出现暴风雨天气的概率为 1/4，那么该电子商务公司 (70)。

(70) A. 应选择走水路　　　　　　B. 应选择走陆路
　　　C. 难以选择路线　　　　　　D. 可以随机选择路线

解析：

- 绘制如下决策图。
- 水路运输成本的 EMV=7000+25%×（90 000×10%）=9250 元。
- 陆路运输成本的 EMV=10 000 元。
- 预期货币价值（Estimated Monetary Value，EMV）分析是当某些情况在未来可能发生或不发生时，计算平均结果的一种统计方法（不确定性下的分析），常在决策树分析中使用。

- EMV 的计算方法是：把每个可能结果的数值与其发生的概率相乘，再把所有乘积相加。机会的 EMV 通常表示为正值，而威胁的 EMV 则表示为负值。

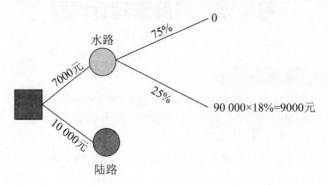

答案：A

（2008 下半年，上午）试题（53）

某公司项目经理向客户推荐了四种供应商选择方案。每个方案损益值已标在下面的决策树上。根据预期收益值，应选择设备供应商__(53)__。

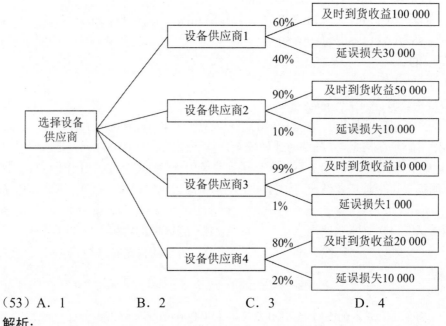

(53) A. 1　　　　　B. 2　　　　　C. 3　　　　　D. 4

解析：
- 设备供应商 1 的 EMV=60%×100 000–40%×30 000=48 000。
- 设备供应商 2 的 EMV=90%×50 000–10%×10 000=44 000。
- 设备供应商 3 的 EMV=99%×10 000–1%×1000=9890。

- 设备供应商 4 的 EMV=80%×20 000–20%×10 000=14 000。

答案：A

(2009 上半年，上午) 试题（61）

某公司希望举办一个展销会以扩大市场，选择北京、天津、上海、深圳作为候选会址。获利情况除了会址关系外，还与天气有关。天气可分为晴、多云、多雨三种。通过天气预报，估计三种天气情况可能发生的概率为 0.25、0.50、0.25，其收益（单位：万元）情况见下表。使用决策树进行决策的结果为__(61)__。

收益 \ 天气 选址	晴（0.25）	多云（0.50）	多雨（0.25）
北京	4.5	4.4	1
天津	5	4	1.6
上海	6	3	1.3
深圳	5.5	3.9	0.9

(61) A．北京   B．天津   C．上海   D．深圳

解析：
- 北京展销会的 EMV=0.25×4.5+0.5×4.4+0.25×1=3.575 万元。
- 由于考场不准带计算器，好多同学一算到 0.25×4.5，头就疼了，怎么办？
- 选择题应该尽量使用简化算法，可将晴、多云、多雨的发生概率都乘以 4，即由（0.25、0.5、0.25）转化为（1、2、1），此时计算量将大减。
    - 北京展销会的 4 倍 EMV=4.5+2×4.4+1=14.3 万元。
    - 天津展销会的 4 倍 EMV=5+2×4+1.6=14.6 万元。
    - 上海展销会的 4 倍 EMV=6+2×3+1.3=13.3 万元。
    - 深圳展销会的 4 倍 EMV=5.5+2×3.9+0.9=14.2 万元。

答案：B

(2009 下半年，上午) 试题（68）

某厂需要购买生产设备生产某种产品，可以选择购买四种生产能力不同的设备，市场对该产品的需求状况有三种（需求量较大、需求量中等、需求量较小）。厂方估计四种设备在各种需求状况下的收益由下表给出，根据收益期望值最大的原则，应该购买__(68)__。

（单位：万元）

需求状况概率	设备 1 收益	设备 2 收益	设备 3 收益	设备 4 收益
需求量较大概率为 0.3	50	30	25	10
需求量中等概率为 0.4	20	25	30	10
需求量较小概率为 0.3	−20	−10	−5	10

(68) A. 设备1　　　　B. 设备2　　　　C. 设备3　　　　D. 设备4

解析：

- 选择题应该尽量使用简化算法，可将需求量大、中、小的发生概率都乘以10，即由（0.3、0.4、0.3）转化为（3、4、3），此时：
  - ◆ 设备1的10倍EMV=3×50+4×20–3×20=170 万元。
  - ◆ 设备2的10倍EMV=3×30+4×25–3×10=160 万元。
  - ◆ 设备3的10倍EMV=3×25+4×30–3×5=180 万元。
  - ◆ 设备4的10倍EMV=3×10+4×10+3×10=100 万元。

答案：C

(2010 上半年，上午) 试题 (69)

某公司开发一套信息管理软件，其中一个核心模块的性能对整个系统的市场销售前景影响极大，该模块可以采用该公司自己研发、采购代销和有条件购买三种方式实现。该公司的可能利润（单位：万元）收入如下表。

选择方式	销售50万套	销售20万套	销售5万套	卖不出去
自己研发	450 000	200 000	–50 000	–150 000
采购代销	65 000	65 000	65 000	65 000
有条件购买	250 000	100 000	0	0

按经验，此类管理软件销售50万套、20万套、5万套和销售不出的概率分别为15%、25%、40%和20%，则该公司应选择 (69) 方案。

(69) A. 自己研发　　　　　　　　B. 采购代销
　　　C. 有条件购买　　　　　　　D. 条件不足无法选择

解析：

- 选择题应该尽量使用简化算法，可将销售50万套、20万套、5万套和销售不出的发生概率都乘以20，即由（15%、25%、40%、20%）转化为（3、5、8、4），同时将利润额都去掉3个0，此时：
  - ◆ 自己研发的20倍EMV=3×450+5×200–8×50–4×150=1350 千元。
  - ◆ 采购代销的20倍EMV=20×65=1300 千元。
  - ◆ 有条件购买的20倍EMV=3×250+5×100=1250 千元。

答案：A

(2010 下半年，上午) 试题 (66)

某公司打算经销一种商品，进价为 450 元/件，售价 500 元/件。若进货商品一周内售不完，则每件损失 50 元。假定根据已往统计资料估计，每周最多销售 4 件，并且每周需求量分别为 0、1、2、3 和 4 件的统计概率如下表所示。

需求量（件）	0	1	2	3	4
统计概率	0	0.1	0.2	0.3	0.4

则该公司每周进货 (66) 件可使利润最高。

(66) A．1 　　　　B．2 　　　　C．3 　　　　D．4

解析：

- 这道题的难度相当大，难点在于需要你自己去构造损益矩阵，而之前的题目都是给定了损益矩阵。

进货量	需求量1收益	需求量2收益	需求量3收益	需求量4收益
1	50	50	50	50
2	0	100	100	100
3	−50	50	150	150
4	−100	0	100	200

- 损益矩阵构造原理如下：
    - ◆ 若进货1件，永远都会卖出去，所以收益均为50元。
    - ◆ 若进货2件：
        - ■ 需求量为2、3和4件时，2件都会卖出去，收益均为100元；
        - ■ 需求量为1件时，收益为0元（卖出去1件赚50元，积压1件亏50元）。
    - ◆ 若进货3件：
        - ■ 需求量为3和4件时，3件都会卖出去，收益均为150元；
        - ■ 需求量为1件时，收益为−50元（卖出去1件赚50元，积压2件亏100元）；
        - ■ 需求量为2件时，收益为50元（卖出去2件赚100元，积压1件亏50元）。
    - ◆ 若进货4件：
        - ■ 需求量为4件时，4件都会卖出去，收益为200元；
        - ■ 需求量为1件时，收益为−100元（卖出去1件赚50元，积压3件亏150元）；
        - ■ 需求量为2件时，收益为0元（卖出去2件赚100元，积压2件亏100元）；
        - ■ 需求量为3件时，收益为100元（卖出去3件赚150元，积压1件亏50元）。
- 接下来，计算EMV。
    - ◆ 进货1件的EMV =50元。
    - ◆ 进货2件的EMV =100×0.9+0×0.1 = 90元。
    - ◆ 进货3件的EMV =150×0.7+50×0.2−50×0.1=110元。

- 进货 4 件的 EMV=200×0.4 + 100×0.3 + 0×0.2−100×0.1=100 元。

答案：C

（2011 上半年，上午）试题（63）

某公司为做好项目风险管理，给风险定义了 3 个参数：（1）风险严重性：指风险对项目造成的危害程度；（2）风险可能性：指风险发生的几率；（3）风险系数：是风险严重性和风险可能性的乘积。其中，对项目进度延误、费用超支的风险严重性等级和风险可能性等级如下表所示。

风险严重性等级

参数名	等级	值	描　述
风险严重性	很高	5	进度延误大于 30%，或者费用超支大于 30%
	比较高	4	进度延误 20%～30%，或者费用超支 20%～30%
	中等	3	进度延误低于 20%，或者费用超支低于 20%
	比较低	2	进度延误低于 10%，或者费用超支低于 10%
	很低	1	进度延误低于 5%，或者费用超支低于 5%

风险可能性等级

参数名	等级	值	描　述
风险严重性	很高	5	风险发生的几率为 0.8～1.0（不包括 1.0）
	比较高	4	风险发生的几率为 0.6～0.8（不包括 0.8）
	中等	3	风险发生的几率为 0.4～0.6（不包括 0.6）
	比较低	2	风险发生的几率为 0.2～0.4（不包括 0.4）
	很低	1	风险发生的几率为 0.0～0.2（不包括 0.0 和 0.2）

假定该企业将风险系数大于等于 10 的情况定义为红灯状态，需要优先处理，则下列 (63) 的情况属于红灯状态。

(63) A. 进度延误 15%，费用超支 15%，发生几率为 0.5
　　 B. 进度延误 15%，费用超支 30%，发生几率为 0.2
　　 C. 进度延误 15%，费用超支 25%，发生几率为 0.3
　　 D. 进度延误 25%，费用超支 15%，发生几率为 0.4

解析：

- 这题看起来复杂，但做起来简单，将下表构造出来即可。

	进度	费用	严重性	概率	可能性	风险系数
A	进度延误 15%	费用超支 15%	3	发生几率为 0.5	3	9
B	进度延误 15%	费用超支 30%	4	发生几率为 0.2	2	8
C	进度延误 15%	费用超支 25%	4	发生几率为 0.3	2	8
D	进度延误 25%	费用超支 15%	4	发生几率为 0.4	3	12

- 有同学问:"B风险,进度延误15%打3分,费用超支30%打4分,最后到底是打3分还是打4分?"
- 显然,B风险严重性等级应该取二者中大的数值,即打4分。

> 提醒:这个表格叫风险影响量表(Risk Probability and Impact Assessment),别看里面都是数字,但却是定性风险分析的工具和技术。

答案:D

(2011下半年,上午)试题(69)

决策树分析方法通常用决策树图表进行分析,根据下表的决策树分析法计算,图中机会节点的预期收益 EMV 分别是$90 和$ (69) (单位:万元)。

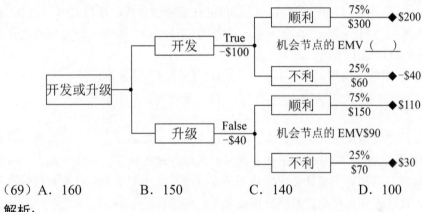

(69) A. 160　　　　B. 150　　　　C. 140　　　　D. 100

解析:
- 能看懂决策树分析图,本题迎刃而解,有两种解法:
  ◆ 解法1,开发的 EMV= –100+75%×300+25%×60= $140 万元。
  ◆ 解法2,开发的 EMV= 75%×200–25%×40= $140 万元。
- 开发的 EMV > 升级的 EMV($90 万元),该机会节点应选择"开发",预期收益 EMV=$140 万元。

答案:C

(2012上半年,上午)试题(62)

小李所负责的项目已经完成了20%。最近一次的挣值分析结果显示,成本绩效指数(CPI)为0.67,进度绩效指数(SPI)为0.87。在这种情况下,小李应该 (62) 。

(62) A. 实施额外的资源计划编制,增加资源,并且在需要的时候进行超时工作,以完成已预算好的工作量

B. 为进度重新设定基准，然后使用蒙特卡罗分析
C. 实施风险应对审计以帮助控制风险
D. 更新风险的识别、定性风险分析和定量风险分析

解析：
- "成本超支""进度延误"等负面风险已发生，这时应该做的是：进行风险审计，以控制进度风险和成本风险。
- 风险审计（Risk Audits）：检查并记录风险应对策略的效果以及风险管理过程的效果。
- 不选 A 的原因是赶工会进一步增加成本，使成本愈发超支。

答案：C

（2013 上半年，上午）试题（48）

项目经理在 6 月 1 日对一个软件开发项目进行了挣值分析，项目 CPI 是 1.0，进度偏差是零。在 6 月 3 日，附近的河流泛滥，致使开发计算机房被淹，导致所有工作停工 2 周时间。该项目遭受了 (48)。

(48) A. 已知的可预测风险　　　　B. 已知的不可预测风险
　　　C. 未知的可预测风险　　　　D. 未知的不可预测风险

解析：
- 已知的可预测风险就是在认真、严格地分析项目及其计划之后就能够明确的那些经常发生的，而且其后果亦可预见的风险。这种风险发生概率高，但一般后果轻微，不严重。项目管理中的例子有：项目目标不明确，过分乐观的进度计划、设计或施工变更，材料价格波动等。
- 已知的不可预测风险就是根据经验可以预见其发生，但不可预见其后果的风险。这类风险的后果有时可能相当严重。项目管理中的例子有：业主不能及时审查批准，分包商不能及时交工，施工机械出现故障，不可预见的地质条件等。
- 不可预测风险有时也称未知风险或未识别的风险。它们是新的、以前未观察到或很晚才显现出来的风险。这些风险一般是外部因素作用的结果。如地震、百年不遇的暴雨、通货膨胀、政策变化等。
- 江边的城市必然有发洪水的风险，但今年是否会发生洪灾，就不知道了，属于已知的不可预测风险。

答案：B

（2014 上半年，上午）试题（33）

风险的成本估算完成后，可以针对风险表中的每个风险计算其风险曝光度。某软件小组计划项目中采用 60 个可复用的构件，每个构件平均是 100LOC，每个 LOC 的成本是 13 元人民币。下面是该小组定义的一个项目风险。

(1) 风险识别：预定要复用的软件构件中只有 60%将被集成到应用中，剩余功能必须定制开发；

(2) 风险概率：50%；

(3) 该项目风险的风险曝光度是 (33) 。

(33) A．23 400　　　B．65 000　　　C．15 600　　　D．19 500

解析：
- 信息系统项目管理师考试 2006 年下半年上午第 62 题的原题重现。
- Risk Exposure（风险曝光度）=Probability（概率）×Impact（影响）=50%×（60×100×13×40%）=15 600 元。

答案：C

(2014 下半年，上午) 试题 (46)

借助专家评审等技术，对项目风险的概率和影响程度进行风险级别划分属于 (46) 过程的技术。

(46) A．风险应对计划编制　　　B．风险分类
　　　C．定性风险分析　　　　　D．定量风险分析

解析：
- 定性风险分析是对项目的风险进行优先级排列，以便后续深入分析，或者根据风险概率和影响的评估采取适当的措施。
- 定性风险分析的工具和技术有风险概率及影响评估、概率及影响矩阵、风险数据质量评估、风险紧急度评估、风险分类等。

答案：C

(2015 上半年，上午) 试题 (45)

按优先级或相对等级排列项目风险，属于 (45) 的输出。

(45) A．定性风险分析　　　B．定量风险分析
　　　C．风险管理计划　　　D．风险监视表

解析：
按优先级或相对等级排列是典型的定性分析。

答案：A

(2016 上半年，上午) 试题 (34)

下图是一个选择出行路线的"决策树图"，统计路线 1 和路线 2 堵车和不堵车的用时和其发生的概率（P），计算出路线 1 和路线 2 的加权平均用时，根据计算结果选择出行路线。以下结论中，正确的是：(34) 。

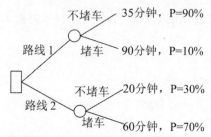

(34) A. 路线1的加权平均用时为40.5分钟，路线2的加权平均用时为48分钟，因此选择路线1

B. 路线1的加权平均用时为62.5分钟，路线2的加权平均用时为40分钟，因此选择路线2

C. 路线1的加权平均用时为40.5分钟，路线2的加权平均用时为44分钟，因此选择路线1

D. 由于路线2堵车和不堵车时间都比路线1短，因此选择路线2

解析：
- 路线1的加权平均用时=35×90%+90×10%=40.5分钟。
- 路线2的加权平均用时=20×30%+60×70%=48分钟。

答案：A

(2016下半年，上午) 试题 (70)

某项目中多个风险的发生概率和对成本、进度、绩效的影响如下表所示。

风险	概率	成本	进度	绩效
A	0.1	6	8	0.5
B	0.9	2	1	8
C	0.3	2	8	1
D	0.5	4	4	8
E	0.3	2	6	1

若实现成本目标为首要考虑的问题，项目团队应处理的最关键风险是 (70)。

(70) A. A   B. B   C. C   D. D

解析：
- A风险对成本的影响=0.1×6=0.6。
- B风险对成本的影响=0.9×2=1.8。
- C风险对成本的影响=0.3×2=0.6。
- D风险对成本的影响=0.5×4=2.0。

答案：D

(2017 上半年，上午）试题（66）

某机构拟进行办公自动化系统的建设，有四种方式可以选择：①企业自行从头开发；②复用已有的构件；③外购现成的软件产品；④承包给专业公司开发。针对这几种方式，项目经理提供了如下表所示的决策树。其中在复用的情况下，如果变化大则存在两种可能，简单构造的概率为0.2，成本约31万元；复杂构造的概率为0.8，成本约49万元。据此表，管理者选择建设方式的最佳决策是 (66)。

项目名称	办公自动化系统							
选择方案	自行开发		复用		外购		承包	
决策节点	难度小	难度大	变化小	变化大	变化小	变化大	没变化	有变化
概率分布	0.3	0.7	0.4	0.6	0.7	0.3	0.6	0.4
预期成本/万元	38	45	27.5	见说明	21	30	35	50

(66) A．企业自行从头开发　　　　B．复用已有的构件
　　　C．外购现成的软件产品　　　D．承包给专业公司开发

解析：
- 决策树计算：
  - 自行开发：38×0.3+45×0.7=42.9 万元。
  - 复用：27.5×0.4+（31×0.2+49×0.8）×0.6=38.24 万元。
  - 外购：21×0.7+30×0.3=23.7 万元。
  - 承包：35×0.6+50×0.4=41 万元。

答案：C

(2017 下半年，上午）试题（47）

某项目有40%的概率获利10万元，30%的概率会亏损8万元，30%的概率既不获利也不亏损。该项目的预期货币价值分析（EMV）是 (47)。

(47) A．0元　　　B．1.6万元　　　C．2万元　　　D．6.4万元

解析：
EMV=10×40%–8×30%=1.6 万元。

答案：B

(2017 下半年，上午）试题（69）

假设某项目风险列表中，风险分为一、二、三级占10%、30%、60%，项目经理小李随机抽查一个风险等级情况，结果不是一级风险，则本次抽查到三级风险的概率是 (69)。

(69) A．2/3　　　B．1/3　　　C．3/5　　　D．2/5

解析：

抽到三级风险的概率=60%/90%=2/3。

答案：A

(2018 上半年，上午) 试题 (47)

通过概率和影响级别定义以及专家访谈，有助于纠正该过程所使用的数据中的偏差属于 (47)。

(47) A. 定性风险分析　　　　　　B. 识别风险
　　　C. 定量风险分析　　　　　　D. 风险监控

解析：

概率和影响矩阵中都是数字，但却是定性风险分析的工具和技术。

答案：A

(2018 下半年，上午) 试题 (68)

项目需要购买一项资产，投入 50 万元，50%的概率能收入 100 万元，20%的概率能收入 200 万元，15%的概率能收入 250 万元，10%的概率不赚不赔，5%的概率亏损 500 万元。则投资这项资产的投资回报为 (68) 万元。

(68) A. 102.5　　　B. 77.5　　　C. 60.5　　　D. 52.5

解析：

EMV=100×50%+200×20%+250×15%–500×5%–50=52.5 万元。

提醒：计算投资回报需要扣除前期投入。

答案：D

第5章 合同、招标采购计算题

5.1 历年试题解析

(2006 下半年,上午) 试题 (51)

根据有关法律,招标人与中标人应当自中标通知发出之日__(51)__天内,按招标文件和中标人的投标文件订立书面合同。

(51) A. 15　　　　　B. 20　　　　　C. 30　　　　　D. 45

解析:

《中华人民共和国招标投标法》(以下简称招标投标法)第四十六条:招标人和中标人应当自中标通知书发出之日起三十日内,按照招标文件和中标人的投标文件订立书面合同。

答案:C

(2009 下半年,上午) 试题 (29)

在投标文件的报价单中,如果出现总价金额和分项单价与工程量乘积之和的金额不一致时,应当__(29)__。

(29) A. 以总价金额为准,由评标委员会直接修正即可
　　　B. 以总价金额为准,由评标委员会修正后请该标书的投标授权人予以签字确认
　　　C. 以分项单价与工程量乘积之和为准,由评标委员会直接修正即可
　　　D. 以分项单价与工程量乘积之和为准,由评标委员会修正后请该标书的投标授权人予以签字确认

解析:

《评标委员会和评标方法暂行规定》(2013 年 4 月修订)第十九条:投标文件中的大写金额和小写金额不一致的,以大写金额为准;总价金额与单价金额不一致的,以单价金额为准,但单价金额小数点有明显错误的除外。

答案:D

(2010 上半年,上午) 试题 (43)

某省级政府对一个信息系统集成项目进行招标,2010 年 3 月 1 日发招标文件,定于 2010 年 3 月 20 日 9 点开标。在招投标过程中,__(43)__是恰当的。

(43) A. 3 月 10 日对招标文件内容做出了修改,3 月 20 日 9 点开标

B. 3月20日9点因一家供应商未能到场，在征得其他投标人同意后，开标时间延后半个小时
C. 3月25日发布中标通知书，4月15日与中标单位签订合同
D. 评标时考虑到支持地方企业发展，对省内企业要求系统集成二级资质，对省外企业要求系统集成一级资质

解析：
- A错，招标投标法第二十三条：招标人对已发出的招标文件进行必要的澄清或者修改的，应当在招标文件要求提交投标文件截止时间至少十五日前，以书面形式通知所有招标文件收受人。
- B错，招标投标法第三十四条：开标应当在招标文件确定的提交投标文件截止时间的同一时间公开进行；开标地点应当为招标文件中预先确定的地点。
- C正确，招标投标法第四十六条：招标人和中标人应当自中标通知书发出之日起三十日内，按照招标文件和中标人的投标文件订立书面合同。
- D错，招标投标法第六条：依法必须进行招标的项目，其招标投标活动不受地区或者部门的限制。任何单位和个人不得违法限制或者排斥本地区、本系统以外的法人或者其他组织参加投标，不得以任何方式非法干涉招标投标活动。第十八条：招标人不得以不合理的条件限制或者排斥潜在投标人，不得对潜在投标人实行歧视待遇。

答案：C

(2011上半年，上午) 试题 (4)

一般来说，以下不包含在服务级别协议中的是 (4) 。

(4) A. 服务需求方要求 7×24 小时的服务
  B. 服务响应时间不能超过 30 分钟
  C. 发生一起超时事件罚款 300 元
  D. 明确提供服务人员的类别

解析：
- 服务级别协议（Service Level Agreement，SLA）是指提供服务的企业与客户之间就服务的品质、水准、性能等方面所达成的双方共同认可的协议或契约。
- 服务协议的违约处罚应在合同中规定，SLA 经常作为服务合同的一个附件。

答案：C

(2011上半年，上午) 试题 (29)

甲乙两个公司在项目实施过程中，对合同的生效时间产生了分歧。仲裁机构调查时发现以下事实：①双方签署的合同上并没有对合同的生效日期做出规定；②双方签署合

同的过程如下：乙公司在拟定好合同文本并签署后以邮寄的方式寄给甲公司，信封上盖有乙公司所在地邮局 3 月 18 日的邮戳，甲公司于 3 月 20 日收到合同文本，甲公司签署合同后，将合同回寄给乙公司，信封带有甲公司所在地 3 月 22 日的邮戳，乙公司于 3 月 25 日收到合同。仲裁机构应判定 (29) 作为合同生效的日期。

(29) A．3 月 18 日　　B．3 月 20 日　　C．3 月 22 日　　D．3 月 25 日

解析：
- "信封上盖有乙公司所在地邮局 3 月 18 日的邮戳" 表示了乙方的承诺日期。
- "信封带有甲公司所在地 3 月 22 日的邮戳" 表示了甲方的承诺日期。
- 3 月 22 日，双方均已承诺，合同生效。

答案：C

(2011 上半年，上午) 试题 (43)

某招标公司在为委托方的项目进行公开招标的过程如下：
① 3 月 15 日在互联网上公开了招标事项，写明投标的截止日期是 4 月 1 日上午 9 时整；
② 从本地公证处请了 2 名工作人员对招标过程进行公证；
③ 邀请相关行业的专家和委托方代表各 5 人成立评审委员会；
④ 唱标结束后，请所有投标人离场，待评审委员会得出结论后再通知相关人员；
⑤ 确定中标单位后，立即向所有参加投标的企业退还投标保证金；
上述过程中不正确的包括 (43)。

(43) A．①③⑤　　B．①②③　　C．①②④　　D．②③⑤

解析：
- ①不正确，招标投标法第二十四条：依法必须进行招标的项目，自招标文件开始发出之日起至投标人提交投标文件截止之日止，最短不得少于二十日。
- ③不正确，招标投标法第三十七条：依法必须进行招标的项目，其评标委员会由招标人的代表和有关技术、经济等方面的专家组成，成员人数为五人以上单数，其中技术、经济等方面的专家不得少于成员总数的三分之二。
- ⑤不正确，投标保证金并不是都退的。
    ◆ 招标投标法第三十五条：投标截止后投标人撤销投标文件的，招标人可以不退还投标保证金。
    ◆ 招标投标法第七十四条：中标人无正当理由不与招标人订立合同，在签订合同时向招标人提出附加条件，或者不按照招标文件要求提交履约保证金的，取消其中标资格，投标保证金不予退还。

答案：A

(2011下半年，上午）试题（30）

某采购人在履行采购金额为1000万元的政府采购合同中，需要追加与该合同标的相同的货物。根据相关法律，在不改变合同其他条款的前提下，下列说法中正确的是__(30)__。

(30) A. 可以与供应商协商签订补充合同，但补充合同的采购金额不得超过100万元

  B. 可以与供应商签订补充合同，但须得到省级以上政府授权的机构批准

  C. 采购商不能与供应商签订单一来源的采购合同

  D. 可以与供应商签订补充合同，但补充合同的采购金额不得超过1000万元，如超过1000万元则须得到省级以上授权的机构批准

解析：
- 《中华人民共和国政府采购法》（以下简称政府采购法）第四十九条：政府采购合同履行中，采购人需追加与合同标的相同的货物、工程或者服务的，在不改变合同其他条款的前提下，可以与供应商协商签订补充合同，但所有补充合同的采购金额不得超过原合同采购金额的百分之十。
- 有同学问，如果超过了100万元怎么办？
- 回答：采用其他采购方式，如公开招标、邀请招标、竞争性谈判。
- 补充合同实质上是一种单一来源采购。

答案：A

(2011下半年，上午）试题（65）

评标委员会中，技术、经济等方面的专家不得少于成员总数的__(65)__。

(65) A. 2/3   B. 1/2   C. 1/3   D. 2/5

解析：
招标投标法第三十七条：依法必须进行招标的项目，其评标委员会由招标人的代表和有关技术、经济等方面的专家组成，成员人数为五人以上单数，其中技术、经济等方面的专家不得少于成员总数的三分之二。

答案：A

(2012上半年，上午）试题（26）

以下关于政府采购法的叙述，__(26)__是错误的。

(26) A. 政府采购项目的采购合同自签订之日起七个工作日内，采购人应当将合同副本报同级政府采购监督管理部门和有关部门备案

  B. 政府采购监督管理部门在处理投诉事项期间，可以视具体情况书面通知采购人暂停采购活动，但暂停时间最长不得超过三十日

  C. 采购的货物规格、标准统一，现货货源充足且价格变化幅度小的政府采购项目，可以依照本法采用询价方式采购

D. 采购人、采购代理机构对政府采购项目每项采购活动的采购文件应当妥善保存，不得伪造、变造、隐匿或者销毁。采购文件的保存期限为从采购结束之日起至少保存十年

解析：
- A、B、C 正确。
- D 错误，政府采购法第四十二条：采购人、采购代理机构对政府采购项目每项采购活动的采购文件应当妥善保存，不得伪造、变造、隐匿或者销毁。采购文件的保存期限为从采购结束之日起至少保存十五年。

答案：D

(2012 上半年，上午) 试题（41）

某企业以公开招标方式选择承建方，下列做法中，__(41)__ 是违反招标投标法规定的。

(41) A. 建设方未委托招标代理机构，自行编制招标文件和组织评标
　　 B. 建设方在开标前组织潜在投标人踏勘项目现场
　　 C. 建设方在提交投标文件截止日前第 15 日修改招标文件，书面通知所有招标文件收受人
　　 D. 建设方在招标文件中确定发出招标文件后的第 15 日为投标人提交投标文件截止之日

解析：
- A 正确，招标投标法第十二条：
  ◆ 招标人有权自行选择招标代理机构，委托其办理招标事宜。任何单位和个人不得以任何方式为招标人指定招标代理机构。
  ◆ 招标人具有编制招标文件和组织评标能力的，可以自行办理招标事宜。任何单位和个人不得强制其委托招标代理机构办理招标事宜。
- B 正确，招标投标法第二十一条：招标人根据招标项目的具体情况，可以组织潜在投标人踏勘项目现场。
- C 正确，招标投标法第二十三条：招标人对已发出的招标文件进行必要的澄清或者修改的，应当在招标文件要求提交投标文件截止时间至少十五日前，以书面形式通知所有招标文件收受人。该澄清或者修改的内容为招标文件的组成部分。
- D 错误，招标投标法第二十四条：依法必须进行招标的项目，自招标文件开始发出之日起至投标人提交投标文件截止之日止，最短不得少于二十日。

答案：D

(2013 上半年，上午) 试题（25）

供应商甲在参与某政府机构办公设备采购的活动中，发现参加竞标的供应商乙的负

责人与该政府机构领导有亲属关系。甲向该政府机构提出书面质疑,该政府机构随后答复。甲对答复结果不满意,拟向当地采购监督管理部门提出投诉。根据政府采购法,甲应在答复期满 (25) 个工作日内提出投诉。

(25) A. 十五　　　B. 二十　　　C. 二十八　　　D. 三十

解析:

根据政府采购法:

(1) 提出质疑:供应商在知道或应知其权益受到损害之日起七个工作日内,以书面形式向采购代理机构提出质疑。

(2) 质疑答复:采购代理机构收到书面质疑后七个工作日内对供应商做出答复。

(3) 提起投诉:供应商如对答复不满意或采购代理机构未在规定期限内做出答复的,供应商在答复期满后十五个工作日内,向同级财政部门提起投诉。

(4) 受理投诉:财政部门对符合投诉条件的投诉,自收到投诉书之日起即为受理投诉。

(5) 审查投诉:财政部门收到投诉书后,在五个工作日内进行审查。

答案:A

(2013 上半年,上午) 试题 (27)

根据《中华人民共和国著作权法》(以下简称著作权法),作者的署名权、修改权、保护作品完整权是著作权的一部分,它们的保护期为 (27)。

(27) A. 50 年　　　B. 20 年　　　C. 15 年　　　D. 不受限制

解析:

- 很多人都记得著作权的有效期是 50 年,所谓知其一不知其二。
- 我国著作权法规定了著作权可以细分成十七项权利,1~4 项为人身权(分别是发表权、署名权、修改权、保护作品完整权),5~17 项为财产权。
- 著作权法第二十条:作者的署名权、修改权、保护作品完整权的保护期不受限制。
- 署名权没有时间限制,即使时光流逝一万年,你也不能把李白的诗篇署成自己的名字!
- 著作权法第二十一条:公民的作品,其发表权、本法第十条第一款第(五)项至第(十七)项规定的权利的保护期为作者终生及其死亡后五十年,截止于作者死亡后第五十年的 12 月 31 日;如果是合作作品,截止于最后死亡的作者死亡后第五十年的 12 月 31 日。

答案:D

(2013 上半年,上午) 试题 (38)

某公司采用邀请招标的方式选择承建单位,实施过程中发生了如下事件:

① 该公司向 3 家单位发出招标邀请函,其中包括该公司的股东公司;

② 该公司 8 月 1 日发出邀请函,要求对方在 8 月 16 日提交投标书;

③ 该公司外聘了 1 名法律专家，连同公司 CIO、总经理和党委书记组建了评标委员会；
④ 该公司的招标书中公开了项目标底。

根据上述情况，下面说法中，正确的是 (38)。

(38) A．该公司的股东公司参加投标不符合招投标法规
  B．该公司拟订的投标截止日期符合招投标法规
  C．评标委员会的组成不符合招投标法规
  D．招标书中不准公开项目标底

解析：
- 好多人都说这题是错题，其实是他们只知其一。
- 这道题有三个关键词：某公司、邀请招标、依法必须进行招标的项目。
- ①没有问题，可以邀请股东来投标，上市公司还可以搞关联交易呢。
- ②可能不妥，招标投标法第二十四条：招标人应当确定投标人编制投标文件所需要的合理时间；但是，依法必须进行招标的项目，自招标文件开始发出之日起至投标人提交投标文件截止之日止，最短不得少于二十日。
- ③可能不妥，招标投标法第三十七条：依法必须进行招标的项目，其评标委员会由招标人的代表和有关技术、经济等方面的专家组成，成员人数为五人以上单数，其中技术、经济等方面的专家不得少于成员总数的三分之二。
- ④不妥，招标投标法第二十二条：招标人设有标底的，标底必须保密。

注意： ②和③相关的招标投标法条文都有前提，"依法必须进行招标的项目"，对于不是法定必须招标的项目，该条文无效。

- 这道题的关键就是主语——"某公司"，而不是某政府机构，是否属于"依法必须进行招标的项目"尚不知道，可能属于也可能不属于，所以 B 和 C 都不能选。

举一反三 有同学问，何谓"依法必须进行招标的项目"？
- 招标投标法第二条中有规定：
  - ◆ 大型基础设施、公用事业等关系社会公共利益、公众安全的项目。
  - ◆ 全部或者部分使用国有资金投资或者国家融资的项目。
  - ◆ 使用国际组织或者外国政府贷款、援助资金的项目。
  - ◆ 法律或者国务院对必须进行招标的其他项目的范围有规定的，依照其规定。

答案：D

（2013 下半年，上午）试题 (42)

某公司在制定招标评分标准时，下列做法较合适的是 (42)。

(42) A．对业绩评定的标准是：好、不好
  B．服务能力评定标准是：根据其通过 ISO 20000 认证情况酌情打分

C．价格分采用低价优先法计算

D．按照 ISO 9000 认证情况，将质量标准分为 7 个档次

解析：
- A 和 B，评分标准太粗、不够细致。
- D 则过于烦琐，评分细则规定的得分档次不要太多，以 3～5 档为宜。
- C 符合目前国内的招标惯例，比如财政部曾下文《关于加强政府采购货物和服务项目价格评审管理的通知》（财库〔2007〕2 号），规定政府采购服务项目采用综合评分法的，价格分统一采用低价优先法计算。

答案：C

(2014 上半年，上午) 试题 (25)

评估和选择最佳系统设计方案时，甲认为可以采用点值评估方法，即根据每一个价值因素的重要性，综合打分再选择最佳的方案。乙根据甲的提议，对系统 A 和系统 B 进行评估，评估结果如下表所示，那么乙认为 (25)。

评估因素的重要性	系统 A 评估值	系统 B 评估值
硬件 40%	90	80
软件 40%	80	85
供应商支持 20%	80	90

(25) A．最佳方案是 A　　　　　　B．最佳方案是 B
　　　C．条件不足，不能得出结论　　D．只能用成本/效益分析方法做出判断

解析：
- 系统 A 和系统 B 的综合得分都是 84。
  - ◆ A 的得分：90×0.4+80×0.4+80×0.2=84。
  - ◆ B 的得分：80×0.4+85×0.4+90×0.2=84。
- 所以无法得出结论。

答案：C

(2014 上半年，上午) 试题 (28)

某承诺文件超过要约规定时间到达要约人。依据邮寄文件收函邮局戳记标明的时间，受要约人是在要求的时间内投邮，由于邮局错递而错过了规定时间。对此情况，该承诺文件 (28)。

(28) A．因迟到而自然无效
　　　B．必须经要约人发出接受通知后才有效

C. 必须经要约人发出拒绝通知后才无效
D. 因非受要约人的原因迟到，要约人必须接受该承诺

解析：
- 《中华人民共和国合同法》（以下简称合同法）第二十九条：受要约人在承诺期限内发出承诺，按照通常情形能够及时到达要约人，但因其他原因承诺到达要约人时超过承诺期限的，除要约人及时通知受要约人因承诺超过期限不接受该承诺的以外，该承诺有效。

点评：这道题的法律术语太多了，很容易把人搞晕，你只需要把下述概念替换一下就明白了。
- 要约人：投标方；
- 受要约人：招标方；
- 要约邀请：招标文件；
- 要约：投标文件；
- 承诺：中标通知书。

答案：C

（2014 上半年，上午）试题（30）

某集成企业的软件著作权登记发表日期为 2013 年 9 月 30 日，按照著作权法规定，其权利保护期到 (30) 。

(30) A. 2063 年 12 月 31 日　　　B. 2063 年 9 月 29 日
　　　C. 2033 年 12 月 31 日　　　D. 2033 年 9 月 29 日

解析：
- 著作权法第二十一条：
  ◆ 公民的作品，其发表权、本法第十条第一款（五）项至第（十七）项规定的权利的保护期为作者终生及其死亡后五十年，截止于作者死亡后第五十年的 12 月 31 日；如果是合作作品，截止于最后死亡的作者死亡后第五十年的 12 月 31 日。
  ◆ 法人或者其他组织的作品，著作权（署名权除外）由法人或者其他组织享有的职务作品，其发表权、本法第十条第一款（五）项至第（十七）项规定的权利的保护期为五十年，截止于作品首次发表后第五十年的 12 月 31 日，但作品自创作完成后五十年内未发表的，本法不再保护。

答案：A

（2014 上半年，上午）试题（34）

某网络系统安装实施合同约定的开工日为 2 月 1 日。由于机房承包人延误竣工，导

致网络系统安装承包人实际于 2 月 10 日开工。网络系统安装承包人在 5 月 1 日安装完毕并向监理工程师提交了竣工验收报告，5 月 10 日开始进行 5 天启动连续试运行，结果表明安装实施有缺陷。网络系统安装承包人按照监理工程师的要求进行了调试工作，并于 5 月 25 日再次提交请求验收申请。5 月 26 日再次试运行后表明安装工作满足合同规定的要求，参与试运行有关各方于 6 月 1 日签署了同意移交工程的文件。为判定承包人是提前竣工还是延误竣工，应以 (34) 作为网络系统安装实施的实际工期并与合同工期比较。

(34) A．2 月 1 日至 5 月 10 日　　　　B．2 月 1 日至 5 月 25 日
　　　C．2 月 10 日至 5 月 26 日　　　D．2 月 10 日至 6 月 1 日

解析：
- 信息系统监理师考试 2006 年下半年第 36 题的原题重现。

注意： 机房承包人和网络系统安装承包人不是同一方，是两家单位。

- 由于机房承包人延误竣工，导致网络系统安装工作的实际的开工日期是 2 月 10 日。
- 网络系统安装工作的验收通过日期是 5 月 26 日。
- 应以 2 月 10 日至 5 月 26 日作为实际工期与合同工期比较，来判断承包人是提前竣工还是延误竣工。

点评： 这道题如果有一个选项是"2 月 10 日至 5 月 25 日"，那难度可就真大了！

- 《最高人民法院关于审理建设工程施工合同纠纷案件适用法律问题的解释》第十四条规定，当事人对建设工程实际竣工日期有争议的，按照以下情形分别处理：
（一）建设工程经竣工验收合格的，以竣工验收合格之日为竣工日期；
（二）承包人已经提交竣工验收报告，发包人拖延验收的，以承包人提交验收报告之日为竣工日期；
（三）建设工程未经竣工验收，发包人擅自使用的，以转移占有建设工程之日为竣工日期。

答案：C

(2014 下半年，上午) 试题 (29)

信息系统设备供货商在与业主单位签订采购合同前，因工期要求，已提前将所采购设备交付给业主单位，并通过验收。补签订合同时，合同的生效日期应当为 (29) 。

(29) A．交付日期　　　　　　　　B．委托采购日期
　　　C．验收日期　　　　　　　　D．合同实际签订日期

解析：
合同法第一百四十条规定：标的物在订立合同之前已为买受人占有的，合同生效的时间为交付时间。

答案：A

（2014 下半年，上午）试题（40）

招标确定中标人后，实施合同内注明的合同价款应为 (40)。

(40) A. 评标委员会算出的评标价　　B. 招标人编制的预算价
　　　C. 中标人的投标价　　　　　　D. 所有投标人的价格平均值

解析：
- 信息系统监理师考试2007年上半年第63题的原题重现。
- 招标确定中标人后，实施合同内注明的合同价款应为中标人的投标价。

答案：C

（2015上半年，上午）试题（47）

某公司按总价合同方式约定订购 3000 米高规格的铜缆，由于建设单位原因，工期暂停了半个月，待恢复施工后，承建单位以近期铜价上涨为理由，要求建设单位赔偿购买电缆增加的费用，并要求适当延长工期，以下说法中，(47)是正确的。

(47) A. 建设单位应该赔偿承建单位采购电缆增加的费用
　　B. 监理单位应该保护承建单位的合法利益，因此应该支持承建单位的索赔要求
　　C. 索赔是合同双方利益的体现，可以使造价更趋于合理
　　D. 铜价上涨是承建单位应承担的项目风险，不应该要求赔偿费用

解析：
- 监理工程师判定承建单位索赔成立的条件为：
  （1）与合同相对照，事件已造成了承建单位成本的额外支出，或直接工期损失；
  （2）造成费用增加或工期损失的原因，按合同约定不属于承建单位应承担的行为责任或风险责任；
  （3）承建单位按合同规定的程序，提交了索赔意向通知和索赔报告。
- 上述三个条件没有先后主次之分，应当同时具备。
- "要求适当延长工期"满足上述三个条件，由于建设单位的过错造成了工期暂停半个月，索赔要求合理，应予支持，除将项目日期顺延外，还应偿付承建单位因此造成停工、窝工的实际损失。
- "要求建设单位赔偿购买电缆增加的费用"不满足第二个条件，造成费用增加的原因是铜价上涨而不是建设单位的过错，铜价上涨是承建单位应自行承担的项目风险，索赔要求不合理，不予支持。

提醒：（1）建设单位是否有过错，是费用索赔成立的关键因素。
　　　　（2）工期索赔则相对简单，发生自然灾害时，即使建设单位没有过错，也可申请。

答案：D

(2015 下半年，上午) 试题（45）

根据《中华人民共和国招标投标法》，以下做法中，__(45)__ 是正确的。

(45) A. 某项目于 4 月 7 日公开发布招标文件，标明截止时间 2015 年 4 月 14 日 13 时
　　 B. 开标应当在招标文件确定的提交投标文件截止时间的同一时间公开进行
　　 C. 某次招标活动中的所有投标文件都与招标文件要求存在一定的差异，评标委员会可以确定其中最接近投标文件要求的公司中标
　　 D. 联合投标的几家企业中只需要一家达到招标文件要求的资质即可

解析：

- A 错误，招标投标法第二十四条：依法必须进行招标的项目，自招标文件开始发出之日起至投标人提交投标文件截止之日止，最短不得少于二十日。
- B 正确，招标投标法第三十四条：开标应当在招标文件确定的提交投标文件截止时间的同一时间公开进行；开标地点应当为招标文件中预先确定的地点。
- C 错误，招标投标法第四十二条：评标委员会经评审，认为所有投标都不符合招标文件要求的，可以否决所有投标。
- D 错误，招标投标法第三十一条：两个以上法人或者其他组织可以组成一个联合体，以一个投标人的身份共同投标。联合体各方均应当具备承担招标项目的相应能力；国家有关规定或者招标文件对投标人资格条件有规定的，联合体各方均应当具备规定的相应资格条件。由同一专业的单位组成的联合体，按照资质等级较低的单位确定资质等级。

答案：B

(2017 下半年，上午) 试题（29）

根据《中华人民共和国招标投标法》，招标人和中标人应当自中标通知书发出之日起 __(29)__ 日内，按照招标文件和中标人的投标文件订立书面合同。

(29) A. 30　　　　B. 20　　　　C. 15　　　　D. 10

解析：

招标投标法第四十六条：招标人和中标人应当自中标通知书发出之日起三十日内，按照招标文件和中标人的投标文件订立书面合同。

答案：A

(2017 下半年，上午) 试题（28）

甲公司因业务开展需要，拟购买 10 部手机，便向乙公司发出传真，要求以 2000 元/台的价格购买 10 部手机，并要求乙公司在一周内送货上门。根据《中华人民共和国合同法》，甲公司向乙公司发出传真的行为属于 __(28)__ 。

(28) A. 邀请　　　　B. 要约　　　　C. 承诺　　　　D. 要约邀请

解析：
- 合同法第十四条，要约是希望和他人订立合同的意思表示，该意思表示应当符合下列规定：

  （一）内容具体确定；

  （二）表明经受要约人承诺，要约人即受该意思表示约束。

- 合同法第十五条，要约邀请是希望他人向自己发出要约的意思表示。寄送的价目表、拍卖公告、招标公告、招股说明书、商业广告等为要约邀请。商业广告的内容符合要约规定的，视为要约。
- 该传真内容具体确定，显然属于要约。

答案：B

(2018上半年，上午) 试题 (29)

关于招投标的描述，不正确的是： (29) 。

(29) A. 招标人采用邀请招标方式的，应当向三个以上具备承担项目的能力、资信良好的特定法人或者其他组织发出投标邀请书

B. 招标人对已发出的招标文件进行必要的澄清或者修改的，应当在招标文件要求提交投标文件截止时间至少十五日前，以书面形式通知所有招标文件收受人

C. 投标人在招标文件要求提交投标文件的截止时间前，可以补充、修改或者撤回已提交的投标文件，并书面通知招标人

D. 依法必须进行招标的项目，其评标委员会由招标人的代表和有关技术、经济等方面的专家组成，成员人数为五人以上单数，其中技术、经济等方面的专家不得少于成员总数的一半

解析：

D错，技术、经济等方面的专家不得少于成员总数的三分之二。

答案：D

(2019上半年，上午) 试题 (28)

合同法对合同索赔流程有严格的规定，索赔方以书面通知书的形式在索赔事项发生后的28天内，向监理工程师正式提出索赔意向；在索赔通知书发出后28天内向监理工程师提出索赔报告及有关资料；监理工程师收到索赔报告有关资料后，于 (28) 内给予答复。

(28) A. 15天　　　　　　　B. 15个工作日

C. 28天　　　　　　　D. 28个工作日

解析：

与索赔有关的时间基本都是28天。详见清华大学出版社《信息系统项目管理师教程》

（第3版）第464页。

答案：C

（2019上半年，上午）试题（29）

已发公告进行招标的项目，自招标文件开始发出之日起至投标人提交投标文件止，最短不得少于（29）天。

(29) A. 20   B. 30   C. 15   D. 60

解析：

依法必须进行招标的项目，自招标文件开始发出之日起至投标人提交投标文件截止之日止，最短不得少于二十日。

答案：A

（2019下半年，上午）试题（55）

在CPIF合同下，A公司是卖方，B公司是买方，合同的实际成本大于目标成本时，A公司得到的付款总数是（55）。

(55) A. 目标成本+目标费用–B公司应负担的成本超支
　　 B. 目标成本+目标费用+A公司应负担的成本超支
　　 C. 目标成本+目标费用–A公司应负担的成本超支
　　 D. 目标成本+目标费用+B公司应负担的成本超支

解析：

- 成本加激励费用（Cost plus incentive fee，CPIF），买方为卖方报销履行合同工作所发生的一切可列支成本，并在卖方达到合同规定的绩效目标时，向卖方支付预先确定的激励费用。
- 在CPIF合同中，如果最终成本低于或高于原始估算成本，则买方和卖方需要根据事先商定的成本分摊比例来分享节约部分或分担超支部分。例如，基于卖方的实际成本，按照80/20的比例分担（分享）超过（低于）目标成本的部分。

答案：D

5.2 综合案例

（2010下半年，下午）试题一

某国有大型制造企业H计划建立适合其业务特点的ERP系统。为了保证ERP系统的成功实施，H公司选择了一家较知名的监理单位，帮助选择供应商并协助策划ERP的方案。

在监理单位的协助下，H 公司编制了招标文件，并于 5 月 6 日发出招标公告，规定投标截止时间为 5 月 21 日 17 时。在截止时间前，H 公司共收到 5 家公司的投标书，其中甲公司为一家外资企业。H 公司觉得该项目涉及公司的业务秘密，不适合由外资企业来承担。因此，在随后制定评标标准的时候，特意增加了关于企业性质的评分条件：国有企业可加 2 分，民营企业可加 1 分，外资企业不加分。

H 公司又组建了评标委员会，其中包括 H 公司的领导 1 名，H 公司上级主管单位领导 1 名，其他 4 人为邀请的行业专家。在评标会议上，评标委员会认为丙公司的投标书能够满足招标文件中规定的各项要求，但报价低于成本价，因此选择了同样投标书满足要求，但报价次低的乙公司作为中标单位。

在发布中标公告后，H 公司与乙公司开始准备签订合同。但此时乙公司提出，虽然招标文件中规定了合同格式并对付款条件进行了详细的要求，但这种付款方式只适用于硬件占主体的系统集成项目，对于 ERP 系统这种软件占主体的项目来说并不适用，因此要求 H 公司修改付款方式。H 公司坚决不同意乙公司的要求，乙公司多次沟通未达到目的只好做出妥协，直到第 45 天，H 公司才与乙公司最终签订了 ERP 项目合同。

【问题 1】（10 分）
请指出在该项目的招投标过程中存在哪些问题，并说明原因。

【问题 2】（8 分）
（1）评标委员会不选择丙公司的理由是否充分？依据是什么？
（2）乙公司要求 H 公司修改付款方式是否合理？为什么？为此，乙公司应如何应对？

【问题 3】（7 分）
请说明投标流程中投标单位的主要活动有哪些。

（2010 下半年，下午）试题一解析

【问题 1】（10 分，每条 2 分）
（1）规定 5 月 21 日为投标截止时间是不正确的，因为招标投标法第二十四条规定：招标人应当确定投标人编制投标文件所需要的合理时间，自招标文件开始发出之日起至投标人提交投标文件截止之日止，最短不得少于二十日。应设为 5 月 26 日之后。
（2）收到企业的投标文件后，再编制评标标准是不正确的，因为招标投标法第十九条规定：招标文件中应包含评标标准。
（3）在评标标准中加入不利于外资企业的标准是不正确的，因为招标投标法第十八条规定：招标人不得以不合理的条件限制或者排斥潜在投标人，不得对潜在投标人实行歧视待遇。
（4）评标委员会人数设置不正确，人数应为超过 5 人的单数，其中技术、经济等方面的专家不得少于成员总数的三分之二。
（5）在发布中标公告后第 45 天签订合同不正确，招标投标法第四十六条规定：招标人和中标人应当自中标通知书发出之日起三十日内，按照招标文件和中标人的投标文件订立书面合同。

【问题 2】(8 分)

(1) 理由充分（1 分）。

依据《中华人民共和国招标投标法》（第三十三条或第四十一条，答出招标投标法即得 1 分）。

(2) 不合理（2 分）。

① 因为招标文件中已经规定了付款方式，参加投标意味着已经接受招标文件的要求（2 分）。

② 如果乙公司对付款方式有异议，应该在投标前与 H 公司沟通，协商成功后再参加投标。（4 分）

【问题 3】(满分 7 分，每条 1 分)

暂略。

第6章 立项管理计算题

(2005上半年，上午) 试题（9）

某公司项目A的利润分析如下表所示。设贴现率为10%，第二年的利润现值是_(9)_元。

利润分析	第0年	第1年	第2年	第3年
利润值		￥889 000	￥1 139 000	￥1 514 000

(9) A. 1 378 190　　B. 949 167　　C. 941 322　　D. 922 590

解析：
- 这道题考的是货币的时间价值，货币的现值（Present Value，PV）和未来值（Future Value，FV）之间的关系是：

$$FV=PV\times(1+i)^n\ (i\text{为贴现率/折现率，}n\text{为年数})$$

- 第二年的利润现值是：$PV_2=FV_2/(1+0.1)^2=1\,139\,000/1.21=941\,322$ 元。

答案： C

(2005下半年，上午) 试题（7）、（8）

某公司计划投资1000万人民币开发一套中间件产品，预计从2005年开始，年实现产品销售收入1500万元，年市场销售成本1000万元。该产品的系统分析员张工根据财务总监提供的贴现率，制作了如下的产品销售现金流量表。根据表中的数据，该产品的动态投资回收期是_(7)_年，动态投资收益率是_(8)_。

年度	2004年	2005年	2006年	2007年	2008年
投资	1000	—	—	—	—
成本	—	1000	1000	1000	1000
收入	—	1500	1500	1500	1500
净现金流量	−1000	500	500	500	500
净现值	−1000	462.96	428.67	396.92	367.51

(7) A. 1　　　　B. 2　　　　C. 2.27　　　　D. 2.73

(8) A. 42%　　　B. 41.4%　　C. 50%　　　　D. 100%

解析：
- （7）动态投资回收期：
  - ◆ 首先，2004年为第0年，2005年为第1年，以此类推。
  - ◆ 其次，这张表里面中间四行数据都是冗余信息。计算动态投资回收期，只需要将最后一行的净现值累加即可。

- 当 2004—2007 年的净现值累加后，项目的累计净现值开始为正数，即 2007 年（第 3 年）可以收回成本，动态投资回收期为 2.X 年。
- $X=$（1000–462.96–428.67）/396.92=108.37/396.92=0.273，即 2.273 年收回成本。

举一反三

- 静态投资回收期（Static Payback Period）不考虑货币的时间价值（不计利息）。
- 动态投资回收期（Dynamic Payback Period）则考虑货币的时间价值（计复利）。
- 如果不考虑货币的时间价值，这个项目两年即可收回成本，静态投资回收期=2 年。
- （8）动态投资收益率：
  - 静态分析法和动态分析法的区别就是考不考虑资金的时间价值因素。
  - 动态投资收益率=（总收益的净现值÷总投资的净现值）÷年数=（462.96 + 428.67 +396.92 +367.51）÷1000÷4 =（1656.06÷1000）÷4 =1.656÷4 =41.4%。
  - 该项目的静态投资收益率=（总收益÷总投资）÷年数=2000÷1000÷4=50%。

举一反三

- 有同学问，能不能直接用动态投资回收期的倒数作为动态投资收益率，这种解法是错误的，或者更精确地说，它求出的是在这 2.273 年内的动态投资收益率，而不是项目整个四年的动态投资收益率。
- 有同学问，能不能求出每年的动态投资收益率，然后做算术平均？回答：如果 2005 年以后没有追加投资，则可行。
  - 2005 年的动态投资收益率为 462.96÷1000=46.30%。
  - 2006 年的动态投资收益率为 428.67÷1000=42.87%。
  - 2007 年的动态投资收益率为 396.92÷1000=39.69%。
  - 2008 年的动态投资收益率为 367.51÷1000=36.75%。
  - 整个项目的动态投资收益率 =（46.30%+42.87%+39.69%+36.75%）÷4=41.4%。

提醒：2005—2008 年，每年的净现金流量虽然都是 500 万元，但是折合成净现值之后却逐年减少，动态投资收益率也逐年降低。

答案：（7）C、（8）B

（2009 上半年，上午）试题（31）

（31）____属于项目财务绩效评估的基本方法。

（31）A．动态分析法　　　　　　　　B．预期价值分析

C. 风险调整贴现率法　　　　　D. 因果图

解析：
- 项目财务绩效评估的基本方法有：
  ◆ 静态分析法，不考虑资金的时间价值因素，简易实用，包括（静态）投资收益率法、（静态）投资回收期法、追加投资回收期法、最小费用法。
  ◆ 动态分析法，考虑资金的时间价值因素，强调利用复利计算方法计算货币的时间价值，较静态分析法更为实际合理，包括净现值法、内部收益率法（IRR）、净现值比率法、动态投资回收期法、动态投资收益率法。
- 预期货币价值（Estimated Monetary Value，EMV）分析主要用于风险量化分析。
- 因果图（又叫因果分析图、石川图或鱼刺图）直观地反映了影响项目中可能出现的问题与各种潜在原因之间的关系，主要用于质量管理和风险识别。

答案：A

（2010 下半年，上午）试题（42）

某项目预计费用现值是 1000 万元人民币，效益现值是 980 万元人民币。如果采用"费用效益分析法"，可得出结论：__(42)__。

（42）A. 不可投资　　　　　　　　B. 可投资
　　　C. 不能判断　　　　　　　　D. 费用效益分析法不适合项目论证

解析：
- 费用现值>效益现值，即净现值 NPV<0，项目不可行。
- 净现值（Net Present Value，NPV）分析把项目所有预期的未来现金流入与流出都折算成现值，以计算一个项目预期的净货币收益与损失
- 净现值的计算公式为：$NPV = PV_{收益} - PV_{投资}$
  ◆ 净现值等于零，项目获利能力等于给定的贴现率，即与资本的最低获利要求相等。
  ◆ 净现值大于零，项目获利能力高于给定的贴现率，即高于资本的最低获利要求，项目可行。
  ◆ 净现值小于零，项目获利能力低于给定的贴现率，即小于资本的最低获利要求，项目不可行。

答案：A

（2010 下半年，上午）试题（46）

当信息系统集成项目进入实施阶段后，一般不使用__(46)__对项目进行监督和控制。

（46）A. 挣值管理方法　　　　　　B. 收益分析方法
　　　C. 项目管理信息系统　　　　D. 专家判断方法

解析：

收益分析方法一般用于项目可行性研究和项目组合管理中，用于项目选择（组织做哪些项目、不做哪些项目），不用于项目监控。

答案：B

（2010 下半年，上午）试题（55）

以下最适合使用贴现现金流绩效评估方法进行评估的投资项目是__(55)__。

(55) A．更新设备　　　　　　　　B．新技术应用
　　　C．开发新产品　　　　　　　D．拓展新市场

解析：
- 贴现现金流绩效评估方法（各种动态分析方法）适用于未来现金流能可靠预测的项目，其适用性由好到差的顺序是：
  （1）成本减少，如设备更新。
  （2）现有产品扩大规模。
  （3）新产品开发、新业务及新市场拓展。
- 这是因为贴现现金流方法尽管理论上科学，但其实际价值取决于未来现金流预测的可靠性。在这三类项目中，成本减少类项目的未来现金流预测相对准确，因为有较多的关于设备、成本的数据及经验可供借鉴，采用贴现现金流法比较可靠。而新产品、新业务项目的现金流最难预测，因为公司对这类项目没经验，未来不确定性程度高，现金流预测的可靠性程度低。

答案：A

（2010 下半年，上午）试题（56）

下表为一个即将投产项目的计划收益表，经计算，该项目的投资回收期是__(56)__。

收益分析	第1年（投入年）	第2年（销售年）	第3年	第4年	第5年	第6年	第7年
净收益	−270	35.5	61	86.5	61	35.5	31.5
累计净收益	−270	−234.5	−173.5	−87	−26	9.5	41

(56) A．4.30　　　　B．5.73　　　　C．4.73　　　　D．5.30

解析：
- 计算动态投资回收期，只需看最后一行的累计净收益即可。
- 第6年项目的累计净收益开始为正数，即项目的动态投资回收期为5.X年。
- X=26/35.5=0.73，即 5.73 年收回成本。

答案：B

(2010 下半年，上午）试题（68）

某项目投资额为 190 万元，实施后的利润分析如下表所示。

利润分析	第 0 年	第 1 年	第 2 年	第 3 年
利润值	—	67.14 万元	110.02 万元	59.23 万元

假设贴现率为 0.1，则项目的动态投资收益率为___(68)___。

(68) A. 0.34　　　　B. 0.41　　　　C. 0.58　　　　D. 0.67

解析：

- 先求出每年的利润现值。
  - $PV_1 = FV_1/(1+0.1)^1 = 67.14/1.1 = 61.04$ 万元。
  - $PV_2 = FV_2/(1+0.1)^2 = 110.02/1.21 = 90.93$ 万元。
  - $PV_3 = FV_3/(1+0.1)^3 = 59.23/1.331 = 44.50$ 万元。
- 动态投资收益率 =（总收益的净现值÷总投资的净现值）÷年数 =（61.04 + 90.93 + 44.50）÷190÷3 =（196.47÷190）÷3 = 1.034÷3 = 34.47%。

举一反三 该项目的静态投资收益率 =（总收益÷总投资）÷年数 =（67.14 + 110.02 + 59.23）÷190÷3 =（236.39÷190）÷3 = 41.47%。

答案：A

(2010 下半年，上午）试题（69）

甲、乙、丙为三个独立项目，$NPV_甲=12$ 万元，$NPV_乙=15$ 万元，$NPV_丙=18$ 万元，三个项目的初始投资额相同，并且回收期相同，则应优先选择___(69)___项目进行投资。

(69) A. 甲　　　　B. 乙　　　　C. 丙　　　　D. 甲或乙

解析：

- 三个项目的初始投资额相同，并且回收期相同，则应优先选择 NPV 较大的项目。

举一反三 如果项目的初始投资额不同或者项目的规模差别很大，应该如何选择？

- 可以用比率类指标，比如：内部收益率法（IRR）、动态投资收益率法等。

答案：C

(2010 下半年，上午）试题（70）

某项目各期的现金流量如表所示。

期数	0	1	2
净现金流量	−630	330	440

设贴现率为 10%，则项目的净现值约为___(70)___。

(70) A. 140　　　　B. 70　　　　C. 34　　　　D. 6

解析：
- 第 0 期净现值=-630。
- 第 1 期净现值=330/（1+10%） =300。
- 第 2 期净现值=440/（1+10%）^{2}=363.6。
- 项目的净现值 NPV=各期净现值之和=-630+300+363.6=33.6。

答案：C

（2011 上半年，上午）试题（74）

Project selection methods involve measuring value or attractiveness to the project owner or sponsor and may include other organizational decision criteria. （74） is not a project selection method.

（74）A．Benefit contribution　　　　B．Expert judgment
　　　C．Scoring models　　　　　　D．Flow charting

解析：
项目选择方法测量项目对业主或发起人的价值或吸引力，也可能包括组织的其他决策标准。（74）不是一种项目选择方法。

（74）A．收益贡献　　　　　　　　B．专家判断
　　　C．评分模型　　　　　　　　D．流程图

答案：D

（2011 上半年，上午）试题（69）、（70）

某公司 2006 年初计划投资 2000 万人民币开发某产品，预计从 2007 年开始盈利，各年产品销售额如表所示。根据表中的数据，该产品的静态投资回收期是（69）年，动态投资回收期是（70）年。（提示：设贴现率为 0.1。）

年度	2006	2007	2008	2009	2010
投资	2000	—	—	—	—
收益	—	990	1210	1198	1277

（69）A．1.8　　　　B．1.9　　　　C．2　　　　D．2.2
（70）A．2　　　　　B．2.1　　　　C．2.4　　　D．3

解析：
- 扩展题干中的投资收益表，如下所示。

年　度	2006 第 0 年	2007 第 1 年	2008 第 2 年	2009 第 3 年	2010 第 4 年
年度收益	−2000	990	1210	1198	1277
累计收益	−2000	−1010	200	1398	2675
年收益现值	−2000	900	1000	900	872
累计收益现值	−2000	−1100	−100	800	1672

- 计算静态投资回收期，只需看累计收益那一行即可。
  - 2008年项目的累计收益开始为正数，即项目的静态投资回收期为1.X年。
  - X=1010/1210=0.83，即项目的静态投资回收期为1.83年。
- 计算动态投资回收期，只需看最后一行的累计收益现值即可。
  - 2009年项目的累计收益现值开始为正数，即项目的动态投资回收期为2.X年。
  - X=100/900=0.11，即项目的动态投资回收期为2.11年。

答案：（69）A、（70）B

（2012上半年，上午）试题（59）

对项目的投资效果进行经济评价的方法，有静态分析法和动态分析法。（59）属动态分析法。

（59）A．投资收益率法　　　　B．投资回收期法
　　　C．内部收益率法　　　　D．最小费用法

解析：
- 项目投资效果评价和项目财务绩效评估的基本方法有：
  - 静态分析法，不考虑资金的时间价值因素，简易实用，包括（静态）投资收益率法、（静态）投资回收期法、追加投资回收期法、最小费用法。
  - 动态分析法，考虑资金的时间价值因素，强调利用复利计算方法计算货币的时间价值，较静态分析法更为实际合理，包括净现值法、内部收益率法（IRR）、净现值比率法、动态投资回收期法。

注意：如果题目只说投资回收期和投资收益率，缺省是静态的。

点评：A选项若改为静态投资收益率法，B选项若改为静态投资回收期法，则本题会更加严谨，当然这样也就没有难度了。

答案：C

（2012下半年，上午）试题（55）

某项目通过提高信息流、物流、资金流速度，使得资金占用降低10%，按目前8.58亿流动资金，5%年利率计算，该项目年经济收益约为（55）万元。

（55）A．600　　　B．400　　　C．800　　　D．300

解析：
- 降低的流动资金占用=8.58亿×10%=8580万元。
- 这个项目的收益=节约的利息=8580万元×5%=429万元。

答案：B

(2013 上半年，上午) 试题 (56)

公司承接了一个大型信息系统集成项目，项目参加人员 121 人，估计这一项目将在 3 年内建成。公司在开始这一项目之前，要决定这个项目的财务经济效益，并考虑资金的时间价值，则采用__(56)__对项目进行财务绩效评估最合适。

(56) A．投资收益率法　　　　　　B．投资回收期法
　　　C．追加投资回收期法　　　　D．内部收益率法

解析：
- 要考虑资金的时间价值，必须是动态分析法，只有 D 是动态的。
- 关于静态分析和动态分析请参见本章 2012 上半年上午第 59 题的解析。
- 内部收益率（Internal Rate of Return，IRR）：在考虑了时间价值的情况下，使一项投资在未来产生的现金流量现值，刚好等于投资成本时的折现率。换言之，就是使得净现值（NPV）等于零时的折现率。

答案：D

(2014 上半年，上午) 试题 (27)

下列关于项目投资回收期的说法中，__(27)__是正确的。

(27) A．项目投资回收期是指以项目的净收益回收项目投资所需要的时间
　　　B．项目投资回收期一般以年为单位，并从项目投产开始年算起
　　　C．投资回收期越长，则项目的盈利和抗风险能力越好
　　　D．投资回收期的判别基准是基本投资回收期

解析：
- 信息系统监理师考试 2005 年下半年第 53 题的原题重现。
- B 错，投资回收期应从项目建设开始年算起，更精确地说，应从投资开始年算起。
- C 错，投资回收期越短，则项目的盈利能力和抗风险能力越好。
- D 错，投资回收期的判别基准是基准投资回收期。

答案：A

(2014 下半年，上午) 试题 (56)

__(56)__不属于项目财务绩效评估方法。

(56) A．投资收益率法　　　　　　B．净现值法
　　　C．内部收益率法　　　　　　D．挣值分析法

解析：
挣值分析法是用于进度和成本控制的方法。

答案：D

（2015 上半年，上午）试题（42）

某企业有一投资方案，每天生产某种设备 1500 台，生产成本每台 700 元，预计售价每台 1800 元，估算投资额为 800 万元，该投资方案寿命为 7 年，假设年产量、每台售价和投资额均有可能在±20%的范围内变动，就这三个不确定因素对投资回收期的敏感性分析得到了下表中的部分投资回收期数据（空缺部分尚未计算），根据投资回收期的计算结果可知，在这三个不确定性因素中，__(42)__是高风险因素（可能导致投资风险）。

综合指标	+20%	+10%	0	-10%	-20%
年产量	4.04	4.41	4.85	5.39	
每台售价	3.65	4.17	4.85		5.80
投资额	5.82	5.33	4.85	4.36	

（42）A．年产量　　　B．每台售价　　　C．投资额　　　D．全部

解析：
- 首先要看懂表，这是一个投资回收期变动表。例如，第 2 行（年产量）、第 2 列（+20%）交叉处的 4.04，其含义是：如果年产量增加 20%，那么所需的投资回收期将是 4.04 年。
- 所谓投资回收期的敏感性分析就是看哪个因素的变动对投资回收期的影响最大。
- 我们只需看这三行数据的变动范围即可，每台售价的投资回收期变动范围最大（从 3.65 年到 5.8 年），显然它最灵敏，风险也最高。

答案：B

（2015 上半年，上午）试题（56）

某项目计划投资 1000 万元，经过估算，投产后每年的净收益为 200 万元，则该项目的静态投资回收期为 5 年，如果考虑到资金的时间价值，假设贴现率为 10%，那么该项目的动态投资回收期__(56)__。

（56）A．小于 5 年　　　　　　　　B．大于 5 年，小于 6 年
　　　C．大于 6 年，小于 7 年　　　D．大于 7 年

解析：
- 构造下表，得出第 8 年项目的累计净现值（NPV）开始为正数，即项目的动态投资回收期为 7.X 年，选 D。

年份	0	1	2	3	4	5	6	7	8
投资	-1000								
当年收益		200	200	200	200	200	200	200	200
累计收益	-1000	-800	-600	-400	-200	0	200	400	600
当年收益现值	-1000	182	165	150	137	124	113	103	93
累计净现值	-1000	-818	-653	-503	-366	-242	-129	-26	67

提醒：对于选择题，在考场上就没必要这么细致，可大幅度地简化和四舍五入。

举一反三 X 具体是多少呢？

- X=26/93=0.28，即项目的动态投资回收期为 7.28 年。

答案：D

（2015 下半年，上午）试题（56）

某一项目，初始投资为 2000 万元，该项目从投产年开始每年的净收益如下表所示，则该项目的静态投资回收期约为__(56)__年。

2011 年	2012 年	2013 年	2014 年	2015 年
投入 2000 万元	净收益 600 万元	净收益 700 万元	净收益 800 万元	净收益 500 万元

（56）A．2.9　　　　B．3.9　　　　C．2.7　　　　D．3.8

解析：

- 构造下表：

自然年份	2011 年	2012 年	2013 年	2014 年	2015 年
投资年份	第 0 年	第 1 年	第 2 年	第 3 年	第 4 年
年度收益	−2000	600	700	800	500
累计收益	−2000	−1400	−700	100	600

- 得出第 3 年时项目的累计收益开始为正数，即项目的静态投资回收期为 2.X 年。
- X=700/800=0.875，即项目的静态投资回收期为 2.875 年。

注意： 计算投资回收期的惯例是把第一个自然年份作为第 0 年。

答案：A

（2016 上半年，上午）试题（41）

对项目的投资效果进行经济评价的方法主要有静态分析法和动态分析法。以下叙述中，不正确的是：__(41)__。

（41）A．静态分析法对若干方案进行粗略评价，或对短期投资项目作经济分析时，不考虑资金的时间价值
　　　　B．动态分析法考虑资金的时间价值
　　　　C．静态分析法包括投资收益率法、投资回收期法、追加投资回收期法
　　　　D．动态分析法包括净现值法、内部收益率法、最小费用法

解析：

D 错，最小费用法属于静态分析法。

答案：D

（2016 上半年，上午）试题（68）

某项目的利润预期（单位：元）如下表所示，贴现率为 10%，则第三年结束时利润总额的净现值约为 (68) 元。

时间	第 1 年	第 2 年	第 3 年
利润预期	11 000	12 100	13 300

(68) A．30 000　　　　B．33 000　　　　C．36 000　　　　D．40 444

解析：
NPV=11 000/（1+10%） + 12 100/（1+10%）^{2} + 13 300/（1+10%）^{3} = 30 000 元。

答案：A

（2018 上半年，上午）试题（57）

小李作为项目经理需要从以下四个项目方案中选择项目，已知项目周期均为 2 年且期初投资额都是 30 000 元，折现率均为 10%。项目情况如下：

方案 A：第 1 年现金流为 14 000 元，第 2 年现金流 19 000 元。
方案 B：第 1 年现金流为 23 000 元，第 2 年现金流 20 000 元。
方案 C：第 1 年现金流为 18 000 元，第 2 年现金流 24 000 元。
方案 D：第 1 年现金流为 21 000 元，第 2 年现金流 22 000 元。
则小李应该优先选择 (57) 。

(57) A．方案 A　　　　B．方案 B　　　　C．方案 C　　　　D．方案 D

解析：
- NPV$_A$=-30 000+14 000/（1+0.1）+19 000/（1+0.1）^{2} = -1571 元。
- NPV$_B$=-30 000+23 000/（1+0.1）+20 000/（1+0.1）^{2} =7438 元。
- NPV$_C$=-30 000+18 000/（1+0.1）+24 000/（1+0.1）^{2} =6199 元。
- NPV$_D$=-30 000+21 000/（1+0.1）+22 000/（1+0.1）^{2} = 7273 元。

提醒： 因为很多考场都不准使用计算器，所以应尽可能使用简化算法，例如本题可简化为比较下面四个数字的大小：
- A 方案：14×11+19=173。
- B 方案：23×11+20=273。
- C 方案：18×11+24=222。
- D 方案：21×11+22=253。

答案：B

（2018 上半年，上午）试题（70）

某拟建项目财务净现金流量如下表所示，该项目的静态投资回收期是 (70) 年。

时间	1	2	3	4	5	6	7	8	9	10
净现金流量（万元）	–1200	–1000	200	300	500	500	500	500	500	700

（70）A．5.4　　　　B．5.6　　　　C．7.4　　　　D．7.6

解析：

- 计算累计现金流量，如下表所示。

时间	1	2	3	4	5	6	7	8
净现金流量	–1200	–1000	200	300	500	500	500	500
累计净现金流量	–1200	–2200	–2000	–1700	–1200	–700	–200	300

- 第8年项目的累计净现金流量开始为正数，即项目的静态投资回收期为7.X年。
- X=200/500=0.4，即项目的静态投资回收期为7.4年。

答案：C

（2018下半年，上午）试题（31）

下表列出A、B、C、D四个项目的投资额及销售收入，根据投资回报率评估，应该选择投资（31）。

项　目	投资额（万元）	销售收入（万元）
A	2000	2200
B	1500	1600
C	1000	1200
D	800	950

（31）A．A项目　　　B．B项目　　　C．C项目　　　D．D项目

解析：

- 项目A的投资回报率=（2200–2000）/2000=10%。
- 项目B的投资回报率=（1600–1500）/1500=6.7%。
- 项目C的投资回报率=（1200–1000）/1000=20%。
- 项目D的投资回报率=（950–800）/800=18.8%。

答案：C

（2019上半年，上午）试题（69）、（70）

项目经理制定了项目资产负债表（单位：元），如下表所示。该项目的静态投资回收期为（69）年，动态投资回收期为（70）年（保留一位小数）。

项目年度	0	1	2	3	4	5
支出	35 000	1000	1500	2000	1000	2000
收入		20 000	10 000	12 000	15 000	20 000
折现因子		0.91	0.83	0.75	0.68	0.62

（69）A. 2　　　　　B. 2.4　　　　　C. 2.8　　　　　D. 3
（70）A. 3　　　　　B. 3.4　　　　　C. 3.5　　　　　D. 3.6

解析：

- 计算静态投资回收期，构造下表：

项目年度	0	1	2	3	4	5
支出	35 000	1000	1500	2000	1000	2000
收入		20 000	10 000	12 000	15 000	20 000
当年收益	−35 000	19 000	8500	10 000	14 000	18 000
累计收益	−35 000	−16 000	−7500	2500	16 500	34 500

◆ 第3年项目的累计收益开始为正数，项目的静态投资回收期为2.X年。

◆ X=7500/（12 000−2000）=0.75，即项目的静态投资回收期为2.8年。

- 计算动态投资回收期，构造下表：

项目年度	0	1	2	3	4	5
支出	35 000	1000	1500	2000	1000	2000
收入		20 000	10 000	12 000	15 000	20 000
当年收益	−35 000	19 000	8500	10 000	14 000	18 000
折现因子		0.91	0.83	0.75	0.68	0.62
当年收益现值	−35 000	17 290	7055	7500	9520	11 160
累计收益现值	−35 000	−17 710	−10 655	−3155	6365	17 525

◆ 第4年项目的累计收益现值开始为正数，项目的动态投资回收期为3.Y年。

◆ Y=3155/9520=0.33，即项目的动态投资回收期3.4年。

答案：（69）C、（70）B

第 7 章 其他知识领域计算题

7.1 沟通管理

(2005 上半年，上午) 试题 (20)

由 N 个人组成的大型项目组，人与人之间交互渠道的数量级为__(20)__。

(20) A. n^2　　　　B. n^3　　　　C. n　　　　D. 2^n

解析：

N 人团队的沟通渠道数量 = $N(N–1)/2$，数量级为 n^2。

答案：A

(2011 下半年，上午) 试题 (73)

In the process of communication requirement analysis, the project manager should consider the number of potential communication channels or paths as an indicator of the complexity of a project's communication. According to Metcalfe's Law, a project with 10 stakeholders has __(73)__ potential communication channels.

(73) A. 10　　　　B. 45　　　　C. 5　　　　D. 100

解析：

- 在沟通需求分析过程中，项目经理应将潜在的沟通渠道数目作为项目沟通复杂性的指示器。根据梅特卡夫定律，10 个干系人的项目有 45 条潜在的沟通渠道。
- 沟通渠道数量 = $N(N–1)/2 = 10×9/2 = 45$ 条。

答案：B

(2012 上半年，上午) 试题 (34)

项目经理计划访谈所有为项目实施所雇佣的临时员工。项目经理第一日随机挑选了 50 名临时员工进行了访谈，第二天又随机选取了 20 名临时员工，发现其中 5 名已于昨日访谈过，便对其余 15 名进行了访谈。则项目经理还需要访谈约__(34)__人才能完成访谈所有临时员的任务。

(34) A. 75　　　　B. 185　　　　C. 135　　　　D. 150

解析：

- 这是一道小学数学题：

- 临时员工总数 = 50×4 = 200；
- 第 1 次访谈过的：50；
- 第 2 次访谈过的：20–5；
- 因此，还要访谈 200–50–15 = 135 人。

举一反三 曹冲数鱼（作者原创）。

曹操想知道一个湖泊里到底有多少鱼，众谋士均无计可施，唯曹冲发现湖中无草鱼，就放了 1000 尾草鱼入湖，然后随机捞 200 条，其中草鱼 10 条，鲤鱼 80 条，于是曹冲估出湖中有鱼 2 万条，其中鲤鱼 8000 条。

举一反三 两个女儿（作者原创）。

- 第一问：一个老同学有且只有两个孩子，有一次我打电话过去，是他一个孩子接的，而且是个女孩，那么他有两个女儿的概率是多少？
- 第二问：过几日，我又打了次电话，接电话的还是女孩（由于电话信号问题，无法确认是否与上次接电话的为同一个女孩），问他有两个女儿的概率是多少。

答案：C

（2013 上半年，上午）试题（42）

两名新成员最近加入到某项目中，项目组成员原来有 6 个人，则沟通途径增加了 (42)。

(42) A. 21　　　　B. 13　　　　C. 12　　　　D. 8

解析：
- N 人团队的沟通渠道数量 = $N(N–1)/2$。
- 人数增加 2 个，沟通途径由 15 条增加到 28 条。
- 这就是《人月神话》中描述的，一个严重延误的大型软件开发项目，越加人就越延期的原因所在。

答案：B

（2017 下半年，上午）试题（42）

你正在组织项目沟通协调会，参加会议的人数为 12 人，沟通渠道有 (42) 条。

(42) A. 66　　　　B. 72　　　　C. 96　　　　D. 132

解析：

12 人会议的沟通渠道 = 12×(12–1)/2 = 66 条。

答案：A

(2019 上半年，上午) 试题（41）

某项目沟通协调会共有 9 人参加会议，此次会议沟通渠道有 (41) 条。

(41) A. 42　　　　B. 28　　　　C. 45　　　　D. 36

解析：

9 人会议的沟通渠道=9×8/2=36 条。

答案：D

7.2 质量管理

(2006 下半年，上午) 试题（25）

若某计算机系统是由 1000 个元器件构成的串联系统，且每个元器件的失效率均为 10^{-7}/h，在不考虑其他因素对可靠性的影响时，该计算机系统的平均故障间隔时间为 (25) 小时。

(25) A. $1×10^4$　　　B. $5×10^4$　　　C. $1×10^5$　　　D. $5×10^5$

解析：

- 所谓失效率是指产品在单位时间内发生失效的概率，一般记为 λ，它是平均失效间隔时间 MTBF（Mean Time Between Failure，也叫平均无故障时间）的倒数。
- 对于串联系统，组成系统的所有单元中任一单元失效就会导致整个系统失效。
- 该系统的失效率 $λ=1000×10^{-7}$/h=10^{-4}/h，即系统的平均失效间隔时间 MTBF=10^4 小时。

答案：A

(2010 下半年，上午) 试题（48）

在质量审计时，审计小组发现：一批计算机数量为 50 台的进货合同，在检验时抽检了其中 8 台计算机，发现 2 台不合格。该检验员把这 2 台抽出，其余 48 台放行，并已发放到施工现场。审计员的下列行为，恰当的是 (48)。

(48) A. 判定检验过程没问题

　　　B. 判定检验过程存在问题，并要求检验员对 50 台电脑全检

　　　C. 判定检验过程存在问题，先下令停止使用其余电脑，并给检验部门下发纠正措施通知单

　　　D. 判定检验过程存在问题，并要求检验员分析原因，下令改进

解析：

- 抽检 8 台，若 0 台不合格，50 台计算机可以全部放行。
- 抽检 8 台，2 台不合格，比例很高，不能放行，需要逐一检验或整批退货。
- 若已发放到施工现场，需先停止使用，然后再采取纠偏措施，如重新逐一检验或整批退货。

答案：C

(2012 下半年，上午) 试题（11）

某软件系统投入运行 10 天，计划运行时间为每早 8 点至晚 6 点。第二天上午发生一次失效，故障恢复用了 1 小时。第 4 天上午发生一次失效，故障恢复用了 4 小时。第 9 天上午发生一次失效，故障恢复用了 1 小时。根据《软件工程产品质量 GB/T 16260—2006》，该软件系统的有效性（或可用性，Availability）为 (11)。

(11) A. 98%　　　　　B. 95%　　　　　C. 80%　　　　　D. 94%

解析：
- 可用性=可用时间/总时间。
- 系统每天运行 10 小时，10 天总运行时间 100 小时。
- 这 10 天中的故障时间为 1+4+1=6 小时，可用时间 94 小时，可用性=94%。

答案： D

(2013 上半年，上午) 试题（10）

某工厂是生产电源的企业，在出厂产品质量控制过程中，使用统计抽样原理检查 10 000 部电源的质量状况。在随机抽取 200 个进行检查后，发现有 5 个电源的外观不合格、4 个电源的接口不合格，其中有 2 个电源同时存在这两种不合格缺陷，其余电源未发现问题。根据统计抽样的基本原理，这批电源的合格率为 (10)。

(10) A. 96.5%　　　　B. 96%　　　　　C. 95.5%　　　　D. 90%

解析：
抽查的 200 个产品有 7 个不合格品，不合格率为 3.5%，合格率为 96.5%。

答案： A

(2013 上半年，上午) 试题（12）

某设备由 10 个元件串联组成，每个元件的失效率为 0.000 1 次/小时，则该系统的平均失效间隔时间为 (12) 小时。

(12) A. 1　　　　　　B. 10　　　　　　C. 100　　　　　D. 1000

解析：
- 关于失效率和 MTBF 请参见本节 2006 下半年上午第 25 题的解析。
- 该系统的失效率 λ=10×0.000 1 次/小时=0.001 次/小时，即系统的平均失效间隔时间 MTBF=1000 小时。

答案： D

(2013 上半年，上午) 试题（60）

某单位新进一批 500 台不同型号的 PC，均由同一设备生产厂家提供，按照质量管理相关规定，以下质检方法中，正确的是 (60)。

(60) A. 对本批次设备进行随机抽检　　B. 针对不同型号进行抽检
　　　C. 对该批次产品每台进行检验　　D. 由于是常规产品，抽检 5 台

解析：
正确的做法是：每个型号都要进行抽样检验。

答案：B

(2018 下半年，上午) 试题 (22)

某企业要建设信息系统平台，要求系统可用性达到 99.99%。系统 A 平均无故障时间 10 000 小时，故障平均维修时间 1 小时；系统 B 平均无故障时间 14 000 小时，故障平均维修时间 1.5 小时。以下说法中，正确的是 (22)。

(22) A. 只有系统 A 符合可用性要求
　　　B. 系统 A 和系统 B 均符合可用性要求
　　　C. 只有系统 B 符合可用性要求
　　　D. 系统 A 和系统 B 都不符合可用性要求

解析：
- 系统 A 可用性 = 10 000/(10 000+1) = 99.99%。
- 系统 B 可用性 = 14 000/(14 000+1.5) = 99.989%。

答案：A

7.3 版本管理

(2009 下半年，上午) 试题 (64)

某个配置项的版本由 1.0 变为 2.0，按照配置版本号规则表明 (64)。

(64) A. 目前配置项处于正式发布状态，配置项版本升级幅度较大
　　　B. 目前配置项处于正式发布状态，配置项版本升级幅度较小
　　　C. 目前配置项处于正在修改状态，配置项版本升级幅度较大
　　　D. 目前配置项处于正在修改状态，配置项版本升级幅度较小

解析：
- 处于"草稿"状态的配置项的版本号格式为：0.YZ。
- 处于"正式发布"状态的配置项的版本号格式为：X.Y。
  - ◆ X 为主版本号，取值范围为 1~9。Y 为次版本号，取值范围为 0~9。
  - ◆ 配置项第一次"正式发布"时，版本号为 1.0。
  - ◆ 如果配置项的版本升级幅度比较小，一般只增大 Y 值，X 值保持不变。
  - ◆ 只有当配置项版本升级幅度比较大时，才允许增大 X 值。
- 处于"正在修改"状态的配置项的版本号格式为：X.YZ。

答案：A

（2010 上半年，上午）试题（64）

某个配置项的版本由 1.11 变为 1.12，按照配置版本号规则表明 (64)。

(64) A．目前配置项处于正在修改状态，配置项版本升级幅度较大
　　 B．目前配置项处于正在修改状态，配置项版本升级幅度较小
　　 C．目前配置项处于正式发布状态，配置项版本升级幅度较小
　　 D．目前配置项处于正式发布状态，配置项版本升级幅度较大

解析：
- 处于"草稿"状态的配置项的版本号格式为：0.YZ。
- 处于"正式发布"状态的配置项的版本号格式为：X.Y。
- 处于"正在修改"状态的配置项的版本号格式为：X.YZ。
  - ◆ 配置项正在修改时，一般只增大 Z 值，X.Y 值保持不变。
  - ◆ 当配置项修改完毕，状态重新成为"正式发布"时，将 Z 值设置为 0，增加 X.Y 值。

答案：B

（2012 上半年，上午）试题（66）

在配置项版本控制过程中，处于正式发布状态的配置项的版本号格式为 (66) (X、Y、Z 均为 1~9 的数字)。

(66) A．0.YZ　　　B．X.Y　　　C．X.Y.Z　　　D．X.YZ

解析：
处于"正式发布"状态的配置项的版本号格式为：X.Y。

答案：B

（2013 上半年，上午）试题（65）

根据配置项版本编号规则，版本编号为 1.72 的配置项应处于 (65) 状态。

(65) A．第一次正式发布　　　　B．修改后重新正式发布
　　 C．正在修改　　　　　　　D．草稿

解析：
- 处于"草稿"状态的配置项的版本号格式为：0.YZ。
- 处于"正式发布"状态的配置项的版本号格式为：X.Y。
- 处于"正在修改"状态的配置项的版本号格式为：X.YZ。

答案：C

(2013 下半年，上午）试题（65）

根据配置版本号规则，某个配置项的版本号是 1.0 表明 (65) 。

(65) A．目前配置项处于第一次"正在修改"状态
B．目前配置项处于第一次"正式发布"状态
C．目前配置项处于"草稿"状态
D．目前配置项处于"不可变更"状态

解析：
- 处于"草稿"状态的配置项的版本号格式为：0.YZ。
- 处于"正式发布"状态的配置项的版本号格式为：X.Y。
  - ◆ X 为主版本号，取值范围为 1~9。
  - ◆ Y 为次版本号，取值范围为 0~9。
  - ◆ 配置项第一次成为"正式"文件时，版本号为 1.0。
- 处于"正在修改"状态的配置项的版本号格式为：X.YZ。

答案：B

(2014 上半年，上午）试题（66）

某软件开发项目的需求规格说明书第一次正式发布，命名为《需求规格说明书 V1.0》，此后经过两次较小的升级，版本号升至 V1.2，此时客户提出一次需求变更，项目组接受了变更，按客户的要求对需求规格说明书进行了较大的改动并通过评审，此时版本号应升级为 (66) 。

(66) A．V1.3   B．V1.5   C．V2.0   D．V3.0

解析：
"通过评审"，意味着处于"正式发布"状态，版本号格式应为：X.Y。"进行了较大的改动"，应增大 X 值。

答案：C

(2014 下半年，上午）试题（64）

某个配置项的版本号是 2.01，按照配置版本号规则表明 (64) 。

(64) A．目前配置项处于"不可变更"状态
B．目前配置项处于"正式发布"状态
C．目前配置项处于"草稿"状态
D．目前配置项处于"正在修改"状态

解析：
配置项版本号的标记规则为 X.YZ。当配置项为草稿状态时，为 0.YZ 格式；当配置项为受控状态时，为 X.Y 格式；当配置项为修改状态时，为 X.YZ，其中 Z 为非 0 值。

答案：D

(2015 上半年，上午) 试题 (63)

软件系统的版本号由 3 部分构成，即主版本号+次版本号+修改号。某个配置项的版本号是 1.0，按照配置版本号规则表明 (63) 。

(63) A．目前配置项处于"不可变更"状态
　　　B．目前配置项处于"正式发布"状态
　　　C．目前配置项处于"草稿"状态
　　　D．目前配置项处于"正在修改"状态

解析：
处于"正式发布"状态的配置项的版本号格式为：X.Y。
答案：B

(2016 上半年，上午) 试题 (63)

某软件项目的《需求规格说明书》第一次正式发布时，版本号为 V1.0，此后，由于发现了几处错误，对该《需求规格说明书》进行了 2 次小的升级，此时版本号应为 (63) 。

(63) A．V1.11　　　B．V1.2　　　C．V2.0　　　D．V2.1

解析：
正式发布状态的版本号为 X.Y。2 次小的修改，Y 增加 2，X 不变。
答案：B

(2016 上半年，上午) 试题 (64)

配置项的状态有三种：草稿、正式发布和正在修改。以下叙述中，不正确的是：(64)。

(64) A．配置项刚建立时状态为"草稿"，通过评审后，状态变为"正式发布"
　　　B．配置项的状态变为"正式发布"后，若需要修改必须依照变更控制流程进行
　　　C．已发布的配置项通过了 CCB 的审批同意更改，此时其状态变为"正在修改"
　　　D．通过了变更控制流程审批的配置项，修改完成后即可发布，其状态再次变为"正式发布"

解析：
D 错，修改完成后要重新通过评审，才能发布。配置项状态变化如下图所示。

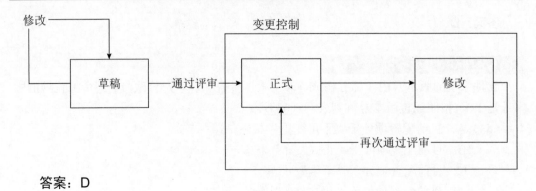

答案：D

7.4 组合管理

（2005 下半年，上午）试题（56）

有关 DIPP 的论述中，__(56)__ 是不正确的。

(56) A. DIPP 值是项目的期望货币值和完工尚需成本之比
　　 B. DIPP 值越低的项目资源利用率越高
　　 C. DIPP 值越高的项目资源利用率越高
　　 D. DIPP 值衡量了企业的资源利用效率

解析：
- DIPP（Devaux's Index of Project Performance）用来描述项目资源利用率。

$$DIPP = \frac{EMV（截至目前的时间为止）}{ETC（估算到完成时的成本）}$$

- EMV 为项目期望货币值（Expected Money Value），风险管理的重要考点。
- ETC 为完工尚需成本估算（Estimate To Complete），成本管理的重要考点。
- DIPP 值越高的项目，意味着资源的利用率越高，越值得优先考虑资源的支持。
- 通俗理解一下 DIPP，就好比现在只有一个灶，一堆水壶要烧，选哪个呢，选 99 度的那壶。项目也一样，组织的资源有限，一堆项目都缺人，优先支持哪个呢，选择投入小（ETC 小）、见效大（EMV 大）的项目。

答案：B

（2007 下半年，上午）试题（50）

在选项 __(50)__ 中，①代表的方法和②代表的方法适应于项目初期的项目选择和优先级排列过程；而③代表的方法是可以用于处在不同阶段的项目之间进行比较的工具。

(50) A. ①DIPP 分析　　②决策表技术　　③财务分析

B. ①决策表技术　　②DIPP 分析　　③财务分析
C. ①决策表技术　　②财务分析　　③DIPP 分析
D. ①财务分析　　　②供方选择　　③决策表技术

解析：

DIPP 分析可以用于处在不同阶段的项目之间进行比较，比如一个刚刚启动的项目和一个已经进行了一半的项目。而决策表技术和财务分析则主要适用于立项时的项目选择和优先级排列过程。

答案：C

(2008 下半年，上午) 试题 (32)

某公司有很多项目机会但没有足够的资源来完成所有的项目，这就需要项目经理领导团队来建立一个筛选和确定项目优先级的方法。在建立项目筛选模型的众多准则中，此时最重要的准则是待开发的系统 (32)。

(32) A. 功能强大　　B. 容易使用　　C. 容易实现　　D. 成本低廉

解析：

项目多但是资源不够，此时应考虑平衡风险（交付能力）和收益，容易实现或消耗资源少成为首要考虑指标。

答案：C

(2009 下半年，上午) 试题 (52)

下列各图描述了 DIPP 值随着项目进行时间的变化，其中正确的是 (52)。

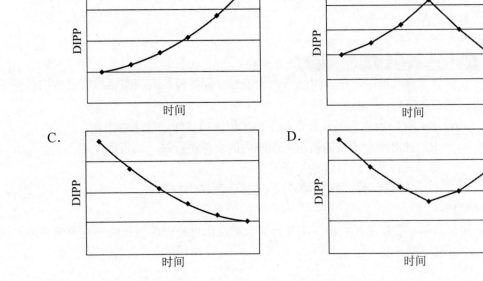

解析：

DIPP=EMV/ETC，同一个项目，随着时间的推进，ETC 将逐渐变小，DIPP 值将不断增加。

答案：A

（2011 下半年，上午）试题（57）

某项目的工期为 40 周，每周可以使用某资源 12 个工时。若该资源用于完成项目所有活动累计为 192 个工时，则此时项目资源使用率为 (57)。

(57) A. 0.2　　　　B. 0.4　　　　C. 0.8　　　　D. 1

解析：

项目资源使用率=192/（40×12）= 0.4。

答案：B

（2012 上半年，上午）试题（51）

多个项目需要同一资源，否则便不能实施。为使延误的项目数最少，应将该资源优先分配给 (51)。

(51) A. 总时差最短的项目　　　　B. 历时最短的项目
　　　C. 计划开始最早的项目　　　D. 计划结束最晚的项目

解析：

总时差短、腾挪余地小的项目优先分配资源，以免延误工期。

注意： 在项目群管理中，子项目可以被视为传统单项目管理中的活动（Activity），即子项目也有最早开始时间、最迟开始时间、总时差、自由时差等参数。

答案：A

（2012 上半年，上午）试题（56）

在项目组合管理中，在组织范围内为项目分配资源。组织级项目管理中的资源平衡过程主要是：(56)。

(56) A. 首先为单个项目做资源平衡，再在项目间进行资源平衡
　　　B. 针对所有项目的需求对组织内的资源进行统一的资源平衡
　　　C. 只在单一项目内进行资源平衡
　　　D. 主要针对资源短缺的项目进行资源优化与平衡

解析：

组织级项目管理应针对所有项目的需求对组织内的资源进行统一的资源平衡，以保证各项目的平衡开展。

答案：B

(2012下半年，上午) 试题 (51)

与组织在进行单项目管理时所采用的项目管理方法不同，多项目管理有其自身的特点。关于多项目管理环境下的资源平衡技术的理解，_(51)_是正确的。

(51) A．多项目管理要求独立考虑单个项目的资源需求，并且考虑多个项目实施期间资源的可获取性

B．在多项目管理发生资源冲突时，需要在多个项目之间合理地调动资源，降低资源冲突程度

C．首先进行单一项目内的资源平衡，再进行多项目间的资源平衡

D．在进行项目选择时，主要考虑单个项目的赢利性、技术可行性资源需求

解析：
- 在进行多项目管理时，要考虑整体的资源需求和可获取性。
- A选项：错在独立二字，多项目管理要考虑整体的资源需求。
- C选项：多项目管理应先对现有项目进行优先级排列，决定资源分配的策略，以确保组织的资源得到最高效率的应用。即先进行多项目间的资源平衡，再进行单一项目内的资源平衡。
- D选项：进行项目组合管理时，考虑项目组合管理的赢利性。

答案：B

(2013上半年，上午) 试题 (54)

公司目前可用的高级程序员有9名，有5个项目即将开始进行。项目A的优先级是9，需要高级程序员5名；项目B的优先级是7，需要高级程序员3名；项目C的优先级是6，需要高级程序员2名；项目D的优先级是5，需要高级程序员2名；项目E的优先级是3，需要高级程序员1名。5个项目总共需要高级程序员13名。作为这5个项目的项目组合的经理，应采用_(54)_策略。

(54) A．根据项目的优先级，满足项目A、项目B的要求，部分满足项目C的需求

B．根据需要高级程序员的人数和项目优先级，满足项目A、项目B、项目E的要求

C．根据项目的优先级，按照比例分配给5个项目人数，然后在各个项目内进行资源的优化与平衡

D．根据项目的优先级和各个项目的进度安排，从总体上考虑5个项目间的资源平衡

解析：
- 有同学问，数大的优先级高还是数小的优先级高？

- 有同学说，题目没交代清楚，没法选先做哪个。
- 回答：其实哪个高都得选 D。

答案：D

（2013 下半年，上午）试题（54）

为避免大型项目中多个项目之间出现资源冲突，较有效的做法是__(54)__。

(54) A. 项目开始实施时制定资源在项目之间的分配原则，统一管理所有的项目和资源
　　 B. 定期检查项目的执行情况，根据项目进展情况和整体绩效重新排列项目的优先顺序，从资源上优先支持进展好的项目
　　 C. 将关键的子项目外包，提高项目整体绩效
　　 D. 项目实施初期投入少量资源，随着项目的进展不断增加相关资源

解析：
- 一个大型项目往往划分成若干子项目，以及子子项目。除了主项目和子项目的关系之外，在相同级别子项目之间，还可能存在相互制约的关系，这种控制关系比较复杂，所以在项目管理中，既要考虑整体项目人力资源配备，又要充分协调各子项目之间人力的合理配置，提高人力资源利用效率。
- 所以，定期检查项目的执行情况，根据项目进展情况和整体绩效重新排列项目的优先顺序，从资源上优先支持进展好的项目，是较有效的做法。
- DIPP（项目资源利用率）就是用来对处在不同阶段的项目之间进行比较，以优先支持资源利用率高的项目。
- A 错，项目开始实施时制定资源在项目之间的分配原则的想法是好的，但不适合大型项目的复杂情况，不够灵活，不能根据项目的进展情况及时调整。
- C 错，关键的子项目不宜外包。

答案：B

（2014 下半年，上午）课题（50）

解决组织中多个项目之间的资源冲突问题，一般不宜采用的方法是__(50)__。

(50) A. 制定资源计划时，每个项目预留尽量多的资源富余量
　　 B. 检查组织内部的资源使用情况，看是否有资源分配不合理的情况
　　 C. 制定资源在项目间分配的原则，重要的项目优先得到资源
　　 D. 将组织中的资源进行统一管理，避免资源浪费和过度使用

解析：
A 错，这会严重降低资源的使用效率。

答案：A

（2015 上半年，上午）试题（50）

项目选择和项目优先级排序是项目组合管理的重要内容，其中 (50) 不属于结构化的项目选择和优先级排序的方法。

(50) A．DIPP 分析　　　　　　B．期望货币值
　　　C．财务分析　　　　　　D．决策表技术

解析：
- 大多数组织在进行项目选择时没有一种结构化的方法，有时甚至只凭高层的直觉。
- 结构化的项目选择和优先级排列方法包括：DIPP 分析、财务分析和决策表技术。
- 期望货币值（EMV）是风险量化分析的工具和技术。

答案： B

（2015 下半年，上午）试题（51）

DIPP 分析法可用于对处在不同阶段的项目进行比较，同时可以表明项目的资源利用情况，DIPP=EMV/ETC。如果有 A、B、C、D 四个项目，项目初期的 DIPP 值分别为：DIPP（A）=0.9、DIPP（B）=1.3、DIPP（C）=0.8、DIPP（D）=1.2，则优先选择的项目为 (51)。

(51) A．项目 A　　B．项目 B　　C．项目 C　　D．项目 D

解析：
DIPP 值越高的项目，意味着资源的利用率越高，越值得优先考虑资源的支持。

答案： B

（2016 上半年，上午）试题（38）

任何组织的能力都是有限的，任何组织的资源也都是有限的。公司在选择项目优先级时经常用到 DIPP 分析法。以下关于 DIPP 的理解中，不正确的是：(38)。

(38) A．DIPP 值越高的项目资源利用率越高
　　　B．DIPP 值衡量了企业的资源利用效率
　　　C．DIPP 值越低的项目资源利用率越高
　　　D．DIPP 值是项目的期望货币值和完工尚需成本之比

解析：
C 错，DIPP 值越高的项目资源利用率越高。

答案： C

7.5 知识产权

（2017 上半年，上午）试题（30）

甲、乙两人分别独立开发相同主题的阀门，但甲完成在先，乙完成在后。依据专利

法规定，(30)。

(30) A. 甲享有专利申请权，乙不享有　　B. 甲不享有专利申请权，乙享有
　　　C. 甲、乙都享有专利申请权　　　　D. 甲、乙都不享有专利申请权

解析：
- 甲、乙都有申请权，先申请的可获得专利权。
- 即使是各自分别独立研发，未获得专利权的一方如果要使用专利技术，仍需向专利权人申请专利许可并支付相应费用。

答案：C

(2017 上半年、上午) 试题 (62)

根据《国家电子政务工程建设项目档案管理暂行办法》的规定，电子政务项目实施机构应在电子政务项目竣工验收后 (62) 个月内，根据建设单位档案管理规定，向建设单位或本机构的档案管理部门移交档案。

(62) A. 6　　　　　B. 1　　　　　C. 2　　　　　D. 3

解析：
《国家电子政务工程建设项目档案管理暂行办法》第十九条：电子政务项目实施机构应在电子政务项目竣工验收后 3 个月内，根据建设单位档案管理规定，向建设单位或本机构的档案管理部门移交档案。

答案：D

(2018 下半年，上午) 试题 (14)

根据著作权法规定，当著作权属于公民时，著作权人署名权的保护期为 (14)。

(14) A. 永久　　　B. 100 年　　　C. 50 年　　　D. 20 年

解析：
- 著作权法第二十条，作者的署名权、修改权、保护作品完整权的保护期不受限制。
- 署名权没有时间限制，即使时光流逝一万年，你也不能把李白的诗篇署成自己的名字。

答案：A

第 8 章　信息技术计算题

8.1　计算机基础

（2005 下半年，上午）试题（23）

131-45=53 在 (23) 进制下成立。

(23) A. 六　　　　B. 七　　　　C. 八　　　　D. 九

解析：
- 在六进制中，131-45=42。
- 在七进制中，131-45=53。
- 在八进制中，131-45=64。
- 在九进制中，131-45=75。
- 在十进制中，131-45=86。

答案：B

（2011 上半年，上午）试题（21）

某公司拟配置存储容量不少于 9TB 的磁盘阵列用于存储数据。假设只能购买每块存储容量为 2TB 的磁盘，以下说法正确的是 (21) 。

(21) A. 如果配置 RAID 5 的磁盘阵列，需要购买 6 块磁盘，在使用过程中当任何一块磁盘出现故障时，数据的完整性不受影响

　　B. 如果配置 RAID 0 的磁盘阵列，需要购买 5 块磁盘，在使用过程中当任何一块磁盘出现故障时，数据的完整性不受影响

　　C. 如果配置 RAID 0+1 的磁盘阵列，需要购买 7 块磁盘，在使用过程中当任何两块磁盘出现故障时，数据的完整性不受影响

　　D. 如果配置 RAID 1+0 的磁盘阵列，需要购买 9 块磁盘，在使用过程中当任何两块磁盘出现故障时，数据的完整性不受影响

解析：
- RAID（Redundant Arrays of Inexpensive Disks，廉价冗余磁盘阵列），将多个类型、容量、接口，甚至品牌一致的廉价硬盘组合成一个磁盘阵列，既提升了数据的安全性，又提高了数据的访问速度。
- RAID 0，多盘并发存取（disk spanning），读写速率是单块磁盘的 N 倍，没有

数据冗余，磁盘利用率是 100%，任何一块磁盘损坏，该盘上数据就会丢失。
- RAID 1，1 比 1 镜像（disk mirroring），磁盘利用率是 50%，任何一块磁盘损坏，系统都可以自动切换到其镜像磁盘。
- RAID 3，$N-1$ 块磁盘存数据，专用一块磁盘存奇偶校验信息（parity check）。
    - 磁盘利用率是 $(N-1)/N$。
    - 任何一块数据盘损坏，插上一块新盘，系统都可以根据剩余的 $N-2$ 块数据盘和奇偶校验盘自动恢复该盘的原有数据。奇偶校验盘损坏，也一样，根据 $N-1$ 块数据盘自动恢复。
    - 由于任何数据的改变都要修改相应的奇偶校验信息，奇偶校验盘成为写入操作的瓶颈（数据盘有 $N-1$ 块且并行工作，奇偶校验盘只有一个）。
- RAID 5，将奇偶校验信息分步到每块盘上，解决了 RAID 3 写入瓶颈问题，每块磁盘上都既存数据也存校验信息。
- A 正确，RAID 5 的磁盘容量=$N-1$ 块磁盘的容量=$(6-1)×2=10GB$。
- B 错，RAID 0 的磁盘利用率是 100%，买 5 块确实够了。但 RAID 0 没有数据冗余，不能容错，任何一块磁盘损坏，该盘上数据就会丢失。
- C 错，D 错，RAID 0+1 和 RAID 1+0 都无法承受任何两块磁盘出现故障，而且都需要购买 9 块磁盘。
- 所谓 RAID 0+1，就是先做 RAID 0 条带，再做 RAID 1 镜像。
    - 优点是：写入速度快，读的速度和 RAID 1+0 一样。
    - 缺点是：一旦一块磁盘坏了，一半的磁盘无法工作；如果 1 个条带上各坏 1 块磁盘（RAID 0+1 只有 2 个条带），则 Game Over；即使只有一块磁盘坏了，就做数据恢复也很慢，因为一半的磁盘要 rebuild。
- 所谓 RAID 1+0，就是先做 RAID 1 镜像，再做 RAID 0 条带。
    - 优点是：数据安全性好，只要不是 1 个条带上的多个磁盘同时坏，就没有问题，还可以继续跑；数据恢复快，因为只需要重建 1 块磁盘。
    - 缺点是：写性能比 RAID 0+1 稍差一点（分割数据及控制存放的代价），二者的读性能是一样的。
- 举个例子就明白了，有 20 块磁盘。
    - 做 RAID 0+1，共 2 个条带做镜像，每个条带 10 块磁盘，如果坏了 1 块磁盘，则只有另外一个完好的条带（10 块磁盘）能照常工作，这边条带里 9 块好的磁盘也要跟坏盘一起休息。
    - 做 RAID 1+0，共 10 个条带，每个条带 2 块磁盘做镜像，如果坏了 1 块磁盘，其他 19 块磁盘还能照常工作。
- 所谓条带（Strip）就是把连续的数据分割成相同大小的数据块，把每段数据分别写入到阵列中的不同磁盘上的方法。条带将多块磁盘驱动器合并为一个卷。

这样就能使多个进程同时访问数据的多个不同部分而不会造成磁盘冲突，而且在需要对这种数据进行顺序访问时可以获得最大程度上的 I/O 并行能力，从而获得非常好的性能。

答案：A

8.2 机房设计

（2008 下半年，上午）试题（16）

根据《电子计算机机房设计规范》，计算机网络机房应选择采用四种接地方式。(16)接地系统是将电源的输出零电位端与地网连接在一起，使其成为稳定的零电位。要求该接地的地线与大地直接相通，其接地电阻要求小于 1Ω。

（16）A．交流工作　　　B．线槽　　　C．直流工作　　　D．防雷

解析：

根据《电子计算机机房设计规范》《建筑物防雷设计规范》《建筑物电子信息系统防雷技术规范》，计算机机房应采用如下四种接地方式：

（1）直流工作接地，电阻不应大于 1Ω。

（2）交流工作接地，电阻不应大于 4Ω。

（3）安全工作接地，电阻不应大于 4Ω。

（4）防雷接地，电阻不应大于 10Ω。

答案：C

（2011 下半年，上午）试题（22）

根据 GB 50174—93 标准要求，电子计算机机房接地装置不满足要求的是 (22)。

（22）A．交流工作接地，接地电阻不大于 4Ω

　　　B．安全保护接地，接地电阻不大于 4Ω

　　　C．直流工作接地，接地电阻不大于 1Ω

　　　D．防雷接地，接地电阻不大于 4Ω

解析：

- 参见本节 2008 下半年上午第 16 题的解析。
- 根据该标准：防雷接地，电阻不应大于 10Ω。

答案：D

（2012 上半年，上午）试题（21）

根据《电子信息系统机房设计规范》，按照工作人员计算新风量，每人为 (21) m³/h，该值与"维持室内正压所需风量"相比较取其最大值作为空调系统的新风量。

(21) A. 20　　　　　B. 30　　　　　C. 40　　　　　D. 50

解析：
根据《电子信息系统机房设计规范》，空调系统的新风量应取下列二项中的最大值：
（1）按工作人员计算，每人 $40m^3/h$。
（2）维持室内正压所需风量。
答案：C

（2012 上半年，上午）试题（22）

机房室外安装的安全防范监控系统设备应采取防雷电保护措施，电源线、信号线应采用屏蔽电缆，避雷装置和电缆屏蔽层应接地，且接地电阻不应大于 (22) 欧姆。

(22) A. 10　　　　　B. 50　　　　　C. 20　　　　　D. 1

解析：
- 参见本节 2008 下半年上午第 16 题的解析。
- 根据该标准：防雷接地，电阻不应大于 10Ω。

答案：A

（2012 下半年，上午）试题（26）

根据《电子信息系统机房设计规范》，下面说法正确的是 (26)。

(26) A. 电子信息系统机房的耐火等级不应低于三级，可以与其他建筑物合用一个防火区
　　　B. 电子信息系统机房应有设备出入口，可以与人员共用同一出入口
　　　C. 面积大于 $300m$ 的主机房，安全出口不应少于两个，且应集中设置
　　　D. 主机房的顶棚、壁板和隔断不能采用可燃有机复合材料

解析：
- 根据该标准：
    ◆ 主机房宜设置单独出入口，当与其他功能用房共用出入口时，应避免人流、物流的交叉。
    ◆ 有人操作区域和无人操作区域宜分开布置。
    ◆ 电子信息系统机房的耐火等级不应低于二级。
    ◆ 当 A 级或 B 级电子信息系统机房位于其他建筑物内时，在主机房和其他部位之间应设置耐火极限不低于 2h 的隔墙，隔墙上的门应采用甲级防火门。
    ◆ 面积大于 $100m^2$ 的主机房，安全出口应不少于两个，且应分散布置。面积不大于 $100m^2$ 的主机房，可设置一个安全出口，并可通过其他相临房间的门进行疏散。门应向疏散方向开启，且应自动关闭，并应保证在任何情况下都能从机房内开启。走廊、楼梯间应畅通，并应有明显的疏散指示标志。

- ◆ 主机房的顶棚、壁板（包括夹芯材料）和隔断应为不燃烧体，且不得采用有机复合材料。
- ● 耐火极限（Fire resistance rating），对任一建筑构件按时间-温度标准曲线进行耐火试验，从受到火的作用时起，到失去支持能力或完整性被破坏或失去隔火作用时为止的这段时间，用小时表示。

答案：D

8.3 综合布线

(2011 上半年，上午）试题（23）

针对以下情况，(23)，能够依据《大楼通信综合布线系统》YD/T 926 进行综合布线。

(23) A. 大楼跨越距离 2500 米，建筑总面积 80 万平方米，区域人员 20 万人
    B. 大楼跨越距离 3500 米，建筑总面积 80 万平方米，区域人员 20 万人
    C. 大楼跨越距离 1500 米，建筑总面积 60 万平方米，区域人员 60 万人
    D. 大楼跨越距离 2500 米，建筑总面积 40 万平方米，区域人员 4 万人

解析：
- ● 《大楼通信综合布线系统》的适用范围是跨越距离不超过 3000m、建筑总面积不超过 100 万平方米的布线区域，区域内的人员为 50 人至 5 万人。
- ● 行业标准代号 YD：邮电，T：推荐标准。

答案：D

(2011 下半年，上午）试题（23）

若一个网络系统中有 270 个信息点，按照 EIA/TIA 586 标准进行结构化布线时，一般需要 RJ45 头的总量是 (23) 个。

(23) A. 1080　　　B. 1107　　　C. 1242　　　D. 1188

解析：
- ● 根据该标准，RJ45 头需求量的计算公式是：$m=n×4×115\%$。
- ● 其中，m 为 RJ45 头的总需求量，n 是信息点数，$n×4×15\%$ 为预留的余量。
- ● 本题 $m=270×4×1.15=1242$。

答案：C

(2013 下半年，上午）试题（22）

某综合布线系统中有 100 个信息点，则该信息系统 RJ45 需求量估值是 (22)。

(22) A. 460　　　B. 230　　　C. 200　　　D. 400

解析：
- 根据 EIA/TIA 586 标准，RJ45 头需求量的计算公式是：$m=n\times4+n\times4\times15\%$。
- 其中，m 为 RJ45 头的总需求量，n 是信息点数，$n\times4\times15\%$ 为预留的余量。
- 本题 $m=100\times4\times1.15=460$ 个。

举一反三 信息模块需求量的计算公式是：$m=n+n\times3\%$（m 为信息模块的总需求量，n 是信息点数，$n\times3\%$ 为富余量）。

答案：A

(2016 上半年，上午) 试题（19）

某楼层共有 60 个信息点，其中信息点的最远距离为 65 米，最近距离为 35 米，则该布线工程大约需要 (19) 米的线缆（布线时线缆的计划长度为实际使用量的 1.1 倍）。

(19) A．4290　　　　B．2310　　　　C．3300　　　　D．6600

解析：
- 每层楼用线量：$C=[0.55\times(L+S)+6]\times n$。
  - ◆ L：本楼层离管理间最远的信息点距离。
  - ◆ S：本楼层离管理间最近的信息点距离。
  - ◆ n：本楼层的信息点总数。
  - ◆ 0.55：备用系数。
- 实际线缆使用量为：$C/1.1=[0.55\times(L+S)+6]\times n/1.1\approx3327$ 米。

答案：C

8.4　网络技术

(2009 上半年，上午) 试题（13）

假设需要把 25 盒磁带数据（每盒磁带数据量 40GB）从甲地转送到乙地，甲、乙相距 1km，可以采用的方法有汽车运输和 TCP/IP 网络传输，网络传输介质可选用双绞线、单模光纤、多模光纤等。通常情况下，采用 (13) 介质，所用时间最短。

(13) A．汽车　　　　B．双绞线　　　　C．多模光纤　　　　D．单模光纤

解析：
- 这是一道非常经典的题目。
- 首先计算一下总数据量=$25\times40GB=1000GB=1TB$。

注意：这里的 B 是 Byte（字节），转换成 bit（比特）就是 8000Gb。

- 汽车时速 60km/h，1 分钟即可送达。

- 单模光纤是最快的网络传输介质，但速度只能达到 10Gb/s，需要 13.3 分钟才能传完，而且世界上根本就没有传输速度能达到 10Gb/s 的磁带机。
- 科普一下，光纤的带宽在理论上是无限的，我们目前的技术只是用了其带宽的九牛一毛而已，所谓的光纤传输速率其实就是终端或局端设备的光收发器所能工作的速率。简言之，设备终端能够提供多高的速率，光纤就能传输多高的速率。

答案：A

（2010 下半年，上午）试题（21）

某公司的办公室分布在同一大楼的两个不同楼层，楼高低于 50 米，需要使用 15 台上网计算机（含服务器），小张为该公司设计了一个星型拓扑的以太网组网方案，通过一个带宽为 100Mb/s 的集线器连接所有计算机，每台计算机配备 100Mb/s 网卡，与集线器通过非屏蔽双绞线连接，该公司技术部门负责人认为该方案不合理，主要是因为__(21)__。

(21) A．15 台计算机同时上网时每台计算机获得的实际网络带宽显著低于 100Mb/s
　　　B．总线型拓扑比星型拓扑更适合小规模以太网
　　　C．计算机与集线器之间的距离超过有关标准规定的最大传输距离
　　　D．集线器应该通过屏蔽双绞线与计算机上的网卡相连

解析：
- 该网络的物理连接是星型拓扑，逻辑连接是总线型拓扑。Hub（集线器）从外型上看是星形，但里面却是一根总线把这些计算机连起来。15 台计算机共享这 100Mb/s 带宽。
- 15 台计算机同时上网时，理论上，每台计算机获得的平均网络带宽为 6.6Mb/s。
- 但实际上，每台计算机获得的平均网络带宽要显著低于 6.6Mb/s。
- 这是因为，以太网（局域网）的访问控制方法是载波侦听多路访问/冲突检测（Carrier Sense Multiple Access/Collision Detect，CSMA/CD），传输通过冲突检测进行，同一网段的计算机越多，冲突也越多，平均传输速率就会越慢。
- 有同学问，如何让每台计算机独享 100Mb/s 带宽呢？
- 把 Hub 换成交换机就行了，此时物理连接和逻辑连接都是星型拓扑了。
- 最后，提醒一下，双绞线的最大传输距离是 100m。

答案：A

（2011 上半年，上午）试题（20）

AP 接入点（Access Point）是用于无线网络的无线 HUB，是无线网络的核心。它是移动计算机用户进入有线以太网骨干的接入点，AP 可以简便地安装在天花板或墙壁上，它在开放空间最大覆盖范围可达__(20)__米，无线传输速率可以高达 11Mbps。

(20) A．3　　　　　B．30　　　　　C．300　　　　　D．3000

解析：

根据 IEEE 802.11b 和 IEEE 802.11g，AP 的覆盖范围是：室内 100 米、室外 300 米。

答案：C

(2012 下半年，上午）试题（23）、（24）、（25）

某实验室准备建立一个由 20 台计算机组成的局域网，为节约费用，适宜采用通用的 (23) 技术，采用交换式 HUB 和双绞线进行组网，其网络拓扑结构为 (24)，HUB 与微机工作站之间的最长距离为 (25) 米。

(23) A. 以太网　　　　B. 令牌环网　　　C. 双总线网络　　　D. ATM
(24) A. 总线型　　　　B. 星型　　　　　C. 环型　　　　　　D. 混合型
(25) A. 185　　　　　　B. 580　　　　　　C. 10　　　　　　　D. 100

解析：

- 以太网（IEEE 802.3）是应用最广泛的物理层及数据链路层协议，成本极低。
- 传统的 HUB 的物理连接是星型拓扑，逻辑连接是总线型拓扑。至于交换式 HUB，你可以简单地把它当作交换机。交换机的物理连接和逻辑连接都是星型拓扑。
- 双绞线的最大传输距离是 100 米。

答案：（23）A、（24）B、（25）D

(2013 上半年，上午）试题（20）

在办公楼的某层，有 8 台工作站需要通过一个以太网交换机连接起来，连接电缆为超 5 类非屏蔽双绞线，则任两台工作站之间的距离在理论上最多不能超过 (20) 米。

(20) A. 200　　　　B. 100　　　　C. 50　　　　D. 25

解析：

双绞线的最大传输距离是 100m，两台工作站用交换机连接，二者之间的最大距离就是 200m 了。

答案：A

(2014 下半年，上午）试题（20）、（21）

当千兆以太网使用 UTP 作为传输介质时，限制单根电缆的长度不超过 (20) 米，其原因是千兆以太网 (21)。

(20) A. 100　　　　　　B. 500　　　　　　C. 1000　　　　　　D. 2000
(21) A. 信号衰减严重　　　　　　　　　B. 编码方式限制
　　　C. 与百兆以太网兼容　　　　　　　D. 采用了 CSMA/CD

解析:

1000BaseT 使用 5 类 UTP 作为传输介质时,单根 UTP 的长度不超过 100 米。这是因为,以太网(局域网)的访问控制方法是载波侦听多路访问/冲突检测(Carrier Sense Multiple Access/Collision Detect,CSMA/CD),传输通过冲突检测进行,网线越长,延迟失真和衰减就越严重。

点评: 其实,现在的千兆网络都是全双工模式,根本不会使用半双工,也就不使用冲突检测了。

答案: (20) A、(21) D

(2017 上半年,上午)试题(24)

在无线通信领域,现在主流应用的是第四代(4G)通信技术,其理论下载速率可达到 (24) Mbps(兆比特每秒)。

(24) A. 2.6　　　　B. 4　　　　C. 20　　　　D. 100

解析:

- 3G 的理论下载速度是 2.6Mbps。
- 4G 的理论下载速度是 100Mbps。
- 5G 的理论下载速度是 20Gbps。

答案: D

(2017 下半年,上午)试题(24)

在无线通信领域,现在主流应用的是第四代(4G)通信技术,5G 正在研发中,理论速度可达到 (24)。

(24) A. 50Mbps　　　B. 100Mbps　　　C. 50Mbps　　　D. 1Gbps

解析:

- 3G 的理论下载速度是 2.6Mbps。
- 4G 的理论下载速度是 100Mbps。
- 5G 的理论下载速度是 20Gbps。

答案: D

(2019 下半年,上午)试题(13)

理论上,IPv6 的地址数量是 (13)。

(13) A. 2 的 32 次方　　　　　B. 2 的 64 次方
　　　C. 2 的 96 次方　　　　　D. 2 的 128 次方

解析：

IPv6 的地址长度为 128 位，是 IPv4 地址长度的 4 倍。IPv6 的地址数量是 2 的 128 次方。

答案：D

8.5 软件测试

(2010 上半年，上午) 试题 (8)

在软件测试中，假定 X 为整数，$10 \leq X \leq 100$，用边界值分析法，那么 X 在测试中应该取 __(8)__ 边界值。

(8) A. $X=9$，$X=10$，$X=100$，$X=101$　　B. $X=10$，$X=100$
　　C. $X=9$，$X=11$，$X=99$，$X=101$　　　D. $X=9$，$X=10$，$X=50$，$X=100$

解析：

边界值分析法是一种黑盒测试用例设计方法，针对每一边界，取一刚好超出边界的值，再取一个刚好在边界内的值。比如，$10 \leq X$（X 为整数），即应取值 9 和 10。

答案：A

(2012 下半年，上午) 试题 (5)

边界值分析是一种常用的黑盒测试法。某程序循环体最少执行 0 次，最多执行 99 次，采用边界值分析法，宜选择 __(5)__ 作为测试用例。

(5) A. 循环 0 次、循环 1 次、循环 99 次、循环 100 次
　　B. 循环 0 次、循环 100 次、循环 49 次、循环 50 次
　　C. 循环 1 次、循环 99 次、循环 49 次、循环 50 次
　　D. 循环 0 次、循环 100 次

解析：

- 边界值分析法是一种黑盒测试用例设计方法，作为对等价类划分法的补充，其测试用例来自等价类的边界。
- 使用边界值分析方法设计测试用例，首先应确定边界情况。通常输入和输出等价类的边界，就是应着重测试的边界情况。
- 针对每一边界，取一刚好超出边界的值，再取一个刚好在边界内的值。而不是选取等价类中的典型值或任意值作为测试数据。

答案：A

8.6 加密算法

（2005 上半年，上午）试题（12）

3DES 在 DES 的基础上，使用两个 56 位的密钥 K1 和 K2，发送方用 K1 加密，K2 解密，再用 K1 加密。接受方用 K1 解密，K2 加密，再用 K1 解密，这相当于使用__(12)__倍于 DES 的密钥长度的加密效果。

（12）A. 1　　　　　B. 2　　　　　C. 3　　　　　D. 6

解析：

- DES（Data Encryption Standard，数据加密标准），是一种对称加密算法（加密和解密用同一个密钥），由 IBM 公司研制，美国国家标准局于 1977 年把它作为非机要部门使用的数据加密标准，是使用最广泛的密钥算法。
- DES 以 64 位分组对数据加密，它的密钥长度是 56 位（每个第 8 位都用作奇偶校验），密钥长度在当时看足够了，但计算机技术的发展速度是超乎想象的，DES 的加密强度已日渐不堪暴力破解，因此 3DES 和 IDEA 应运而生。
- 有同学说，既然是 3DES，那么密钥强度应该是 3 倍。
- 显然错了，3DES 是搞 3 轮的意思，密钥长度相当于 K1+K2=112 位。
- 有同学问，如果用同一个 56 位的密钥反复加密 3 轮，密钥长度仍然是 56 位吗？
- 是的，回忆一下 DES 的加密原理就明白了。
  - ◆ DES 共有 16 轮循环（但密钥长度仍为 56 位）。
  - ◆ 每轮循环的内容是：将 64 位文本块分成两半，使用子密钥对其中一半加密，然后将输出与另一半进行"异或"运算；接着交换这两半（最后一轮循环不交换）。

答案：B

（2005 上半年，上午）试题（64）、（65）

关于 Kerberos 和 PKI 两种认证协议的叙述中正确的是__(64)__。在使用 Kerberos 认证时，首先向密钥分发中心发送初始票据__(65)__来请求会话票据，以便获取服务器提供的服务。

（64）A. Kerberos 和 PKI 都是对称密钥
　　　B. Kerberos 和 PKI 都是非对称密钥
　　　C. Kerberos 是对称密钥，而 PKI 是非对称密钥
　　　D. Kerberos 是非对称密钥，而 PKI 是对称密钥

（65）A. RSA　　　　B. TGT　　　　C. DES　　　　D. LSA

解析：
- Kerberos 原意为希腊神话中的"三头狗——地狱之门守护者"。
- Kerberos 协议是一种网络认证协议，其设计目标是通过密钥系统为客户机/服务器应用程序提供强大的认证服务。该认证过程的实现不依赖于主机操作系统的认证，无需基于主机地址的信任，不要求网络上所有主机的物理安全，并假定网络上传送的数据包可以被任意地读取、修改和插入数据。
- Kerberos 作为一种可信任的第三方认证服务，是通过传统的对称密钥技术来执行认证服务的。
- 在使用 Kerberos 认证时，客户机首先向密钥分发中心发送初始票据 TGT 来请求会话票据，以便获取服务器提供的服务。
- TGT（Ticket Granting Ticket），用户向密钥分发中心证明自己身份的初始票据。
- 打个比方，在去政府机关办事时，我们通常需要到传达室登记，并出示身份证来换领一个临时出入证，会话票据就好比政府机关的临时出入证，TGT 就好比身份证。
- PKI（Public Key Infrastructure，公钥基础设施），用来发布管理公钥。公钥被封装在 PKI 的证书中，用户可以通过证书来获取数字签名中的公钥。

答案：（64）C、（65）B

(2005下半年，上午）试题（9）、（10）

为了保障数据的存储和传输安全，需要对一些重要数据进行加密。由于对称密码算法 (9) ，所以特别适合对大量的数据进行加密。国际数据加密算法 IDEA 的密钥长度是 (10) 位。

(9) A. 比非对称密码算法更安全　　B. 比非对称密码算法密钥长度更长
　　C. 比非对称密码算法效率更高　　D. 还能同时用于身份认证

(10) A. 56　　B. 64　　C. 128　　D. 256

解析：
- 相对于对称密钥算法，非对称密钥算法在各方面都占优势，除了加/解密效率较低之外。
- 和 3DES 一样，IDEA（International Data Encryption Algorithm）也是为了解决 DES 密钥长度太短的问题而发明的，它的密钥长度为 128 位。

答案：（9）C、（10）C

(2005下半年，上午）试题（59）

下图是发送者利用不对称加密算法向接收者传送消息的过程，图中 K1 是 (59) 。

(59) A. 接收者的公钥　　　　　　B. 接收者的私钥
　　 C. 发送者的公钥　　　　　　D. 发送者的私钥

解析：
- 在非对称密钥算法里，密钥是成对出现的，其中的一个向外界公开，称为公钥（Public Key）；另一个自己保留，称为私钥（Private Key）。
- K1 是接收者的公钥，K2 是接收者的私钥。即使密文在传输过程中被黑客截获，由于他没有接收者的私钥，也没法破译成明文。

举一反三 如果某名人要在互联网上发表一封公开信或公开声明，该怎么加密呢？

回答： 应该用"该名人的私钥"加密，然后社会公众用"该名人的公钥"进行解密。这份公开声明是不可伪造的，同时也是不可抵赖的，因为别人没有"该名人的私钥"。

答案：A

（2006 下半年，上午）试题（21）

CA 安全认证中心可以 (21)。

(21) A. 用于在电子商务交易中实现身份认证
　　 B. 完成数据加密，保护内部关键信息
　　 C. 支持在线销售和在线谈判，认证用户的订单
　　 D. 提供用户接入线路，保证线路的安全性

解析：
- CA（Certificate Authorities）安全认证中心是发放、管理、废除数字证书的机构，并作为受信任的第三方（Trusted Third Party），承担 PKI 体系中公钥合法性检验的责任。
- 在数据安全和电子商务中，CA 非常重要，因为它们确保信息交换各方的身份。
- 比如，上一题，社会公众如何得到"该名人的公钥"呢？
- 回答：可从 CA 安全认证中心获得。

答案：A

（2006 下半年，上午）试题（24）

RSA 是一种公开密钥算法，所谓公开密钥是指 (24)。

(24) A. 加密密钥是公开的　　　　　　B. 解密密钥是公开的
　　　C. 加密密钥和解密密钥都是公开的　D. 加密密钥和解密密钥都是相同的

解析：

公开密钥算法即非对称密钥算法，所谓公开密钥是指加密密钥是公开的，即公钥是公开的。

提醒： 非对称密钥算法其实并不区分加密密钥和解密密钥，每个密钥都可以用来加密和解密。

答案：A

(2007下半年，上午) 试题 (25)

"消息"是我们所关心的实际数据，经常也称为"明文"，用"M"表示。经过加密的消息是"密文"，用"C"表示。如果用 C=E（M）表示加密，M=D（C）表示解密。那么从数学角度讲，加密只是一种从 M (25) 的函数变换，解密正好是对加密的反函数变换。

(25) A. 公钥到私钥　　　　B. 变量域到 C 函数域
　　　C. 定义域到 C 函数域　D. 定义域到 C 值域

解析：

这道题很难，难点在于必须回忆定义域、C 值域、变量域、函数域这些基础数学专用术语的含义。

答案：D

(2008上半年，上午) 试题 (22)

在 (22) 中，①用于防止信息抵赖；②用于防止信息被窃取；③用于防止信息被篡改；④用于防止信息被假冒。

(22) A. ①加密技术、②数字签名、③完整性技术、④认证技术
　　　B. ①完整性技术、②认证技术、③加密技术、④数字签名
　　　C. ①数字签名、②完整性技术、③认证技术、④加密技术
　　　D. ①数字签名、②加密技术、③完整性技术、④认证技术

解析：

- 数字签名是非对称密钥加密技术与数字摘要（HASH）技术的综合应用，可用于防止信息抵赖。
- 加密技术用于防止信息被窃取，包括各种对称密钥、非对称密钥算法。
- 完整性技术用于防止信息被篡改，常见的数字摘要（HASH）算法有 MD5、SHA。
- 认证技术用于防止信息被假冒，通常是 PKI/CA 证书体系。

答案：D

(2008 下半年，上午) 试题 (5)

关于 RSA 算法的叙述不正确的是 (5)。

(5) A．RSA 算法是一种对称加密算法

B．RSA 算法的运算速度比 DES 慢

C．RSA 算法可用于某种数字签名方案

D．RSA 的安全性主要基于素因子分解的难度

解析：

RSA 是最著名的非对称密钥算法。

答案：A

(2009 下半年，上午) 试题 (18)

在 X.509 标准中，数字证书一般不包含 (18)。

(18) A．版本号　　B．序列号　　C．有效期　　D．私钥

解析：

数字证书不会包含私钥，但会包含持有者的公钥和身份信息。不只 X.509 标准，其他标准也一样。X.509 证书格式如下图所示。

版本号
证书序列号
签名算法标识符
颁发者的名称
有效期（不早于/不晚于）
主体名称
主体公钥信息
颁发者唯一标识符（可选）
主体唯一标识符（可选）
扩展项（可选）
颁发者的签名

答案：D

(2010 上半年，上午) 试题 (15)

一个密码系统，通常简称为密码体制。可由五元组（M、C、K、E、D）构成密码体制模型，以下有关叙述中，(15) 是不正确的。

(15) A．M 代表明文空间；C 代表密文空间；K 代表密钥空间；E 代表加密算法；D 代表解密算法

B. 密钥空间是全体密钥的集合，每一个密钥 K 均由加密密钥 K_e 和解密密钥 K_d 组成，即有 K=<K_e, K_d>

C. 加密算法是一簇由 M 到 C 的加密变换，即有 C=（M, K_d）

D. 解密算法是一簇由 C 到 M 的加密变换，即有 M=（C, K_d）

解析：

C 错，加密算法是一簇由 M 到 C 的加密变换，即有 C=（M, K_e）。

答案： C

(2010 下半年，上午) 试题 (17)

通过以安全认证中心获得证书主体的 X.509 数字证书后，可以得知 (17)。

(17) A. 主体的主机序列号　　　　B. 主体的公钥

　　　C. 主体的属性证书　　　　　D. 主体对该证书的数字签名

解析：

- X.509 数字证书中会包含持有者的公钥和身份信息。
- 参见本章 2009 年下半年上午第 18 题的解析。

答案： B

(2012 上半年，上午) 试题 (15)

下面有关加密技术的叙述中，(15) 是错误的。

(15) A. IDEA 是一种对称加密算法

　　　B. 公钥加密技术和单向陷门函数密不可分

　　　C. IKE 是一种消息摘要算法

　　　D. 公钥加密的一个重要应用是数字签名

解析：

- A、B、D 都是正确的。
  - ◆ 单向陷门函数是有一个陷门的一类特殊单向函数。
  - ◆ 它首先是一个单向函数，在一个方向上易于计算而反方向却难于计算。
  - ◆ 但是，如果知道那个秘密陷门，则也能很容易在另一个方向计算这个函数。
  - ◆ 即已知 x，易于计算 $f(x)$，而已知 $f(x)$，却难于计算 x。然而，一旦给出 $f(x)$ 和一些秘密信息 y，就很容易计算 x。
  - ◆ 在非对称密钥算法中，计算 $f(x)$ 相当于加密，陷门 y 相当于私有密钥，而利用陷门 y 求 $f(x)$ 中的 x 则相当于解密。
- C 错，IKE（Internet Key Exchange，互联网密钥交换协议）是一种网络协议，用于交换和管理在 VPN 中使用的加密密钥，不是消息摘要算法。

答案： C

(2012 下半年,上午)试题(15)

甲向乙发送其数据签名,要验证该签名,乙可使用 (15) 对该签名进行解密。

(15) A. 甲的私钥　　　　　　　　B. 甲的公钥
　　　C. 乙的私钥　　　　　　　　D. 乙的公钥

解析:
- 数字签名技术是将摘要信息用发送者的私钥加密,与原文一起传送给接收者。
- 接收者只有用发送者的公钥才能解密被加密的摘要信息,然后用 HASH 函数对收到的原文产生一个摘要信息,与解密的摘要信息对比。
- 如果相同,则说明收到的信息是完整的,在传输过程中没有被修改,否则说明信息被修改过,因此数字签名能够验证信息的完整性。
- 发送者用自己的私钥加密产生的密文具有不可抵赖性,因为别人没有发送者的私钥无法生成这段密文。
- 数字签名是个加密的过程,数字签名验证是个解密的过程。

答案:B

(2012 下半年,上午)试题(16)

假设 A 和 B 之间要进行加密通信,则正确的非对称加密流程是 (16)。

① A 和 B 都要产生一对用于加密和解密的加密密钥和解密密钥
② A 将公钥传送给 B,将私钥自己保存,B 将公钥传送给 A,将私钥自己保存
③ A 发送消息给 B 时,先用 B 的公钥对信息进行加密,再将密文发送给 B
④ B 收到 A 发来的消息时,用自己的私钥解密

(16) A. ①②③④　　B. ①③④②　　C. ③①②④　　D. ②③①④

解析:
①②③④的顺序即是正确的,这是非对称密钥进行加密通信的标准流程。

答案:A

(2013 下半年,上午)试题(16)

(16) 不是对称加密算法的优点。

(16) A. 加/解密速度快　　　　　　B. 密钥管理简单
　　　C. 加密算法复杂,加密强度高　D. 适宜一对一的信息加密传输过程

解析:
相对于非对称密钥算法,对称密钥算法的特点是算法简单、密钥长度短、计算量小、加密速度快、密钥管理简单。

答案:C

第 9 章 运筹学

解答运筹学题目有三个要点：
（1）首先要知道考的是哪类问题，从而选择合适的算法；
（2）尽可能用穷举法和排除法，选择题不追求过程只要结果；
（3）不可恋战，考试时间有限，运筹学题目再复杂也只有 1 分。

9.1 线性代数

(2005 下半年，上午）试题（22）

假设市场上某种商品有两种品牌 A 和 B，当前的市场占有率各为 50%。根据历史经验估计，这种商品当月与下月市场占有率的变化可用转移矩阵 P 来描述：

$$P = \begin{pmatrix} p(A \to A) & p(A \to B) \\ p(B \to A) & p(B \to B) \end{pmatrix} = \begin{pmatrix} 0.8 & 0.2 \\ 0.4 & 0.6 \end{pmatrix}$$

其中，P（A→B）是 A 的市场占有份额中转移给 B 的概率，以此类推。这样。2 个月后的这种商品的市场占有率变化为 __(22)__ 。

(22) A．A 的份额增加了 10%，B 的份额减少了 10%
　　 B．A 的份额减少了 10%，B 的份额增加了 10%
　　 C．A 的份额增加了 14%，B 的份额减少了 14%
　　 D．A 的份额减少了 14%，B 的份额增加了 14%

解析：

- 看到这道题，你是否回想起上大学时的线性代数？
- 市场占有率变化的计算过程如下。

$$[0.5, 0.5] \times \begin{bmatrix} 0.8 & 0.2 \\ 0.4 & 0.6 \end{bmatrix}^2$$

$$= [0.6, 0.4] \times \begin{bmatrix} 0.8 & 0.2 \\ 0.4 & 0.6 \end{bmatrix}$$

$$= [0.64, 0.36]$$

- 有同学说我是学文科的，看不懂行列式，这些数到底是怎么算出来的？
- 其实很简单，行和列相乘然后累加即可，比如：

- ◆ A 在 1 个月后的市场占有率=0.5×0.8+0.5×0.4=0.6。
- ◆ B 在 1 个月后的市场占有率=0.5×0.2+0.5×0.6=0.4。
- ◆ A 在 2 个月后的市场占有率=0.6×0.8+0.4×0.4=0.64。
- ◆ B 在 2 个月后的市场占有率=0.6×0.2+0.4×0.6=0.36。

答案：C

9.2 离散数学

9.2.1 最大流量问题

(2006 下半年，上午) 试题（63）

下图标出了某地区的运输网。

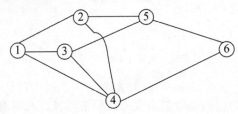

各节点之间的运输能力如下表。

（单位：万吨/小时）

	①	②	③	④	⑤	⑥
①		6	10	10		
②	6			4	7	
③	10			1	14	
④	10	4	1			5
⑤		7	14			21
⑥				5	21	

从节点①到节点⑥的最大运输能力（流量）可以达到 (63) 万吨/小时。

(63) A．26　　　　B．23　　　　C．22　　　　D．21

解析：

- ● 这道题考的是最大流量问题。
- ● 首先把运输能力数据标在图上（注意：节点之间的双向运输能力都是相同的，所以省略了箭头，这是最简单的流量问题）。

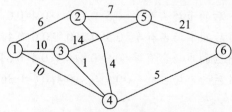

- 接下来寻找从节点①到节点⑥的运输能力最大的那条路径（注意：每条路径上的最大流量应是其各段流量的最小值），路径①③⑤⑥运输能力最大，为10万吨/小时。
- 将总运输能力暂时记为10万吨/小时，然后将路径①③⑤⑥上各段线路上的流量扣除10万吨/小时，剩余流量为0的线段则将其删除（比如①→③）。此时的运输网变成了下图。

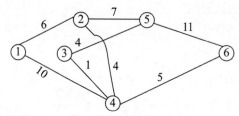

- 继续寻找从①到⑥的运输能力最大的那条路径，此时路径①②⑤⑥的运输能力最大，为6万吨/小时。
- 将总运输能力暂时记为10+6=16万吨/小时，然后将路径①②⑤⑥上各段线路上的流量扣除6万吨/小时，剩余流量为0的线段则将其删除。此时的运输网变成了下图。

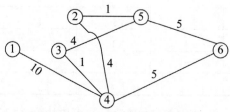

- 重复以上步骤，直至①和⑥之间再无通路。
- 此时，总运输能力暂时记为10+6+5+1+1=23万吨/小时，过程如下：
  ◆ 路径①③⑤⑥的最大流量为10万吨/小时；
  ◆ 路径①②⑤⑥的剩余最大流量为6万吨/小时；
  ◆ 路径①④⑥的剩余最大流量为5万吨/小时；
  ◆ 路径①④③⑤⑥的剩余最大流量为1万吨/小时；
  ◆ 路径①④②⑤⑥的剩余最大流量为1万吨/小时。
- 有同学问，如果不是每次都先找最大流量路径，是否也能得出23万吨/小时。

- 理论上可以证明,不管每次先找流量最大的,还是流量最小的,或是流量居中的路径,都能得出正确答案,总的最大流量值23万吨是唯一确定的。

答案: B

(2017 上半年,上午)试题(67)

下图标出了某产品从产地 V_s 到销地 V_t 的运输网,箭线上的数字表示这条运输线的最大通过能力(流量)(单位:万吨/小时)。产品经过该运输网从 V_s 到 V_t 的最大运输能力可以达到 (67) 万吨/小时。

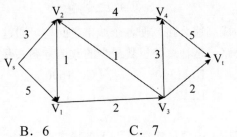

(67) A. 5　　　　　B. 6　　　　　C. 7　　　　　D. 8

解析:

- 先将 V_s 到 V_t 之间运输能力最大的那条路径 $V_sV_2V_4V_t$ 去掉,将最大运输能力暂记为3,此时的运输网变成下图。

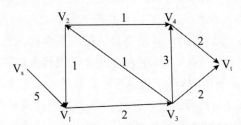

- 再将新图 V_s 到 V_t 之间运输能力最大的那条路径 $V_sV_1V_3V_t$ 去掉,总运输能力暂记为3+2=5,此时的运输网变成下图。

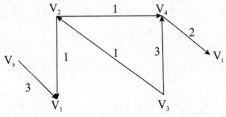

- 此时,图中已无从 V_s 到 V_t 的路径,即 V_s 到 V_t 的最大运输能力为5万吨/小时。

答案: A

9.2.2 最小生成树问题

(2008 上半年，上午) 试题 (66)、(67)

下图标明了六个城市（A~F）之间的公路（每条公路旁标注了其长度公里数）。

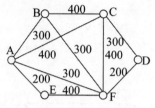

为将部分公路改造成高速公路，使各个城市之间均可通过高速公路通达，至少要改造总计 (66) 公里的公路，这种总公里数最少的改造方案共有 (67) 个。

(66) A. 1000　　　　B. 1300　　　　C. 1600　　　　D. 2000
(67) A. 1　　　　　 B. 2　　　　　 C. 3　　　　　 D. 4

解析：

- 这是一个典型的无向连通图的最小生成树问题（Minimum Spanning Tree）。
- 算法如下：
  - ◆ 任取一点，例如 A，将其纳入已完成部分。点 A 与其他各点中的最小距离为 AE=200，从而将边 AE 以及点 E 纳入已完成部分。
  - ◆ 点 A、E 与其他各点 B、C、D、F 两个集合之间的最短距离为 AB=AF=300，任选其一，例如 AB，从而将边 AB 与点 B 纳入已完成部分。
  - ◆ 点 A、B、E 与点 C、D、F 两个集合之间的最短距离为 AF=BF=300，任选其一，比如 AF，从而将边 AF 与点 F 纳入已完成部分。
  - ◆ 点 A、B、E、F 与点 C、D 两个集合之间的最短距离为 FD=200，从而将边 FD 与点 D 纳入已完成部分。
  - ◆ 点 A、B、E、F、D 与点 C 两个集合之间的最短距离为 DC=300，从而将边 DC 与点 C 纳入已完成部分。
  - ◆ 此时，所有 6 个点都已经接通，其边为 AE、AB、AF、FD、DC，总长度为 1300 公里，如下图所示。

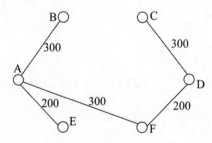

- 最优方案共有三个，即 AB、AF、BF 这个等边三角形任选 2 条边，剩下的两个备选方案如下。

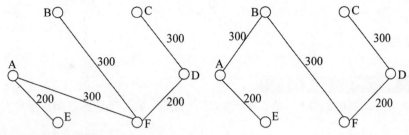

答案：(66) B、(67) C

(2014下半年，上午) 试题 (68)

煤气公司想要在某地区高层住宅楼之间铺设煤气管道并与主管道相连，位置如下图所示，节点代表各住宅楼和主管道位置，线上数字代表两节点间距离（单位：百米）。则煤气公司铺设的管道总长最短为 (68) 米。

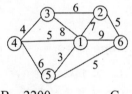

(68) A．1800　　　　　B．2200　　　　　C．2000　　　　　D．2100

解析：
- 这是一个典型的无向连通图的最小生成树问题（Minimum Spanning Tree）。
- 算法如下：
  ◆ 任取一点，例如①，将其纳入已完成部分。点①与其他各点中的最小距离为①⑤=3，从而将边①⑤以及点⑤纳入已完成部分。
  ◆ 点①、⑤与其他各点②、③、④、⑥两个集合之间的最短距离为①④=⑤⑥=5，任选其一，比如①④，从而将边①④与点④纳入已完成部分。
  ◆ 点①、④、⑤与点②、③、⑥两个集合之间的最短距离为③④=4，从而将边③④与点③纳入已完成部分。
  ◆ 点①、③、④、⑤与点②、⑥两个集合之间的最短距离为⑤⑥=5，从而将边⑤⑥与点⑥纳入已完成部分。
  ◆ 点①、③、④、⑤、⑥与点②两个集合之间的最短距离为②⑥=5，从而将边②⑥与点②纳入已完成部分。
  ◆ 此时，所有 6 个点都已经接通，其边为①⑤、①④、③④、⑤⑥、②⑥，总长度为 22（百米），如下图所示。

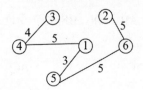

答案：B

(2016 上半年，上午) 试题 (70)

从任一节点走到相连的下一节点算一步，在下图中，从 A 节点到 B 节点至少需 (70) 步。

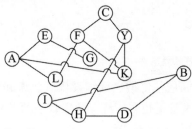

(70) A. 4　　　　　B. 5　　　　　C. 7　　　　　D. 6

解析：

- 这是一个连通图问题。
  ◆ 第一步，将直接与 A 相连的节点 E、L、K 标记出来；
  ◆ 第二步，找出与 E、L、K 相连的新节点：F、G、Y；
  ◆ 第三步，找出与 F、G、Y 相连的新节点：C、H；
  ◆ 第四步，找出与 C、H 相连的新节点：D、I；
  ◆ 第五步，找出与 D、I 相连的新节点：B。

答案： B

(2019 上半年，上午) 试题 (68)

有 8 口海上油井，相互间距离如下表所示（单位：海里）。其中 1 号井离海岸最短距离为 5 海里，先要从海岸经 1 号井铺设油管将各井连接起来，则铺设输油管道的最短距离为 (68) 海里。

	1	2	3	4	5	6	7	8
1	0	1.3	2.1	0.9	0.7	1.8	2.0	1.5
2		0	0.9	1.8	1.2	2.6	2.3	1.1
3			0	2.6	1.7	2.5	1.9	1.0
4				0	0.7	1.6	1.5	0.9
5					0	0.9	1.1	0.8
6						0	0.6	1.0
7							0	0.5
8								0

(68) A. 9.1   B. 9.2   C. 10.1   D. 10.2

解析：
- 这是一个典型的无向连通图的最小生成树问题。
- 算法如下：
  ◆ 1号井与其他井的最小距离为 1-5=0.7，将边 1-5 以及 5 号井纳入已完成部分。
  ◆ {1，5}与其他井这两个集合之间的最短距离为 5-4=0.7，将边 5-4 以及 4 号井纳入已完成部分。
  ◆ {1，4，5}与其他井这两个集合之间的最短距离为 5-8=0.8，将边 5-8 以及 8 号井纳入已完成部分。
  ◆ {1，4，5，8}与{2，3，6，7}这两个集合之间的最短距离为 8-7=0.5，将边 8-7 以及 7 号井纳入已完成部分。
  ◆ {1，4，5，7，8}与{2，3，6}这两个集合之间的最短距离为 7-6=0.6，将边 7-6 以及 6 号井纳入已完成部分。
  ◆ {1，4，5，6，7，8}与{2，3}这两个集合之间的最短距离为 8-3=1.0，将边 8-3 以及 3 号井纳入已完成部分。
  ◆ {1，3，4，5，6，7，8}与 2 号井之间的最短距离为 3-2=0.9，将边 3-2 以及 2 号井纳入已完成部分。
- 此时，所有 8 口油井都已经连通，输油管路的总长度为 10.2 海里，如下图所示。

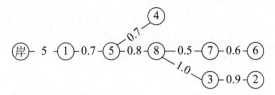

答案：D

（2019下半年，上午）试题（68）

下图为某地区的通信线路图，图中的节点为 8 个城市，节点间标识的数字为城市间铺设通信线路的长度（单位：千米），为保持 8 个城市的通信连接，则至少铺设（68）千米的线路。

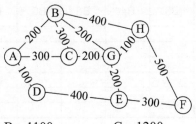

(68) A. 1000   B. 1100   C. 1200   D. 1300

解析：
- 这是一个典型的无向连通图的最小生成树问题（Minimum Spanning Tree）。
- 算法如下：
  - 任取 1 点，比如 A，A 与其他节点的最小距离为 AD=100，将边 AD 以及节点 D 纳入已完成部分。
  - {A, D} 与其他节点这两个集合之间的最短距离为 AB=200，将边 AB 以及节点 B 纳入已完成部分。
  - {A, B, D} 与其他节点这两个集合之间的最短距离为 BG=200，将边 BG 以及节点 G 纳入已完成部分。
  - {A, B, D, G} 与 {C, E, F, H} 这两个集合之间的最短距离为 GH=100，将边 GH 以及节点 H 纳入已完成部分。
  - {A, B, D, G, H} 与 {C, E, F} 这两个集合之间的最短距离为 GC=GE=200，任取一条边，比如 GC，将边 GC 以及节点 C 纳入已完成部分。
  - {A, B, C, D, G, H} 与 {E, F} 这两个集合之间的最短距离为 GE=200，将边 GE 以及节点 E 纳入已完成部分。
  - {A, B, C, D, E, G, H} 与节点 F 之间的最短距离为 EF=300，将边 EF 以及节点 F 纳入已完成部分。
- 此时，所有 8 个城市都已经连通，通信线路的总长度为 1300 千米，如下图所示。

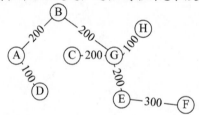

答案：D

9.2.3 排课表问题

（2008 上半年，上午）试题（68）

某学院 10 名博士生（B1-B10）选修 6 门课程（A-F）的情况如下表（用√表示选修）。

课程\博士生	B1	B2	B3	B4	B5	B6	B7	B8	B9	B10
A	√	√	√		√				√	√
B	√			√				√	√	
C		√				√	√	√		√
D	√					√		√		
E				√		√	√			
F			√	√				√	√	√

现需要安排这 6 门课程的考试，要求是：

（1）每天上、下午各安排一门课程考试，计划连续 3 天考完；

（2）每个博士生每天只能参加一门课程考试，在这 3 天内考完全部选修课；

（3）在遵循上述要求的基础上，各课程的考试时间应尽量按字母升序做先后顺序安排（字母升序意味着课程难度逐步增加）。

为此，各门课程考试的安排顺序应是 (68)。

(68) A．AE，BD，CF　　　　　B．AC，BF，DE
　　 C．AF，BC，DE　　　　　D．AE，BC，DF

解析：

- 这道题考的是排课表问题（Time-table Problem）。
- 这道题最简单的解法就是把四个选项逐一检查一遍，看是否符合规则。
  ◆ 例如 A 选项的 BD 将导致博士生 B1 在一天参加两门考试，不能选。
  ◆ 例如 B 选项的 AC 将导致博士生 B2 在一天参加两门考试，不能选。
  ◆ 例如 C 选项的 AF 将导致博士生 B3 在一天参加两门考试，不能选。
- 图示建模法也是一种常用的解法，具体如下：
  ◆ 将 6 门课程作为 6 个节点。
  ◆ 如果两门课程不可以在同一天安排考试，就在它们之间画一条连线。
  ◆ 一个博士生选修的各门课程之间都应画出连线，例如，博士生 B1 选修了 A、B、D 三门课程，则 A、B、D 之间都应有连线，表示这三门课中的任何两门都不能安排在同一天。据此画图如下。

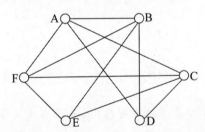

  ◆ 从上图可知，能够安排在同一天考试的课程选择（节点之间没有连线）是：AE、BC、DE、DF。
  ◆ 因为 A 和 B 都只出现了一次，所以，课程 A 必须与课程 E 安排在同一天，课程 B 必须与课程 C 安排在同一天。
  ◆ 接下来，课程 D 只能与课程 F 安排在同一天了。

答案：D

（2014 上半年，上午）试题（67）

有八种物品 A、B、C、D、E、F、G、H 要装箱运输，虽然量不大，仅装 1 箱也装不满,但出于安全考虑,有些物品不能同装一箱。在下表中,符号×表示相应的两种物品不能同装一箱。运输这八种物品至少需要装 (67) 箱。

	A	B	C	D	E	F	G	H
A								
B								
C	×							
D		×	×					
E				×				
F	×	×			×			
G			×	×	×	×		
H	×	×					×	
	A	B	C	D	E	F	G	H

(67) A. 2　　　　B. 3　　　　C. 4　　　　D. 5

解析:

- 这道题考的是排课表问题。
- 解法一: 类似于 2008 年上半年上午第 68 题的解法,将不能放在一起的物品连线,得出下图。

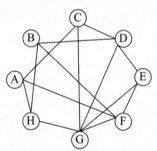

◆ 从图中选取连线最多的节点 G(共 5 条连线),将其放入第一箱,图中与 G 之间没有连线的节点为 A、B(能够与 G 放在一起的物品),且 AB 之间没有连线,于是第一箱为 ABG。

◆ 将 ABG 去除后,形成新图,如下所示。

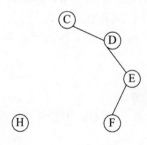

- 新图有二种组合：
    - （1）CEH 一箱，DF 一箱。
    - （2）CE 一箱，DFH 一箱。
- 最终结果：
    - （1）方案一：ABG 一箱，CEH 一箱，DF 一箱。
    - （2）方案二：ABG 一箱，CE 一箱，DFH 一箱。
- 解法二：将能放在一起的物品连线，类似解法一，不再赘述。

答案：B

9.2.4 最短路径问题

（2011 下半年，上午）试题（66）

某公司从甲地向丁地运送物资，运送过程中先后需要经过乙、丙两个中转站，其中乙中转站可以选择乙 1 和乙 2 两个可选地点，丙中转站可以选择丙 1、丙 2 和丙 3 三个可选地点，各相邻两地之间的距离如下表所示（单位：公里），则甲地到丁地之间的最短距离为 (66) 公里。

距离	乙1	乙2	丙1	丙2	丙3	丁
甲	26	30				
乙1			18	28	32	
乙2			30	32	26	
丙1						30
丙2						28
丙3						22

(66) A. 64　　　　B. 74　　　　C. 76　　　　D. 68

解析：
- 这道题考的是两点之间的最短路径问题。
- 将表格转换成网络图，这道题就相当于求网络图的最短路径。

注意：跟关键路径法不同，关键路径法是求网络图的最长路径。

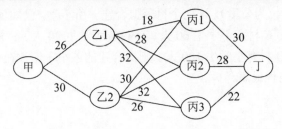

- 如果你仍然不能目测找到最短路径，也可以将上图合并简化（利用 Dijkstra 最短路径算法的思想：最短路径的任意一段都是局部最优的），简化成如下图所示的3层图。

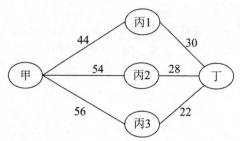

- 显然，网络图的最短路径是：甲→丙1→丁（全路径是甲→乙1→丙1→丁），甲地到丁地之间的最短距离为74公里。
- 有同学说，我最熟悉关键路径法了，能不能用32（原图中的最大数字）减去所有任务的工期，将原图转换为下图，再使用关键路径法来求解？

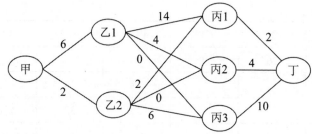

- 对于特定网络图（所有路径的任务数都相同，比如本题，所有路径的任务数都是3个），这种做法是可以的，比如上图：关键路径是甲→乙1→丙1→丁，距离为 3×32−6−14−2=96−22=74 公里。
- 但对于普通的网络图（所有路径的任务数不相同），比如本节下面的 2014 上半年上午第69题，这种转换方法则不成立。

答案：B

(2012下半年，上午) 试题 (70)

A、B、C、D、E、F、G 代表七个村落，村落之间的道路连通情况如下图所示（边上的数据为距离，单位为公里）。这七个村落拟合建一所小学，已知 A 村有小学生 50 人、B 村有小学生 40 人、C 村有小学生 60 人、D 村有小学生 20 人、E 村有小学生 70 人、F 村有小学生 80 人、G 村有小学生 100 人。则拟合建的该小学应建在 (70) 村落，才能使学生上学所走的总路程最短。

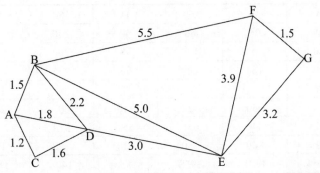

(70) A. C 村　　　　B. A 村　　　　C. F 村　　　　D. E 村

解析：

- 这是一个最短路径问题，但比 2011 下半年上午第 66 题复杂多了，需要使用 Dijkstra 最短路径算法。
- Dijkstra 算法的基本思路是：若序列（v_s, v_1, v_2, …, v_{t-1}, v_t）是从 v_s 到 v_t 的最短路径，则序列（v_s, v_1, v_2, …, v_{t-1}）必为从 v_s 到 v_{t-1} 的最短路径。
- 首先，计算各村之间相互的最短距离，从而得出下表，第二行代表从 A 到所有村庄的最短距离，第三行代表从 B 到所有村庄的最短距离，以此类推。

距离	A	B	C	D	E	F	G
A	0	1.5	1.2	1.8	4.8	7	8
B		0	2.7	2.2	5	5.5	7
C			0	1.6	4.6	8.2	7.8
D				0	3	6.9	6.2
E					0	3.9	3.2
F						0	1.5
G							0

注意： 该表格是沿对角线对称的，所以只需构造一半，然后将另一半复制上即可。

距离	A	B	C	D	E	F	G
A	0	1.5	1.2	1.8	4.8	7	8
B	1.5	0	2.7	2.2	5	5.5	7
C	1.2	2.7	0	1.6	4.6	8.2	7.8
D	1.8	2.2	1.6	0	3	6.9	6.2
E	4.8	5	4.6	3	0	3.9	3.2
F	7	5.5	8.2	6.9	3.9	0	1.5
G	8	7	7.8	6.2	3.2	1.5	0

- 再用各村的学生人数乘该村所在行的数据，例如，A 的人数乘以上表的第二行，B 的人数乘以第三行，以此类推，可得下表。

距离	A	B	C	D	E	F	G
A	0	75	60	90	240	350	400
B	60	0	108	88	200	220	280
C	72	162	0	96	276	492	468
D	36	44	32	0	60	138	124
E	336	350	322	210	0	273	224
F	560	440	656	552	312	0	120
G	800	700	780	620	320	150	0
总路程	1864	1771	1958	1656	1408	1623	1616

- 上表的最后一行表示：小学建在某村时，所有小学生上学时所走的总路程。
- 设 d_X 表示学校建在 X 村时，学生上学所走的最短总路程，则：
  $d_A=1864$，$d_B=1771$，$d_C=1958$，$d_D=1656$，$d_E=1408$，$d_F=1623$，$d_G=1616$。
- 该小学建在 E 村时，学生上学所走的总路程最短。

答案：D

(2013 上半年，上午) 试题 (67)

编号 1、2、3、4、5、6 的 6 个城市的距离矩阵如下表所示。设推销员从 1 城出发，经过每个城市一次且仅一次，最后回到 1 城。选择适当的路线，推销员最短的行程是(67)公里。

（距离单位：公里）

距离 到 j \ 从 i	1	2	3	4	5	6
1	0	10	20	30	40	50
2	12	0	18	30	25	21
3	23	9	0	5	10	15
4	34	32	4	0	8	16
5	45	27	11	10	0	18
6	56	22	16	20	12	0

(67) A. 75　　　　B. 78　　　　C. 80　　　　D. 100

解析：
- 这是一个旅行商问题（Traveling Salesman Problem，TSP），也叫旅行推销员问题、货郎担问题，简称为 TSP 问题。
- TSP 问题属于 NP 完全问题（NP-Complete），是世界七大数学难题之一。NP（Non-deterministic Polynomial），即多项式复杂程度的非确定性问题。

> **注意**：这是一张有向图，例如，从1到2的距离是12公里，而从2到1的距离是10公里。

- 这道题的真正难点在于，标准的TSP算法，对于考场上只有纸和笔的考生来说，太过复杂而无法施用。
- 实践证明，在Dijkstra最短路径算法的思想指引下，先绘图，然后手工进行路径探索是在考场上最有效的办法。
- Dijkstra 算法的基本思路是：若序列（v_s, v_1, v_2, …, v_{t-1}, v_t）是从 v_s 到 v_t 的最短路径，则序列（v_s, v_1, v_2, …, v_{t-1}）必为从 v_s 到 v_{t-1} 的最短路径。
- 出发时从1到2最短，回来时从3到1最短，4到3最短，5到4最短，6到5最短。
- 最短路线是：1→3→4→5→6→2→1，路程=23+4+10+12+21+10=80公里。
- 有同学选B，路线为：1→2→3→4→5→6→2→1，路程=12+9+4+10+12+21+10=78公里。但错了，TSP问题要求经过每个城市一次且仅一次。

答案：C

（2013上半年，上午）试题（70）

下图中，从A到E的最短长度是__(70)__（图中每条边旁的数字为该条边的长度）。

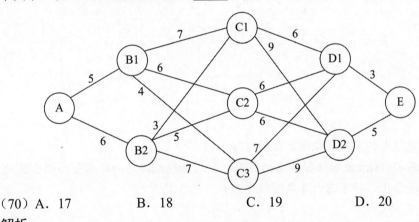

(70) A. 17　　　　B. 18　　　　C. 19　　　　D. 20

解析：

- 这道题考的是两点之间的最短路径问题。
- 本题的解决思路很简单：合并简化，将原图由5层图简化成如下的3层图（利用Dijkstra最短路径算法的思想：最短路径的任意一段都是局部最优的），即可目测得出网络图的最短路径是A→C1→E，全路径是A→B2→C1→D1→E，长度为18。

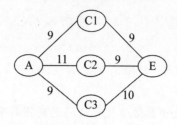

- 简化过程是：
  - ◆ 从 A 到 C1: min{5+7, 6+3}=9。
  - ◆ 从 A 到 C2: min{5+6, 6+5}=11。
  - ◆ 从 A 到 C3: min{5+4, 6+7}=9。
  - ◆ 从 A 到 D1: min{9+6, 11+6, 9+7}=15。
  - ◆ 从 A 到 D2: min{9+9, 11+6, 9+9}=17。
  - ◆ 从 A 到 E: min{15+3, 17+5}=18。

答案：B

(2014 上半年，上午) 试题（69）

下图中，从①到⑧的最短路径有_(69)_条。

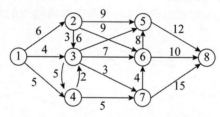

(69) A. 1　　　　B. 2　　　　C. 3　　　　D. 4

解析：

- 这道题考的是两点之间的最短路径问题。
- 利用 Dijkstra 最短路径算法的思想：最短路径的任意一段都是局部最优的。
- 合并简化，将原图由 4 层图简化成如下的 3 层图。

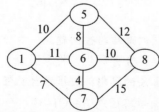

- 可目测得出：网络图的最短路径有两条，分别是 1→6→8 与 1→7→6→8，全路径是 1→3→6→8 与 1→3→7→6→8，最短距离为 21。

答案：B

(2015下半年，上午) 试题 (66)、(67)

已知网络图各段路线所需费用如下图所示，图中甲线和乙线上的数字分别代表相应点的有关费用。从甲线到乙线的最小费用路线有 __(66)__ 条，最小费用为 __(67)__。

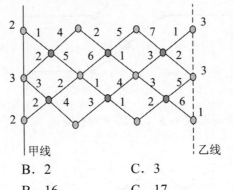

(66) A. 1　　　　　B. 2　　　　　C. 3　　　　　D. 4
(67) A. 15　　　　 B. 16　　　　 C. 17　　　　 D. 18

解析：
- 这道题考的是最短路径问题。
- 老套路，合并简化（利用 Dijkstra 最短路径算法的思想：最短路径的任意一段都是局部最优的），将原图简化如下。

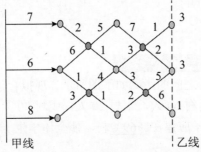

- 仍无法目测得出最短路径，继续对图进行简化，如下图所示。

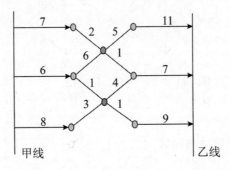

- 此时，最小费用路线跃然而出，如下图所示，共有两条路线（下图中加粗显示），最小费用为17。

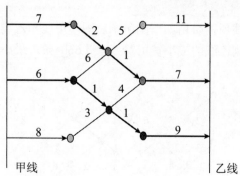

- 原图中的最小费用路线如下（下图中加粗显示）。

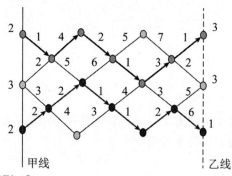

答案：（66）B、（67）C

（2015下半年，上午）试题（68）、（69）

已知有6个村子，相互之间的距离如下图所示。现拟合建一所小学。已知甲村有小学生50人，乙村40人，丙村60人，丁村20人，戊村70人，己村90人。从甲村到己村的最短路程是__(68)__；小学应建在__(69)__村，使全体学生上学所走的总路程最短。

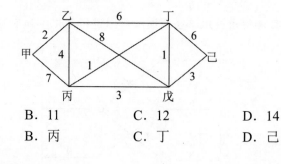

(68) A. 10　　　　　B. 11　　　　　C. 12　　　　　D. 14
(69) A. 甲　　　　　B. 丙　　　　　C. 丁　　　　　D. 己

解析：

- 这道题考的是最短路径问题。

- 本题解法与2012下半年上午第70题完全相同。
- 首先，计算各村之间相互的最短距离，从而得出下表，第二行代表从甲村到所有村的最短距离，第三行代表从乙村到所有村的最短距离，以此类推。

距离	甲	乙	丙	丁	戊	己
甲	0	2	6	7	8	11
乙		0	4	5	6	9
丙			0	1	2	5
丁				0	1	4
戊					0	3
己						0

- 从甲村到己村的最短路程是11，具体路线为：甲→乙→丙→丁→戊→己。

注意：该表格是沿对角线对称的，所以只需构造一半，然后将另一半复制上即可。

距离	甲	乙	丙	丁	戊	己
甲	0	2	6	7	8	11
乙	2	0	4	5	6	9
丙	6	4	0	1	2	5
丁	7	5	1	0	1	4
戊	8	6	2	1	0	3
己	11	9	5	4	3	0

- 再用各村的学生人数乘该村所在行的数据，例如，甲村的人数乘以上表的第二行，乙村的人数乘以第三行，以此类推，可得下表。

距离	人数	甲	乙	丙	丁	戊	己
甲	50	0	100	300	350	400	550
乙	40	80	0	160	200	240	360
丙	60	360	240	0	60	120	300
丁	20	140	100	20	0	20	80
戊	70	560	420	140	70	0	210
己	90	990	810	450	360	270	0
总计	330	2130	1670	1070	1040	1050	1500

- 上表的最后一行表示：小学建在某村时，所有小学生上学时所走的总路程。
- 小学建在丁村时，学生上学所走的总路程最短。

点评：这道题丙、丁、戊三个村的总路程非常相近，不知道算法想蒙对是很难的。

- 2015年下半年这一次考试连续考了4分最短路径算法，看来大家要认真学习了。

答案：(68) B、(69) C

(2016 下半年，上午) 试题 (66)、(67)

下图中从 A 到 E 的最短路线是 (66)，其长度是 (67)。

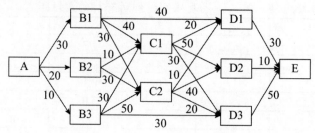

(66) A. A→B1→C1→D2→E　　B. A→B2→C1→D1→E
　　 C. A→B3→C2→D2→E　　D. A→B2→C2→D3→E
(67) A. 70　　B. 80　　C. 90　　D. 100

解析：
- 选择题首选简易方法，将四个选项代入图中即可。
- A→B1→C1→D2→E，长度为 130。
- A→B2→C1→D1→E，长度为 80。
- A→B3→C2→D2→E，长度为 110。
- A→B2→C2→D3→E，长度为 120。

答案：(66) B、(67) B

(2018 下半年，上午) 试题 (67)

工程师小张需要完成下图中所有区域的巡检工作，图中圆圈代表巡检地点，两点之间的连接线为可行的交通路径，连接线上所标识的数字为两点之间所需的交通费用（单位：元），从地点 1 开始完成巡检（不需要按数字顺序也无需返回起点）所需的最少交通费为 (67) 元。

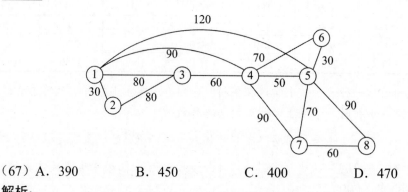

(67) A. 390　　B. 450　　C. 400　　D. 470

解析：
- 这是一个旅行商问题（Traveling Salesman Problem，TSP）。经典的 TSP 可以

描述为：一个推销员要去若干个城市推销商品，该推销员从一个城市出发，需要经过所有城市后，回到出发地。应如何选择行进路线，以使总的行程最短。
- 旅行商问题是一个 NP 完全问题（NP-Complete），不能用精确算法求解，只能使用近似算法或启发式算法。
- 首先，求出最小生成树，如下图所示。

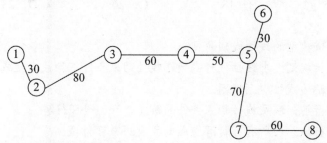

- 最小生成树的路径合计为 380 元。但是要完成巡检任务，到达 6 后还要折返回 5，导致交通费要增加 30 元，即 8 个地点都巡检一遍的交通费为 410 元。
- 将巡检路径予以优化，解决掉 5 和 6 之间的折返问题，如下图所示。

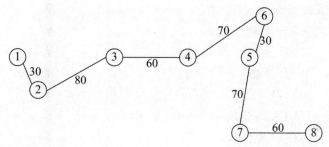

- 此时，巡检路径为：1→2→3→4→6→5→7→8，总交通费为 400 元，为最优解。

答案：C

9.3 线性规划

（2009 上半年，上午）试题（59）

某公司计划对一批新招聘的技术人员进行岗前脱产培训，培训内容包括编程和测试两个专业，每个专业要求在基础知识、应用技术和实际训练三个方面都得到提高。根据培训大纲，每周的编程培训可同时获得基础知识 3 学分、应用技术 7 学分以及实际训练 10 学分；每周的测试培训可同时获得基础知识 5 学分、应用技术 2 学分以及实际训练 7 学分。企业要求这次岗前培训至少能完成基础知识 70 学分，应用技术 86 学分，实际训练 185 学分。以上说明如下表所示。

课　程	编程（学分/周）	测试（学分/周）	学分最低要求
基础知识	3	5	70
应用技术	7	2	86
实际训练	10	7	185

那么这样的岗前培训至少需要 (59) 周时间才能满足企业的要求。

(59) A. 15　　　　B. 18　　　　C. 20　　　　D. 23

解析：

- 这是一道典型的线性规划题目。
  - ◆ 线性规划：求线性目标函数在线性约束条件下的最大值或最小值的问题，统称为线性规划问题。
  - ◆ 可行解：满足线性约束条件的解 (x, y) 叫可行解。
  - ◆ 可行域：由所有可行解组成的集合叫做可行域。
  - ◆ 最优解：使目标函数取得最大或最小值的可行解叫线性规划问题的最优解。
- 线性规划模型：
  - ◆ 设编程 X 周，测试 Y 周。
  - ◆ 决策目标为 Min $(X+Y)$。
  - ◆ 对决策变量的约束：
    - ■ $3X+5Y \geq 70$；
    - ■ $7X+2Y \geq 86$；
    - ■ $10X+7Y \geq 185$；
    - ■ $X \geq 0$ 且为整数；
    - ■ $Y \geq 0$ 且为整数。
- 图解法是解决线性规划问题最直观最常用的方法，但考试时没法实施，作图的时间成本太高。
- 好在线性规划问题的特点是最优解通常是约束线的交点。实践证明，直接求约束线的交点对于软考题目来说，非常有效。
- 本题有三条约束线：
  - （1）$3X+5Y=70$；
  - （2）$7X+2Y=86$；
  - （3）$10X+7Y=185$。
- 这三条直线两两相交，共有三个交点：
  - ◆ （1）和（2）的交点：$X=10$, $Y=8$；
  - ◆ （1）和（3）的交点：$X=15$, $Y=5$；
  - ◆ （2）和（3）的交点：$X=8$, $Y=15$。
- 第一个交点的 $X+Y$ 值最小，它是答案么？

- 且慢，将 $X=10$，$Y=8$ 代入线性规划模型，发现它不满足约束条件：$10X+7Y \geq 185$，即它不是可行解，抛弃。
- 接下来，将 $X+Y$ 值次小的 $X=15$，$Y=5$ 代入线性规划模型，发现它满足所有的约束条件，它就是最优解，岗前培训至少需要 20 周。

答案：C

（2009 下半年，上午）试题（66）、（67）

某工厂生产甲、乙两种产品，生产 1 公斤甲产品需要煤 9 公斤、电 4 度、油 3 公斤，生产 1 公斤乙产品需要煤 4 公斤、电 5 度、油 10 公斤。该工厂现有煤 360 公斤、电 200 度、油 300 公斤。已知甲产品每公斤利润为 7 千元，乙产品每公斤利润为 1.2 万元，为了获取最大利润应该生产甲产品（66）公斤，乙产品（67）公斤。

（66）A. 20　　　　　B. 21　　　　　C. 22　　　　　D. 23
（67）A. 22　　　　　B. 23　　　　　C. 24　　　　　D. 25

解析：
- 线性规划模型：
  ◆ 设生产甲产品 X 公斤，乙产品 Y 公斤。
  ◆ 决策目标为 Max（$7X+12Y$）。
  ◆ 对决策变量的约束：
    ■ $9X+4Y \leq 360$；
    ■ $4X+5Y \leq 200$；
    ■ $3X+10Y \leq 300$；
    ■ $X \geq 0$ 且为整数；
    ■ $Y \geq 0$ 且为整数。
- 三条约束线为：
  （1）$9X+4Y=360$；
  （2）$4X+5Y=200$；
  （3）$3X+10Y=300$。
- 这三条直线两两相交，共有三个交点：
  ◆（1）和（2）的交点，$X=34.5$，$Y=12.4$，不是整数，抛弃。
  ◆（1）和（3）的交点：$X=30.77$，$Y=20.77$，不是整数，抛弃。
  ◆（2）和（3）的交点：$X=20$，$Y=24$，为最优解。
- 有同学问，为什么 X 和 Y 必须为整数？
- 回答：这是根据四个选项都是整数推断而来，当然为了谨慎起见，将那两个不是整数的交点代入约束条件再检验一下最好，检验表明，它们都不是可行解。

答案：（66）A、（67）C

(2010 上半年，上午) 试题 (68)

某工厂生产两种产品 S 和 K，受到原材料供应和设备加工工时的限制。单件产品的利润、原材料消耗及加工工时如下表。为获得最大利润，S 应生产 (68) 件。

产品	S	K	资源限制
原材料消耗（公斤/件）	10	20	120
设备工时（小时/件）	8	8	80
利润（元/件）	12	16	

(68) A. 7　　　　B. 8　　　　C. 9　　　　D. 10

解析：

- 线性规划模型：
  - ◆ 设 S 产品 X 件，K 产品 Y 件。
  - ◆ 决策目标为 Max（$12X+16Y$）。
  - ◆ 对决策变量的约束：
    - $10X+20Y \leq 120$；
    - $8X+8Y \leq 80$；
    - $X \geq 0$ 且为整数；
    - $Y \geq 0$ 且为整数。
- 两条约束线为：
  (1) $X+2Y=12$；
  (2) $X+Y=10$。
- 这两条线的交点为：$X=8$，$Y=2$，为最优解。

答案：B

(2011 上半年，上午) 试题 (66)、(67)

某公司需要采用甲、乙、丙三种原材料生产Ⅰ、Ⅱ两种产品。生产两种产品所需原材料数量、单位产品可获得利润以及企业现有原材料数如下表所示。

		产品（吨）		现有原材料（吨）
		Ⅰ	Ⅱ	
资源	甲	1	1	4
	乙	4	3	12
	丙	1	3	6
单位利润（万元/吨）		9	12	

则公司可以获得的最大利润是 (66) 万元。取得最大利润时，原材料 (67) 尚有剩余。

(66) A. 21　　　　B. 34　　　　C. 39　　　　D. 48

(67) A. 甲　　　　B. 乙　　　　C. 丙　　　　D. 乙和丙

解析：
- 线性规划模型：
  ◆ 设生产的产品Ⅰ为 X 吨，产品Ⅱ为 Y 吨。
  ◆ 决策目标为 Max（$9X+12Y$）。
  ◆ 对决策变量的约束：
    ■ $X+Y\leq 4$;
    ■ $4X+3Y\leq 12$;
    ■ $X+3Y\leq 6$;
    ■ $X\geq 0$;
    ■ $Y\geq 0$。
- 三条约束线为：
  （1）$X+Y=4$;
  （2）$4X+3Y=12$;
  （3）$X+3Y=6$。
- 这三条直线两两相交，共有三个交点：
  ◆ （1）和（2）的交点：$X=0$，$Y=4$，不满足约束条件 $X+3Y\leq 6$，非可行解。
  ◆ （1）和（3）的交点：$X=3$，$Y=1$，不满足约束条件 $4X+3Y\leq 12$，非可行解。
  ◆ （2）和（3）的交点：$X=2$，$Y=4/3$，满足所有约束条件，为最优解。
- 公司可以获得的最大利润=$9X+12Y=9\times 2+12\times 4/3=34$ 万元。
- 此时，乙和丙两种材料均已用完，甲材料的剩余量=$4-2-4/3=2/3$ 吨。

答案：（66）B、（67）A

（2013 上半年，上午）试题（68）

某厂编号为Ⅰ、Ⅱ、Ⅲ的三种产品分别经过A、B、C 三种设备加工。已知生产各种产品每件所需的设备台时，各种设备的加工能力（台时）及每件产品的预期利润见下表。

设　备	Ⅰ	Ⅱ	Ⅲ	设备加工能力（台时）
A	1	1	1	100
B	10	4	5	600
C	2	2	6	300
每件产品利润（元）	10	6	4	

适当安排生产计划可获得最大总利润 (68) 元。

(68) A. 2000/3　　B. 2100/3　　C. 2200/3　　D. 2250/3

解析：
- 设产品Ⅰ生产 X 件，产品Ⅱ生产 Y 件，产品Ⅲ生产 Z 件。

- 约束条件为:
    - $X+Y+Z \leqslant 100$;
    - $10X+4Y+5Z \leqslant 600$;
    - $2X+2Y+6Z \leqslant 300$;
    - $X \geqslant 0$, $Y \geqslant 0$, $Z \geqslant 0$。
- 求 Max（$10X+6Y+4Z$）=？
- 很多同学此时立刻头就大了，三个变量的规划！已经超过大家的数学水平了，怎么办？
- 必须对题目进行简化，求一下三个产品每个台时的单位利润率，可得下表。

利润率 ⟹

利润率（元/台时）	I	II	III
A 设备	10	6	4
B 设备	1	1.5	0.8
C 设备		5	3	0.66

⟹ $Z=0$

- 发现：产品III的单位利润率在每道工序都是最低的，就不应该生产，即 $Z=0$。
- 此时，题目变成了：
    - $X+Y \leqslant 100$;
    - $10X+4Y \leqslant 600$。
    - 求 Max（$10X+6Y$）=？
- 求解可得：$X=100/3$，$Y=200/3$，此时 Max（$10X+6Y$）=$2200/3$。
- 则原题的最优解为：
    - $X=100/3$;
    - $Y=200/3$;
    - $Z=0$。
- 此时 Max（$10X+6Y+4Z$）=$2200/3$。
- 有同学问，产品还可以生产 1/3 件吗？确实不行，产品只能生产整数件，这是出题者的一个疏漏。

答案：C

（2013下半年，上午）试题（66）、（67）

某工厂生产 D、E 两种产品，每种产品均经过 3 道工序加工而成。

假定每生产 1 立方米 D 种产品需用 A 种机器加工 7 小时，用 B 种机器加工 3 小时，用 C 种机器加工 4 小时。而每生产 1 立方米 E 种产品需用 A 种机器加工 2.8 小时，用 B 种机器加工 9 小时，用 C 种机器加工 4 小时。

又已知每生产 1 立方米 D 种产品可赢利 500 元，每生产 1 立方米 E 种产品可赢利 800 元。

现设一个月中 A 种机器工作时间不得超过 560 小时，B 种机器工作时间不得超过 460 小时，C 种机器工作时间不得超过 336 小时。

为了获取最大赢利每月应该生产 D 产品约 (66) 立方米，E 产品约 (67) 立方米。

(66) A. 33　　　　　B. 35　　　　　C. 49　　　　　D. 51
(67) A. 33　　　　　B. 35　　　　　C. 49　　　　　D. 51

解析：
- 线性规划模型：
  - ◆ 设每月生产 D 产品 X 立方米，生产 E 产品 Y 立方米。
  - ◆ 决策目标为 Max（$500X+800Y$）。
  - ◆ 对决策变量的约束：
    - ■ $7X+2.8Y \leq 560$;
    - ■ $3X+9Y \leq 460$;
    - ■ $4X+4Y \leq 336$;
    - ■ $X \geq 0$, $Y \geq 0$。
- 三条约束线为：
  （1）$5X+2Y=400$;
  （2）$3X+9Y=460$;
  （3）$X+Y=84$。
- 这三条直线两两相交，共有三个交点：
  - ◆ （1）和（2）的交点，$X=68.7$，$Y=28.2$，不满足约束条件 $4X+4Y \leq 336$，非可行解。
  - ◆ （1）和（3）的交点：$X=77.3$，$Y=6.7$，满足所有约束条件，可行解。
  - ◆ （2）和（3）的交点：$X=49.3$，$Y=34.7$，满足所有约束条件，可行解。
- 取值（$X=77.3$，$Y=6.7$）时，每月盈利（$500X+800Y$）=4.401 万元。
- 取值（$X=49.3$，$Y=34.7$）时，每月盈利（$500X+800Y$）=5.241 万元，为最优解。

答案：(66) C、(67) B

(2013 下半年，上午) 试题 (68)

某饲养场饲养了某种动物，每只动物每天至少需要蛋白质 200 克、矿物质 4 克、维生素 5 毫克。市场上销售的甲、乙两种饲料每公斤的营养成分及单价如表所示。

饲　料	蛋白质（克）	矿物质（克）	维生素（毫克）	单价（元/公斤）
甲	50	1	0.5	1
乙	40	0.5	1	1.5
每只动物每天至少需要	200	4	5	

因此，饲养每只动物至少需要饲料成本___(68)___元。

(68) A. 6   B. 8   C. 10   D. 12

解析：

点评：一次考试中接连考了两道线性规划题。

- 线性规划模型如下：
    - ◆ 设需要甲饲料 X 公斤，需要乙饲料 Y 公斤。
    - ◆ 决策目标为 Min $(X+1.5Y)$。
    - ◆ 对决策变量的约束：
        - $50X+40Y \geq 200$；
        - $X+0.5Y \geq 4$；
        - $0.5X+Y \geq 5$；
        - $X \geq 0$，$Y \geq 0$。
- 三条约束线为：
    - （1）$5X+4Y=20$；
    - （2）$2X+Y=8$；
    - （3）$X+2Y=10$。
- 这三条直线两两相交，共有三个交点：
    - ◆ （1）和（2）的交点，$X=4$，$Y=0$，不满足约束条件 $0.5X+Y \geq 5$，非可行解。
    - ◆ （1）和（3）的交点：$X=0$，$Y=5$，不满足约束条件 $X+0.5Y \geq 4$，非可行解。
    - ◆ （2）和（3）的交点：$X=2$，$Y=4$，满足所有约束条件，为最优解。
    - ◆ 饲养每只动物至少需要饲料成本=Min $(X+1.5Y)$=8 元。

答案：B

（2014 上半年，上午）试题（68）

某家具厂有方木材 90m³，木工板 600m³，生产书桌和书柜所用材料数量及利润如下表。

产品	方木	木工板	利润
书桌	0.1	2	80
书柜	0.2	1	120
限额	90	600	

在生产计划最优化的情况下，最大利润为___(68)___元。

(68) A. 54 000   B. 55 000   C. 56 000   D. 58 000

解析：

- 线性规划模型：

- 设书桌 X 个，书柜 Y 个。
- 决策目标为 Max（$80X+120Y$）。
- 对决策变量的约束：
  - $X+2Y \leq 900$；
  - $2X+Y \leq 600$；
  - $X \geq 0$ 且为整数；
  - $Y \geq 0$ 且为整数。
- 两条约束线为：
  （1）$X+2Y=900$；
  （2）$2X+Y=600$。
- 这两条直线的交点为 $X=100$，$Y=400$，最大利润为 5.6 万元。

点评：这是最简单的线性规划题目，只有两个约束条件，最优解就是二者的交点。

答案：C

（2014 下半年，上午）试题（66）、（67）

某项目实施需要甲产品，若自制，单位产品的可变成本为 12 元，并需另外购买一台专用设备，该设备价格为 4000 元；若采购，购买量大于 3000 件，购买价格为 13 元/件，购买量小于 3000 件时，购买价为 14 元/件。则甲产品用量__(66)__时，外购为宜；甲产品用量__(67)__时，自制为宜。

（66）A．小于 2000 件　　　　　　B．大于 2000 件，小于 3000 件时
　　　C．小于 3000 件　　　　　　D．大于 3000 件
（67）A．小于 2000 件　　　　　　B．大于 2000 件，小于 3000 件时
　　　C．小于 3000 件　　　　　　D．大于 3000 件

解析：
- 设产品的用量为 X，则：
  - 自制成本 $= 12X+4000$；
  - 当 $X<3000$ 时，外购成本 $=X \times 14$；当 $X \geq 3000$，外购成本 $=X \times 13$。
- 解方程，可得：
  - $X<2000$ 或 $3000 \leq X<4000$ 时，外购成本较低。
  - $X>4000$ 或 $2000<X<3000$ 时，自制成本较低。
  - $X=2000$ 或 $X=4000$ 时，二者成本相当。

答案：（66）A、（67）B

(2015 上半年，上午) 试题 (67)

某水库现在的水位已超过安全线，上游河水还在匀速流入。为了防洪，可以利用其 10 个泄洪闸（每个闸的泄洪速度相同）来调节泄洪速度。经测算，若打开 1 个泄洪闸，再过 10 个小时就能将水位降到安全线；若同时打开 2 个泄洪闸，再过 4 个小时就能将水位降到安全线。现在抗洪指挥部要求再过 1 个小时就必须将水位降到安全线。为此，应立即打开 (67) 个泄洪闸。

(67) A. 6　　　　　B. 7　　　　　C. 8　　　　　D. 9

解析：
- 设：
  - ◆ 水库现在的存水已超过安全库容 x 立方米；
  - ◆ 上游河水流入水库为每小时 y 立方米；
  - ◆ 每个闸门的泄洪速度相同，均为每小时 z 立方米。
- 则：
  - ◆ 1 个闸门打开时，需 10 个小时使水库水位降到安全线，$x+10y=10z$；
  - ◆ 2 个闸门打开时，需 4 个小时使水库水位降到安全线，$x+4y=2\times 4z$；
  - ◆ m 个闸门打开时，需 1 个小时使水库水位降到安全线：$x+y=m\times z$。
- 然后：
  - ◆ 前 2 个方程相减，得：$6y=2z$，即 $z=3y$；
  - ◆ 将 $z=3y$ 代入第 1 个方程，得：$x+10y=30y$，即 $x=20y$；
  - ◆ 将 $z=3y$，$x=20y$ 代入方程 3，得：$20y+y=m\times 3y$，即 $m=7$。

答案：B

(2016 上半年，上午) 试题 (66)

某工厂可以生产 A、B 两种产品，各种资源的可供量、生产每种产品所消耗的资源数量及产生的单位利润见下表。A、B 两种产品的产量为 (66) 时利润最大。

单位消耗　　产品　　资源	A	B	资源限制条件
电（度）	5	3	200
设备（台时）	1	1	50
劳动力（小时）	3	5	220
单位利润（百万元）	4	3	

(66) A. A=35，B=15　　　　　B. A=15，B=35
　　　C. A=25，B=25　　　　　D. A=30，B=20

解析:

- 线性规划模型如下:
  - ◆ 决策目标为 Max（4A+3B）。
  - ◆ 对决策变量的约束:
    - ■ 5A+3B≤200;
    - ■ A+B≤50;
    - ■ 3A+5B≤220;
    - ■ A≥0, Bv0, 且均为整数。
- 选择题，首选简易方法。
  - ◆ 先将四个选项代入约束条件，发现 A 项和 D 项不满足条件（1），排除掉。
  - ◆ 再将剩下的两个选项代入决策目标，C 选项值最大，为最优解。

答案: C

（2016 下半年, 上午）试题（68）

某工厂计划生产甲、乙两种产品，生产每套产品所需的设备台时、A、B 两种原材料和可获取利润以及可利用资源数量如下表所示。则应按__(68)__方案来安排计划以使该工厂获利最多。

成本与利润	甲	乙	可利用资源
设备（台时）	2	3	14
原材料 A（千克）	8	0	16
原材料 B（千克）	0	3	12
利润（万元）	2	3	

(68) A. 生产甲 2 套，乙 3 套 　　　B. 生产甲 1 套，乙 4 套
　　　C. 生产甲 3 套，乙 4 套 　　　D. 生产甲 4 套，乙 2 套

解析:

- 线性规划模型如下:
  - ◆ 设生产甲产品 X 套、乙产品 Y 套。
  - ◆ 决策目标为 Max（2X+3Y）。
  - ◆ 对决策变量的约束:
    - ■ 2X+3Y≤14;
    - ■ 8X≤16;
    - ■ 3Y≤12;
    - ■ X≥0, Y≥0, 且均为整数。
- 选择题，首选简易方法。
  - ◆ 先将四个选项代入约束条件，发现 C、D 不满足约束条件，排除掉。

◆ 再将剩下的两个选项代入决策目标，B 选项值最大，为最优解。

答案：B

(2017 上半年，上午）试题（69）

某企业生产甲、乙两种产品，其单位利润分别是 300 元、200 元，该公司有两个机械加工中心Ⅰ和Ⅱ，它们每天工作的有效工时分别为 20 小时、18 小时。甲、乙产品都需经过这两个中心加工，生产每单位产品甲在加工中心Ⅰ需要 1 小时，在加工中心Ⅱ需要 3 小时；生产每单位产品乙在加工中心Ⅰ和Ⅱ各需要 2 小时和 1 小时。根据市场调查，产品甲的日需求量不会超过 5 单位，产品乙则无论生产多少都能售完。利润最大的生产方案是（69）。

(69) A. 每天生产产品甲 4.2 单位，乙 8.6 单位
　　　B. 每天生产产品甲 4.6 单位，乙 6.8 单位
　　　C. 每天生产产品甲 3.6 单位，乙 7.5 单位
　　　D. 每天生产产品甲 3.2 单位，乙 8.4 单位

解析：
● 选择题，首选简单方法——将四个选项代入，再对约束条件加以验算即可。
● A 选项，在中心Ⅰ时间超过 20 小时，非可行解。
● B、C 选项，在中心Ⅱ时间超过 18 小时，非可行解。

答案：D

(2017 下半年，上午）试题（66）、（67）

某企业生产甲、乙两种产品，这两种产品都需要 A、B 两种原材料。生产每一万个甲产品需要 3 万个 A 和 6 万个 B，可获销售收入为 2 万元；生产每一万个乙产品需要 5 万个 A 和 2 万个 B，可获得销售收入为 1 万元。该企业每天可用的 A 数量为 15 万个，可用的 B 数量为 24 万个。为了获得最大的销售收入，该企业每天生产的甲产品的数量应为（66）万个，此时该企业每天的销售收入为（67）万元。

(66) A. 2.75　　　B. 3.75　　　C. 4.25　　　D. 5
(67) A. 5.8　　　B. 6.25　　　C. 8.25　　　D. 10

解析：
● 线性规划模型如下：
　◆ 设生产甲产品 X 万个、乙产品 Y 万个。
　◆ 决策目标为 Max（$2X+Y$）。
　◆ 对决策变量的约束：
　　■ $3X+5Y \leq 15$;
　　■ $6X+2Y \leq 24$;

-
  - $X \geq 0$,$Y \geq 0$。
- 两条约束线为：
  （1）$3X+5Y=15$；
  （2）$6X+2Y=24$。
- 解方程，求出这两条直线的交点为：$X=3.75$，$Y=0.75$，此时的销售收入=$2X+Y=8.25$ 万元，为最优解。

答案：（66）B、（67）C

(2018 下半年，上午) 试题（69）

某化工企业接到一份 10 吨新材料研发的订单 100 万元，该材料由甲、乙、丙三种原材料构成，其中所含金属 A 不少于 4400 克，金属 B 不少于 4800 克，金属 A 和金属 B 在原材料中的含量及单价如下表所示。经过不断测算和实验，为了获得满足客户要求的这种新材料，该企业最多可获得的利润为（69）万元。

材料与单价	甲	乙	丙
金属 A（克/吨）	400	600	400
金属 B（克/吨）	800	200	400
单价（万元/吨）	7	6	5

(69) A. 58   B. 64   C. 42   D. 56

解析：
- 线性规划模型如下：
  - 设生产甲材料 X 吨、乙材料 Y 吨、丙材料 $10-X-Y$ 吨。
  - 决策目标为成本最小：$Min[7X+6Y+5\times(10-X-Y)]=Min(2X+Y+50)$。
  - 对决策变量的约束：
    - $400X+600Y+400\times(10-X-Y) \geq 4400$；
    - $800X+200Y+400\times(10-X-Y) \geq 4800$；
    - $X \geq 0$，$Y \geq 0$，$10-X-Y \geq 0$。
- 简化后可得：
  - $Y \geq 2$；
  - $2X-Y \geq 4$；
  - $X+Y \leq 10$。
- 三条约束线为：
  （1）$Y=2$；
  （2）$2X-Y=4$；
  （3）$X+Y=10$。
- 解方程，求出这三条直线的交点分别为：

- ◆ （1）与（2）的交点，X=3，Y=2，目标函数 2X+Y+50=58 万元，为最优解。
- ◆ （1）与（3）的交点，X=8，Y=2，目标函数 2X+Y+50=68 万元，非最优解。
- ◆ （2）与（3）的交点，X=14/3，Y=16/3，目标函数 2X+Y+50=64.7 万元，非最优解。
- 该企业最多可获得的利润=收入-成本=100–58=42 万元，此时，生产甲材料 3 吨、乙材料 2 吨、丙材料 5 吨。

答案：C

(2019 上半年，上午) 试题（66）、（67）

某炼油厂根据合同，计划每季度供应客户汽油和煤油各 16 吨。该厂从甲、乙两处场地运回原油提炼。两处原油成分如下表所示，且甲、乙两地采购成本分别为 200 元/吨和 300 元/吨。对于该炼油厂，需要从乙采购 (66) 吨方能使此次采购的成本最低，最低的采购成本是 (67) 元。

原油成分	甲	乙
汽油	20%	40%
煤油	50%	20%
其他	30%	40%

(66) A. 10　　　　B. 20　　　　C. 30　　　　D. 40
(67) A. 12 000　　B. 13 000　　C. 14 000　　D. 15 000

解析：
- 线性规划模型如下：
  - ◆ 设从甲处购买 X 吨，从乙处购买 Y 吨。
  - ◆ 决策目标为采购成本最小：Min（200X+300Y）。
  - ◆ 对决策变量的约束：
    - ■ 0.2X+0.4Y=16;
    - ■ 0.5X+0.2Y=16;
    - ■ X≥0，Y≥0。
- 解方程可得：X=20，Y=30。
- 最低的采购成本=200×20+300×30=13 000 元。

答案：(66) C、(67) B

(2019 下半年，上午) 试题（66）、（67）

某电池厂生产甲、乙两种型号产品（单位：万个），这两种产品都需要设备和 A、B 两种原材料，利润与资源限制条件如下表所示，为了获得最大的利润，该电池厂每天生产的甲产品的数量应为 (66) 万个，此时该企业每天的利润为 (67) 万元。

成本与利润	甲	乙	资源限制条件
设备（台式）	2	3	20
原材料 A（千克）	3	1	15
原材料 B（千克）	0	2	12
利润（万元）	2	4	

(66) A. 1　　　　B. 2　　　　C. 3　　　　D. 4
(67) A. 20　　　B. 22　　　C. 24　　　D. 26

解析：
- 线性规划模型如下：
  - 设生产甲产品 X 万个、乙产品 Y 万个。
  - 决策目标为 Max（$2X+4Y$）。
  - 对决策变量的约束：
    - $2X+3Y \leq 20$;
    - $3X+Y \leq 15$;
    - $2Y \leq 12$;
    - $X \geq 0$，$Y \geq 0$。
- 三条约束线为：
  （1）$2X+3Y=20$;
  （2）$3X+Y=15$;
  （3）$2Y=12$。
- 这三条直线两两相交，共有三个交点：
  - （1）和（2）的交点：$X=25/7$，$Y=30/7$，满足所有约束条件，为可行解。
  - （1）和（3）的交点：$X=1$，$Y=6$，满足所有约束条件，为可行解。
  - （2）和（3）的交点：$X=3$，$Y=6$，不满足约束条件 $2X+3Y \leq 20$，非可行解。
- 将两个可行解分别代入决策目标：
  - 交点 1，X 等于 25/7，Y 等于 30/7，每天利润=$2X+4Y$=$2 \times 25/7+4 \times 30/7$=24.3 万元。
  - 交点 2，X 等于 1，Y 等于 6，每天利润=$2X+4Y$=$2 \times 1+4 \times 6$=26 万元。
- 交点 2 为最优解，即该电池厂每天生产甲产品 1 万个、乙产品 6 万个时利润最大，为 26 万元。

答案：（66）A、（67）D

9.4　工序问题

(2007下半年，上午) 试题（69）、（70）

某车间需要用一台车床和一台铣床加工 A、B、C、D 四个零件。每个零件都需要先用车床加工，再用铣床加工。车床与铣床加工每个零件所需的工时（包括加工前的准备时间以及加工后的处理时间）如下表。

工时（小时）	A	B	C	D
车床	8	6	2	4
铣床	3	1	3	12

若以 A、B、C、D 零件顺序安排加工，则共需 32 小时。适当调整零件加工顺序，可使所需总工时最短。在这种最短总工时方案中，零件 A 在车床上的加工顺序安排在第 (69) 位，四个零件加工共需 (70) 小时。

(69) A. 1　　　　B. 2　　　　C. 3　　　　D. 4

(70) A. 21　　　B. 22　　　C. 23　　　D. 24

解析：

- 这是一道典型的工序安排问题，而且是最简单的那种：只有 2 道工序，每道工序只有 1 台设备。
- 这种简易工序问题的解法是：
  ◆ 首先，找到 8 个工时中的最小值，B 的铣床加工：1 小时。
  ◆ 然后，看这个最小值是前一道工序还是后一道工序，如果是前一道工序，则该零件应尽早加工，如果是后一道工序，则该零件应最后加工。显然，B 零件应放在最后，即四个零件加工顺序是×××B。
  ◆ 接下来将 B 去掉，看剩余的 6 个数字中哪个最小，C 的车床加工：2 小时，是前一道工序，即 C 零件应放在最前，四个零件加工顺序是 C××B。
  ◆ 接下来，将 C 也去掉，看剩余的 4 个数字中哪个最小，A 的铣床加工：3 小时，是后一道工序，即 A 零件应放在后边，四个零件加工顺序是 C×AB。
  ◆ 最后，将 D 零件放置在剩余的空位，整个顺序是 CDAB。
- 工序排好后，算工时就容易多了，可以使用甘特图，如下图所示（下图中，零件后面的数字代表该道加工的工时，比如"车工 C2"代表 C 零件的车床加工需要 2 小时）。

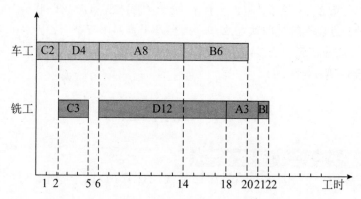

- 也可以用网络图求工期的办法来计算工时，如下图所示（关键路径是：C 车→D 车→D 铣→A 铣→B 铣，工期是 22 小时）。

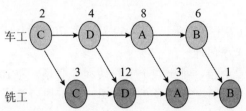

- 有同学问，如果恰好有 2 个数字相同，而且都是最小，怎么办？
    - ◆ 如果两个最小数字存在于不同工序，前一道工序小的，放前面；后一道工序小的，放后面。
    - ◆ 如果两个最小数字存在于同一道工序，则看这两个零件的另一道工序的数字。
    - ◆ 如果这两个零件的另一道工序的数字也相同，则它们的先后顺序就无所谓了。
- 有同学问，前面排工序的算法有数学证明么？是有的，而且你自己就可以用数学归纳法证明一下，大致过程是：
（1）证明在 2 个零件的时候，这个算法是正确的。
（2）证明在 3 个零件的时候，这个算法也是正确的。
（3）假设从 2 到 $n-1$ 个零件，这个算法都是正确的，证明在 n 个零件时，算法仍然正确。
- 有同学问，如果有 n 个零件需要加工，总共有 m 道工序（如果某零件不需要该道加工，则它在该工序的加工时间为 0），每道工序可用的加工设备数量各不相同（k_1、k_2…k_m），上述算法肯定不再适用了，这时通用工序问题的最优算法是什么？
- 回答：这个问题目前尚需你来解决，找到最优算法后，可以写成论文，这篇论文也许能获得图灵奖。

答案：（69）C、（70）B

（2008 下半年，上午）试题（69）

某车间需要用一台车床和一台铣床加工 A、B、C、D 四个零件。每个零件都需要先用车床加工，再用铣床加工。车床和铣床加工每个零件所需的工时（包括加工前的准备时间以及加工后的处理时间）如下表所示。

工时（小时）	A	B	C	D
车床	8	4	6	6
铣床	6	7	2	5

若以 A、B、C、D 零件顺序安排加工，则共需 29 小时。适当调整零件加工顺序，

可产生不同实施方案,在各种实施方案中,完成四个零件加工至少共需 (69) 小时。

(69) A. 25　　　　B. 26　　　　C. 27　　　　D. 28

解析:

- 本题解法与2007年下半年上午第69题、第70题如出一辙,此处不再赘述。
- 对于这种简易工序问题:
  - ◆ 首先,找最小值,排出四个零件的加工顺序,即BADC。
  - ◆ 接下来,算工时,可以使用甘特图,如下图所示。

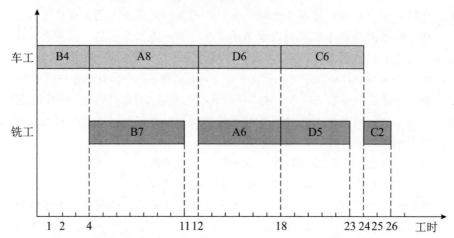

- 也可以用网络图计算工时,如下图所示(关键路径是: B 车→A 车→D 车→C 车→C 铣,工期是 26 小时)。

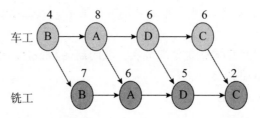

答案: B

(2008下半年,上午)试题(70)

制造某产品需要四道工序,每道工序可选用多种方法。下图列出了制造这种产品各道工序可选用的不同方法:从节点 1 开始,连续经过 4 条线段(表示 4 道工序所选用的方法),组成一条线路,直到节点 12 结束。每条线段上标记的数字表示利用相应方法时每件产品可以获得的利润(单位:元)。企业为了获取最大利润,需要找出从节点 1 到节点 12 的一条线路,使其对应的各道工序的利润之和达到最大。利用运筹方法计算后可知,制造每件产品可以获得的最大利润是 (70) 元。

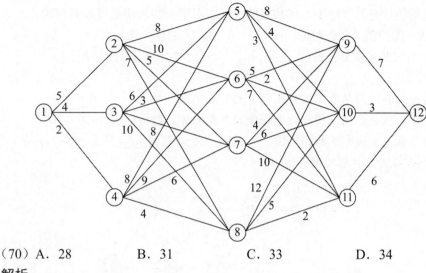

（70）A. 28　　　　　B. 31　　　　　C. 33　　　　　D. 34

解析：
- 这道题是工序问题么？不是，本题不是多个零件走多道工序，而是一个零件走多道工序，其实考的是关键路径法。
- 这张图看起来很晕吧，可以将其合并简化，将原图由 5 层图简化成如下的 3 层图，即可目测得出：网络图的关键路径是 1→8→12（全路径是 1→3→8→9→12），最大利润是 33 元。

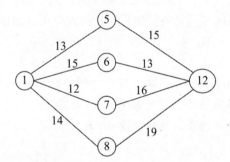

答案：C

（2010 上半年，上午）试题（70）

李雷和韩梅梅分别作为系统需求分析师和软件设计工程师，参与①、②、③、④四个软件模块的开发工作。李雷的工作必须发生在韩梅梅开始工作之前。每个软件模块开发工作需要的工时如下表所示。

项目	①	②	③	④
需求分析	7 天	3 天	5 天	6 天
软件设计	8 天	4 天	6 天	1 天

在最短的软件开发工序中,单独压缩__(70)__对进一步加快进度没有帮助。

(70) A. ①的需求分析时间　　　　　B. ①的软件设计时间
　　　C. ③的需求分析时间　　　　　D. ③的软件设计时间

解析:
- 这道题和之前的车工、铣工题目的解法完全一样。
- 首先,找最小值,排出四个模块的开发顺序,即②→③→①→④。
- 接下来,画出如下的网络图,关键路径为:②需求→③需求→①需求→①设计→④设计,总工期是24天。

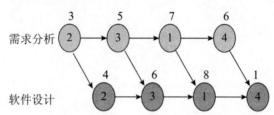

- 最后,③的设计不在关键路径上,压缩它的工期无助于缩短总工期。

答案: D

(2012 上半年,上午)试题(52)

某大型布线项目由甲、乙两个子项目组成。甲项目场地准备需3天,乙项目场地准备需2天;甲项目施工需5天,乙项目施工需4天。两个项目的场地准备都需要一台专用设备。在只有一台可用的专用设备的情况下,此大型项目至少需要__(52)__天才能完成。

(52) A. 6　　　　B. 8　　　　C. 9　　　　D. 10

解析:
- 这是一道极其简易的工序问题,只有2种可能,穷举法即可:
  ◆ 甲项目先场地准备,此时需要9天。
  ◆ 乙项目先场地准备,此时需要10天。

答案: C

(2013 下半年,上午)试题(69)

某企业计划研发甲、乙、丙、丁四种产品。每种产品必须依次由设计部门、制造部门和检验部门进行设计、制造和检验,而每个部门必须按同样的顺序处理这几种产品。各种产品各项工作所需的时间如下表。

产 品	设计(天)	制造(天)	检验(天)
甲	13	15	20
乙	10	20	18
丙	20	16	10
丁	8	10	15

只要适当安排好产品研发顺序，企业最快可以在（69）天全部完成这四种产品的研发。

(69) A. 84　　　　　B. 86　　　　　C. 91　　　　　D. 93

解析：

- 这是一道复杂的工序安排问题，共有 3 道工序（大大增加了题目的难度），每道工序只有 1 台设备。之前车工、铣工题目的解法只可参考，不可完全照搬。
- 先使用之前车工、铣工题目的解法来求出一头一尾，然后再进行优化。
  - 暂时只考虑设计和检验两列数据，先无视制造时间，原表简化为：

产品	设计（天）	检验（天）
甲	13	20
乙	10	18
丙	20	10
丁	8	15

  - 上表中最小数字是 8，应将设计需要时间最少的丁放第 1 位，此时表格调整为：

产品	设计（天）	检验（天）
甲	13	20
乙	10	18
丙	20	10

  - 此时，上表中的最小数字是 10，应将检验所需时间最少的丙放第 4 位。
- 一头一尾求好了，接下来是真正的难点：甲和乙如何排序。
  - 甲前两道工序时间之和=13+15=28 天。
  - 乙前两道工序时间之和=10+20=30 天。
  - 直观感觉，甲排在前面更优，经过网络图验证，发现确实如此，丁→甲→乙→丙的总工期为 84 天，丁→乙→甲→丙的总工期为 86 天，前者更优。
- 该优化顺序的简易甘特图如下：

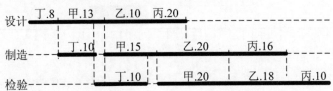

- 该优化顺序的网络图如下：
- 这个网络图有两条关键路径，工期均为 84 天。
  - 丁设计→甲设计→甲制造→甲检验→乙检验→丙检验。
  - 丁设计→甲设计→甲制造→乙制造→乙检验→丙检验。

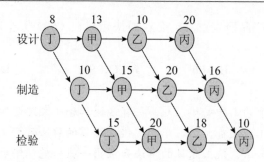

答案：A

（2015 上半年，上午）试题（69）

在一个单 CPU 的计算机系统中，采用按优先级抢占的进程调度方案，且所有任务可以并行使用 I/O 设备。现在有三个任务 T1、T2 和 T3，其优先级分别为高、中、低，每个任务需要先占用 CPU 10ms，然后再使用 I/O 设备 13ms，最后还需要再占用 CPU 5ms。如果操作系统的开销忽略不计，这三个任务从开始到全部结束所用的总时间为（69）ms。

（69）A. 61　　　　B. 84　　　　C. 58　　　　D. 48

解析：

- "采用按优先级抢占的进程调度方案"，即只要有高优先级的任务运行，低优先级的任务就要让路。
- 具体调度安排结果，如下图所示。

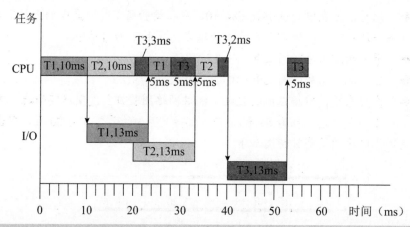

注意："所有任务可以并行使用 I/O 设备"，意味着各任务的 I/O 操作可以并行开展，互不干扰。

- 总时间=3 个任务的 CPU 时间（3×15ms）+T3 的 I/O 时间（13ms）=3×15+13=58ms。

答案：C

9.5 分配问题

9.5.1 平均收益法

(2008 下半年，上午) 试题 (68)

某公司准备将新招聘的 4 名销售员分配到下属 3 个销售点甲、乙和丙。各销售点增加若干名销售员后可增加的月销售额如下表。

增加销售额（千元）	增1人	增2人	增3人	增4人
甲	12	22	30	38
乙	11	20	24	30
丙	13	25	30	36

根据此表，只要人员分配适当，公司每月最多可以增加销售额 (68) 千元。

(68) A．43 B．47 C．48 D．49

解析：

- 这是一道简单的分配问题（Assignment Problem）。
- 分配问题的解决方法由浅入深分别是：平均收益法、边际收益法（变动成本法、伏格尔法 Vogel Method）、匈牙利算法。
- 本题可采用最简单的平均收益法。
- 首先，计算单位投入的收益，如下表所示。

增加销售额/（千元/人）	增1人	增2人	增3人	增4人
甲	12	11	10	9.5
乙	11	10	8	7.5
丙	13	12.5	10	9

- 然后，将有限的资源优先投放到单位收益高的销售点：2人到丙、1人到甲、1人到乙。
- 最后，计算总收益=2×12.5+12+11=48 千元。

答案：C

(2009 上半年，上午) 试题 (60)

载重量限 24 吨的某架货运飞机执行将一批金属原料运往某地的任务。待运输的各箱原料的重量、运输利润如下表所示。

箱号	1	2	3	4	5	6
重量（吨）	8	13	6	9	5	7
利润（千元）	3	5	2	4	2	3

经优化安排,该飞机本次运输可以获得的最大利润为 (60) 千元。

(60) A. 11　　　　B. 10　　　　C. 9　　　　D. 8

解析:
- 这道题考的是背包问题(Knapsack Problem),给定一组物品,每种物品都有自己的重量和价格,在限定的总重量内,我们如何选择,才能使得物品的总价格最高。
- 背包问题是一种比较简单的分配问题。
- 本题是最基础的背包问题:每种物品仅有一件,可以选择放或不放。
- 考生实践证明,这道题不使用任何理论方法,直接手工试探,效果最佳。
- 当然,本题仍可采用平均收益法,先计算单位重量的收益,如下表所示。

箱号	1	2	3	4	5	6
重量(吨)	8	13	6	9	5	7
利润(千元)	3	5	2	4	2	3
利润/重量	0.375	0.38	0.33	0.44	0.4	0.43

- 然后,将资源优先投放给单位重量收益高的箱子:箱4、箱6、箱1,总重量恰好24吨,本次运输的最大利润=4+3+3=10千元。

答案:B

(2009下半年,上午)试题(69)

某公司新建一座200平方米的厂房,现准备部署生产某产品的设备。该公司现空闲生产该产品的甲、乙、丙、丁四种型号的设备各3台,每种型号设备每天的生产能力由下表给出。在厂房大小限定的情况下,该厂房每天最多能生产该产品 (69) 个。

综合	甲	乙	丙	丁
占地面积(平方米)	40	20	10	5
每天生产能力(个)	100	60	20	8

(69) A. 500　　　　B. 520　　　　C. 524　　　　D. 530

解析:
- 这是一道简单的分配问题(Assignment Problem)。
- 采用平均收益法,先计算单位面积的收益,如下表所示。

综合	甲	乙	丙	丁
占地面积(平方米)	40	20	10	5
每天生产能力(个)	100	60	20	8
生产能力/占地面积	2.5	3	2	1.6

- 然后,将资源优先投放给单位面积收益高的设备。
  ◆ 乙3台,占用60平方米。

- ◆ 甲 3 台，占用 120 平方米。
- ◆ 丙 2 台，占用 20 平方米。
- ◆ 200 平方米恰好用完。
- 该厂房每天最大产量=3×60+3×100+2×20=520 个。

答案：B

(2011 下半年，上午) 试题（67）

某公司现有 400 万元用于投资甲、乙、丙三个项目，投资额以百万元为单位，已知甲、乙、丙三项投资的可能方案及相应获得的收益如下表所示。

项目 \ 投资额 收益	1	2	3	4
甲	4	6	9	10
乙	3	9	10	11
丙	5	8	11	15

则该公司能够获得的最大收益值是 (67) 百万元。

(67) A. 17　　B. 18　　C. 20　　D. 21

解析：
- 这是一道简单的分配问题（Assignment Problem）。
- 采用平均收益法，先计算单位投资额的收益，如下表所示。

投资额（百万元）	1	2	3	4
项目甲 收益/投资额	4	3	3	2.5
项目乙 收益/投资额	3	4.5	3.3	2.75
项目丙 收益/投资额	5	4	3.66	3.75

- 然后，将资源优先投放给单位投资额收益高的项目。
  - ◆ 项目丙，投资 1 百万元，收益 5 百万元。
  - ◆ 项目乙，投资 2 百万元，收益 9 百万元。
  - ◆ 项目甲，投资 1 百万元，收益 4 百万元。
- 该公司能够获得的最大收益值=5+9+4=18 百万元。

答案：B

(2012 上半年，上午) 试题（67）

两家工厂 A1 和 A2 向三个零售店 B1、B2 和 B3 供应某种商品。A1 和 A2 可供应的商品件数是 200 和 300，而 B1、B2 和 B3 的需求量是 100 件、200 件和 50 件。各工厂和零售店之间可以进行转运。如果运输的单位成本如下所示（例如表中第 4 列第 3 行的数字"5"表示将一件商品从 A2 运到 B1 的成本）。

--	A1	A2	B1	B2	B3
A1	0	6	7	8	9
A2	6	0	5	4	3
B1	7	2	0	5	1
B2	1	5	1	0	4
B3	8	9	7	6	0

在最优的转运安排中，满足各零售商品需求的运输总成本是 (67)。

（67）A. 1750　　　　B. 1550　　　　C. 1350　　　　D. 850

解析：

- 这是一道典型的分配问题（Assignment Problem），可采用平均收益法。
- 首先不考虑转运，将原表格简化为：

--	B1	B2	B3
A1	7	8	9
A2	5	4	3

- 运输成本低的率先送货，则：
  （1）A2 首先送 50 件商品到 B3，此时 A2 还剩 250 件商品。
  （2）A2 再送 200 件商品到 B2，此时 A2 还剩 50 件商品。
  （3）A2 再送 50 件商品到 B1，此时 A2 的商品已全部送光。
  （4）A1 送 50 件商品到 B1，此时 A1 还剩 150 件商品。

注意： 这个解是在不考虑转运情况下的最优解。

- 接下来研究转运，看是否能够对当前的运输方案做进一步优化。

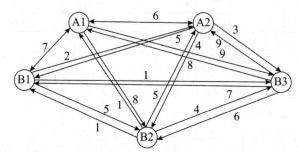

- 针对当前运输方案的四条路线：A1→B1、A2→B1、A2→B2、A2→B3，逐一研究发现，转运并不能降低它们的运输成本，即当前方案即为全局最优解。如下表所示。

--	B1	B2	B3	
需求量	100	200	50	
A1 供给量	50			A1 总供应能力：200 件
A2 供给量	50	200	50	A2 总供应能力：300 件

- 此时，运输总成本=50×3+200×4+50×5+50×7=1550。

答案：B

(2012下半年，上午) 试题 (7)

某软件主要由操作系统程序和数据库程序组成。受前任项目经理的安排，甲正在开发该软件的数据库程序。乙和丙都在开发软件的操作系统程序。新任项目经理曾和甲、乙、丙共事，统计过他们开发类似程序的缺陷率水平，如下表所示。为保证该软件的代码质量，新任项目经理应_(7)_。

程序类型	缺陷率		
	甲	乙	丙
操作系统程序	高	低	高
数据库程序	低	高	高

(7) A. 调换甲、丙的工作，各自在对方编写的代码基础上继续开发
　　B. 维持开发任务分工不变，同时让乙培训丙
　　C. 维持开发任务分工不变，同时让甲培训丙
　　D. 维持开发任务分工不变，同时让甲培训乙，乙培训丙

解析：
- 各种分配问题算法的整体思路都是一致的，就是让人去做他最擅长的工作。
- 甲开发数据库程序缺陷率低，所以由甲开发数据库程序。
- 乙开发操作系统程序缺陷率低，所以由乙开发操作系统程序。
- 丙则两样开发工作的缺陷率都比较高，因此，需要让乙培训丙开发操作系统程序。
- 有同学问，为什么不选C，即让甲培训丙开发数据库程序。
- 注意审题啊，"乙和丙都在开发软件的操作系统"。

答案：B

(2012下半年，上午) 试题 (68)

某航空公司为满足客运量日益增长的需求，拟购置一批新的远程、中程及短程的喷气式客机。每架远程客机价格670万美元，中程客机500万美元，短程客机350万美元。该公司现有资金12 000万美元用于购买飞机。据估计每架远程客机的年净利润为82万美元，中程客机的年净利润为60万美元，短程客机的年净利润为40万美元。假设该公司现有的熟练驾驶员可支持30架新购飞机的飞行任务，维修能力足以满足新增40架新的短程客机的维修需求，而每架中程客机维修量相当于4/3架短程客机，每架远程客机维修量相当于5/3架短程客机，为获取最大利润，该公司应购买各类客机分别为_(68)_架。

(68) A. 远程17，中程1，短程0　　　B. 远程15，中程1，短程2
　　　C. 远程12，中程3，短程3　　　D. 远程10，中程3，短程5

解析：
- 这是一道简单的分配问题（Assignment Problem）。
- 还是使用平均收益法，计算单位投入的年利润率。
    - 远程客机=82/670=12.2%。
    - 中程客机=60/500=12%。
    - 短程客机=40/350=11.4%。
- 远程的平均收益最大，所以优先选购。
    - 12 000/670=17.9，先购买远程客机17架。
    - 12 000−670×17=12000−11390=610，即此时还剩610万美元，不够买2架短程的，但可以买1架中程的。
    - 即购买远程客机17架、中程1架，剩余资金110万美元。
- 最后再检验一下上述购买方案是否符合驾驶员和维修方面的约束条件，检查无误，说明这就是最优解。

答案：A

（2015上半年，上午）试题（70）

某公司拟将5百万元资金投放下属A、B、C三个子公司（以百万元的倍数分配投资），各子公司获得部分投资后的收益如下表所示（以百万元为单位）。该公司投资的总收益至多为__(70)__百万元。

投资	0	1	2	3	4	5
A	0	1.2	1.8	2.5	3	3.5
B	0	0.8	1.5	3	4	4.5
C	0	1	1.2	3.5	4.2	4.8

（70）A．4.8 B．5.3 C．5.4 D．5.5

解析：
- 这是一道简单的分配问题（Assignment Problem），可使用平均收益法。
- 首先，计算单位投入的收益，如下表所示。

收益/百万投资	1	2	3	4	5
A	1.2	0.9	0.83	0.75	0.7
B	0.8	0.75	1	1	0.9
C	1	0.6	1.17	1.05	0.96

- 从上表可知，收益率最高的是A投入100万元，其次是C投入300万元。
- 然后，将有限的资源优先投放到单位收益高的子公司。
    - 100万元给A公司，收益120万元。
    - 300万元给C公司，收益350万元。

◆ 剩余 100 万元投资，若给 A 则增收 60 万元，若给 B 则增收 80 万元，若给 C 则增收 70 万元，显然应该给 B。
● 最后，计算总收益=120+350+80=550 万元。

答案：D

9.5.2 边际收益法

（2012 上半年，上午）试题（68）

五项任务需要分配到四种不同型号的机器上来执行。四种型号的机器分别有 25、30、20 和 30 台。五项任务的工作量分别是 20、20、30、10 和 25，不能把第四类机器分配到第四项任务上。每项任务当中的每个工作量在执行时需占用任意型号的 1 台机器。各类机器分配到各项任务时所发生的单位成本如下表所示。

单位成本 \ 机器型号 \ 任务	一	二	三	四	五
一	10	2	3	15	9
二	5	10	15	2	4
三	15	5	14	7	15
四	20	15	13	—	8

任务分配的最优分配方案中，总成本是 (68)。

(68) A. 500   B. 605   C. 560   D. 520

解析：

● 这是一道复杂的分配问题（Assignment Problem）。
● 本题比 2012 上半年上个第 67 题复杂得多，不能再采用平均收益法了，不能简单地按照成本由小到大直接分派。
● 本题可以使用边际收益法（变动成本法、差值法），也叫伏格尔法（Vogel Method），其主要思路是：求运费最便宜和次便宜之间的差，先满足运费差值大的。
● 该方法的原理是：某产地的产品如不能按最小运费就近供应，就考虑次小运费，这就有一个差额；差额越大，说明不能按最小运费调运时，运费增加越多；因而对差额最大的产地，就应当采用最小运费调运。
● 首先为原表格增加一行变动成本，即每列最小成本与次小成本的差值。如下表所示。

--	任务一 20	任务二 20	任务三 30	任务四 10	任务五 25
机型一 25	10	2	3	15	9
机型二 30	5	10	15	2	4
机型三 20	15	5	14	7	15
机型四 30	20	15	13	—	8
变动成本	5	3	10	5	4

- 任务三的变动成本最大，应首先满足，分配 25 台机型一给任务三。
- 然后调整表格，将已分配光的机型一去除，将任务三的剩余量调为 5，重新计算变动成本，得到下表。

--	任务一 20	任务二 20	任务三 5	任务四 10	任务五 25
机型二 30	5	10	15	2	4
机型三 20	15	5	14	7	15
机型四 30	20	15	13	—	8
变动成本	10	5	1	5	4

- 此时，任务一的变动成本最大，应首先满足，分配 20 台机型二给任务一。
- 继续调整表格，将已被完全满足的任务一去除，将机型二的剩余量调为 10，重新计算变动成本，得到下表。

--	任务二 20	任务三 5	任务四 10	任务五 25
机型二 10	10	15	2	4
机型三 20	5	14	7	15
机型四 30	15	13	—	8
变动成本	5	1	5	4

- 此时，任务二和任务四的变动成本最大，应优先满足，分配 20 台机型三给任务二、分配 10 台机型二给任务四。
- 继续调整表格，将已被完全满足的任务二、任务四去除，将已分配光的机型二、机型三去除，得到下表。

--	任务三 5	任务五 25
机型四 30	13	8

- 具体分配如下所示。分配完成后，计算总成本。

--	任务一 20	任务二 20	任务三 30	任务四 10	任务五 25
机型一 25			3×25 台		
机型二 30	5×20 台			2×10 台	
机型三 20		5×20 台			
机型四 30			13×5 台		8×25 台

- 总成本=3×25+5×20+2×10+5×20+13×5+8×25=560。

答案：C

（2012 下半年，上午）试题（69）

某公司打算向它的三个营业区增设 6 个销售店，每个营业区至少增设 1 个，各营业区年增加的利润与增设的销售店个数有关，具体关系如下表所示。可以调整各营业区增设的销售店的个数，使公司总利润增加额最大达（69）万元。

增设销售店个数	营业区 A	营业区 B	营业区 C
1	100	120	150
2	160	150	165
3	190	170	175
4	200	180	190

(69) A. 520　　　　B. 490　　　　C. 470　　　　D. 510

解析：
- 这是一道稍复杂的分配问题（Assignment Problem）。
- 本题可以使用边际收益法，先构造一个边际收益矩阵（变动收益矩阵），表中的数据为：

收益	营业区 A	营业区 B	营业区 C
第 1 个店的变动收益	100	120	150
第 2 个店的变动收益	60	30	15
第 3 个店的变动收益	30	20	10
第 4 个店的变动收益	10	10	15

- 按照该矩阵，6 个销售店的设置顺序为：
  （1）营业区 C 设第 1 个店，增加收益 150。
  （2）营业区 B 设第 1 个店，增加收益 120。
  （3）营业区 A 设第 1 个店，增加收益 100。
  （4）营业区 A 设第 2 个店，增加收益 60。
  （5）营业区 A 设第 3 个店，增加收益 30。
  （6）营业区 B 设第 2 个店，增加收益 30。
- 总计 6 个店可增加收益 490 万元。
- 强调：边际收益法主要适用于边际利润不变或递减的情形，即单位收益不变或随资源投入递减的情况。

注意：这道题如果采用平均收益法，就会算错（营业区 C 放 2 个店的平均利润率较大，但不是最优解）。

答案：B

(2013 上半年，上午) 试题（66）

有一辆货车每天沿着公路给 4 个零售店运送 6 箱货物。如果各零售店出售该货物所得利润如下表所示，适当规划在各零售店卸下的货物的箱数，可获得最大利润 (66) 万元。

（利润单位：万元）

箱数＼利润	零售店 1	零售店 2	零售店 3	零售店 4
0	0	0	0	0
1	4	2	3	4
2	6	4	5	5
3	7	6	7	6
4	7	8	8	6
5	7	9	8	6
6	7	10	8	6

（66）A. 15　　　　B. 17　　　　C. 19　　　　D. 21

解析：

- 这是一道稍复杂的分配问题（Assignment Problem）。
- 本题可以使用边际收益法，先构造一个边际收益矩阵（变动收益矩阵），表中的数据为每增加一箱货物，能带来多少利润。

边际收益	1	2	3	4
1	4	2	3	4
2	2	2	2	1
3	1	2	2	1
4	0	2	1	0
5	0	1	0	0
6	0	1	0	0

- 依次挑选边际利润最大的。
  - ◆ 商店 1、4，各 1 箱，各增加利润 4 万元。
  - ◆ 商店 3，1 箱，增加利润 3 万元。
  - ◆ 还剩 3 箱配额，而边际矩阵中临近项中有 6 个 2（边际成本为 2 万元，下画线标记），于是就有了 6 种分配方案：
    - 全部 3 箱都分配给商店 2。
    - 分配 2 箱给商店 2，1 箱给商店 1。
    - 分配 2 箱给商店 2，1 箱给商店 3。
    - 分配 1 箱给商店 2，再各分配 1 箱给商店 1 和商店 3。
    - 分配 2 箱给商店 3，1 箱给商店 1。
    - 分配 2 箱给商店 3，1 箱给商店 2。
- 最大利润=4+4+3+2+2+2=17 万元。

答案：B

（2013 上半年，上午）试题（69）

某部门有 3 个生产同类产品的工厂（产地），生产的产品由 4 个销售点（销地）出售，各工厂的生产量（单位：吨）、各销售点的销售量（单位：吨）以及各工厂到各销售点的单位运价（百元/吨）示于下表中。

产地＼销地	B_1	B_2	B_3	B_4	产量（吨）
A_1	4	12	4	11	32
A_2	2	10	3	9	20
A_3	8	5	11	6	44
销量（吨）	16	28	28	24	96＼96

适当安排调运方案，最小总运费为 (69) 百元。

(69) A. 450　　　　B. 455　　　　C. 460　　　　D. 465

解析：

- 这是一道稍复杂的分配问题（Assignment Problem），但比 2012 年上半年上午第 68 题简单多了。
- 本题应使用边际收益法（变动成本法、差值法），也叫伏格尔法（Vogel Method），其主要思路是：求运费最便宜和次便宜之间的差，先满足运费差值大的。
- 首先建立变动成本矩阵，如下表所示，最后一行即每列最小成本与次小成本的差值。

产地＼销地	B_1 16	B_2 28	B_3 28	B_4 24
A_1 32	4	12	4	11
A_2 20	2	10	3	9
A_3 44	8	5	11	6
变动成本	2	5	1	3

- B_2 的变动成本最大，应首先满足，从 A_3 分配 28 吨给 B_2。
- 然后调整表格，将已被完全满足的 B_2 去除，将 A_3 的剩余量调为 16，重新计算变动成本，得到下表。

产地＼销地	B_1 16	B_3 28	B_4 24
A_1 32	4	4	11
A_2 20	2	3	9
A_3 16	8	11	6
变动成本	2	1	3

- B_4 的变动成本最大，应首先满足，从 A_3 分配 16 吨给 B_4。
- 然后调整表格，将已分配光的 A_3 去除，将 B_4 的剩余量调为 8，重新计算变动

成本,得到下表。

产地\销地	B₁ 16	B₃ 28	B₄ 8
A₁ 32	4	4	11
A₂ 20	2	3	9
变动成本	2	1	2

- B1和B4的变动成本最大,应首先满足,有两种方案。
  - ◆ 从A2分配16吨给B1,分配4吨给B4。
  - ◆ 从A2分配12吨给B1,分配8吨给B4。
- 两种方案的最后总运费都是一样的,接下来我们暂取前一种加以计算,将已分配光的A2去除,将已被完全满足的B1去除,将B4的剩余量调为4,得到下表。

产地\销地	B₃ 28	B₄ 4
A₁ 32	4	11

- 具体分配如下表所示,分配完成后,计算总成本。

产地\销地	B₁ 16	B₂ 28	B₃ 28	B₄ 24
A₁ 32			4×28	11×4
A₂ 20	2×16			9×4
A₃ 44		5×28		6×16

- 总运费=2×16+5×28+4×28+11×4+9×4+6×16=460百元。

答案:C

9.5.3 匈牙利算法

(2010下半年,上午)试题(67)

某项目有 I、II、III、IV 四项不同任务,恰有甲、乙、丙、丁四个人去完成各项不同的任务。由于任务性质及每人的技术水平不同,他们完成各项任务所需时间也不同,具体如下表所示。

人员	任务I/时间(天)	任务II/时间(天)	任务III/时间(天)	任务IV/时间(天)
甲	2	15	13	4
乙	10	4	14	15
丙	9	14	16	13
丁	7	8	11	9

项目要求每个人只能完成一项任务,为了使项目花费的总时间最短,应该指派丁完成_(67)_任务。

(67) A. I   B. II   C. III   D. IV

解析：

- 这是一道非常复杂的分配问题（Assignment Problem）。
- "项目要求每个人只能完成一项任务"，适用于匈牙利算法。
- 匈牙利数学家克尼格（Konig）证明了下面两个基本定理，为计算分配问题奠定了基础。因此，基于这两个定理基础上建立起来的解分配问题的计算方法被称为匈牙利算法。
- 假设问题求最小值，m 个人恰好做 m 项工作，第 i 个人做第 j 项工作的效率为 c_{ij}，效率矩阵为 $[c_{ij}]$。
- **【定理1】** 如果从分配问题效率矩阵 $[c_{ij}]$ 的每一行元素中分别减去（或加上）一个常数 u_i（称为该行的位势），从每一列元素中分别减去（或加上）一个常数 v_j（称为该列的位势），得到一个新的效率矩阵 $[b_{ij}]$，若其中 $b_{ij}=c_{ij}-u_i-v_j$，则 $[b_{ij}]$ 的最优解等价于 $[c_{ij}]$ 的最优解。这里 c_{ij}、b_{ij} 均非负。
- **【定理2】** 若矩阵 A 的元素可分成"0"与非"0"两部分，则覆盖"0"元素的最少直线数等于位于不同行不同列的"0"元素（称为独立0元素）的最大个数。
- 数学定理总是令人很难理解，但匈牙利算法的具体步骤还是比较简单的。
- 第一步：找出效率矩阵每行的最小元素，并分别从每行中减去该行的最小元素，这称为行变换，如下式所示。

$$\begin{bmatrix} 2 & 15 & 13 & 4 \\ 10 & 4 & 14 & 15 \\ 9 & 14 & 16 & 13 \\ 7 & 8 & 11 & 9 \end{bmatrix} \begin{matrix} \text{Min} \\ 2 \\ 4 \\ 9 \\ 7 \end{matrix} \xrightarrow{\text{行变换}} \begin{bmatrix} 0 & 13 & 11 & 2 \\ 6 & 0 & 10 & 11 \\ 0 & 5 & 7 & 4 \\ 0 & 1 & 4 & 2 \end{bmatrix}$$

- 第二步：找出效率矩阵每列的最小元素，并分别从每列中减去该列的最小元素，这称为列变换，如下式所示。

$$\begin{bmatrix} 0 & 13 & 11 & 2 \\ 6 & 0 & 10 & 11 \\ 0 & 5 & 7 & 4 \\ 0 & 1 & 4 & 2 \end{bmatrix} \xrightarrow{\text{列变换}} \begin{bmatrix} 0 & 13 & 7 & 0 \\ 6 & 0 & 6 & 9 \\ 0 & 5 & 3 & 2 \\ 0 & 1 & 0 & 0 \end{bmatrix}$$
$\text{Min } 0 \quad 0 \quad 4 \quad 2$

- 第三步：用最少的直线覆盖所有的"0"。

$$\begin{bmatrix} 0 & 13 & 7 & 0 \\ 6 & 0 & 6 & 9 \\ 0 & 5 & 3 & 2 \\ 0 & 1 & 0 & 0 \end{bmatrix}$$

- 如果所用直线数等于矩阵的维度，即至少需要4根直线才能覆盖所有的0，则说明最优分配已经产生，可以停止行变换和列变换。

- 第四步：寻找四个独立的 0（这四个 0 中的任意 2 个都不能出现在同一行或同一列中）。

$$\begin{bmatrix} 0 & 13 & 7 & \textcircled{0} \\ 6 & \textcircled{0} & 6 & 9 \\ \textcircled{0} & 5 & 3 & 2 \\ 0 & 1 & \textcircled{0} & 0 \end{bmatrix} \quad \text{最优解为：} \quad \begin{bmatrix} 0 & 0 & 0 & 1 \\ 0 & 1 & 0 & 0 \\ 1 & 0 & 0 & 0 \\ 0 & 0 & 1 & 0 \end{bmatrix}$$

- 独立的 0 对应着最优分配：甲完成任务 IV、乙完成任务 II、丙完成任务 I、丁完成任务 III，花费的总时间=4+4+9+11=28 天。

答案：C

(2012 上半年，上午) 试题（37）

一个活动有 4 道工序，一个工人只能负责 1 道工序。每名工人工作完成各工序所需小时数以及工序间的依赖关系如下表所示。完成该活动最少需要___(37)___小时。

工人 \ 工序（小时数）	一	二	三	四
甲	4	6	5	8
乙	6	10	7	8
丙	7	8	11	9
丁	9	3	8	4

工序	紧前工序	紧后工作
一		二、三
二	一	四
三	一	四
四	二、三	

(37) A. 10　　　　B. 14　　　　C. 16　　　　D. 18

解析：

- 这是一道典型的分配问题（Assignment Problem）。
- "一个工人只能负责 1 道工序"，适用于匈牙利算法。
- 不过，题目中又给出了工序间的依赖关系，所以可以用简化方法。
- 首先按照依赖关系将网络图画出来，如下所示。

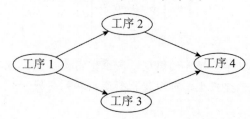

- 接下来就是任务指派。
  - ◆ 显然，工序 4 适合由丁来完成。
  - ◆ 类似地，工序 1 适合由甲来完成。
  - ◆ 剩下两个任务分配给乙和丙。

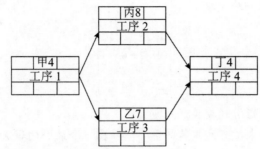

- 完成该活动最少需要 16 个小时。

答案：C

(2012 下半年，上午) 试题 (67)

假设每台机床只能完成一道工序，现有四道工序需要分配到四台机床上，分配成本（以元计）如下所表示，由于工艺要求，工序一不能分配到机床丙上，工序三又不能分配到机床丁上。成本最低的分配方案中，其成本是 (67)。

机床 工序	甲	乙	丙	丁
一	5	5	—	2
二	7	4	2	3
三	9	3	5	—
四	7	2	6	7

(67) A. 12 　　　　B. 13 　　　　C. 14 　　　　D. 15

解析：

- 这是一道非常复杂的分配问题（Assignment Problem）。
- "每台机床只能完成一道工序"，适用于匈牙利算法。
- 这道题比 2010 年下半年上午的第 67 题难多了，而且难点有两个。
  - ◆ 难点一是有两个"不能分配"，解决方法很简单，把横线理解为无穷大或换成一个大数即可，比如 20。
  - ◆ 难点二是这道题没法经过一次行变换和列变换就得出结果，需要多轮变换，而第二轮以后的变换算法颇有讲究。
- 第一步行变换、第二步列变换，经过一轮变换之后，可得如下矩阵。

$$\begin{bmatrix} 5 & 5 & - & 2 \\ 7 & 4 & 2 & 3 \\ 9 & 3 & 5 & - \\ 7 & 2 & 6 & 7 \end{bmatrix} \xrightarrow{\text{行变换}} \begin{bmatrix} 3 & 3 & - & 0 \\ 5 & 2 & 0 & 1 \\ 6 & 0 & 2 & - \\ 5 & 0 & 4 & 5 \end{bmatrix} \xrightarrow{\text{列变换}} \begin{bmatrix} 0 & 3 & - & 0 \\ 2 & 2 & 0 & 1 \\ 3 & 0 & 2 & - \\ 2 & 0 & 4 & 5 \end{bmatrix}$$

- 第三步，用最少的直线覆盖所有的"0"，发现只需 3 根直线，小于矩阵的维度，必须再来一轮变换。

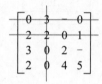

- 第 2 轮以及之后 n 轮变换的规则是：
（1）从矩阵中未被直线覆盖的数字中找出一个最小的数 k。
（2）直线相交处的元素加上 k，未被直线覆盖的元素减去 k，被直线覆盖而没有相交的元素不变。
- 上图矩阵的 $k=2$，经过变换，得到下列矩阵。

$$\begin{bmatrix} 0 & 5 & - & 0 \\ 2 & 4 & 0 & 1 \\ 1 & 0 & 0 & - \\ 0 & 0 & 2 & 3 \end{bmatrix}$$

- 再次用最少的直线覆盖所有的"0"，发现至少需要 4 根直线才能覆盖所有的 0，说明最优分配已经产生，可以停止变换了。
- 第四步：寻找四个独立的 0（这四个 0 中的任意 2 个都不能出现在同一行或同一列中）。

$$\begin{bmatrix} 0 & 5 & - & \boxed{0} \\ 2 & 4 & \boxed{0} & 1 \\ 1 & \boxed{0} & 0 & - \\ \boxed{0} & 0 & 2 & 3 \end{bmatrix}$$

- 独立的 0 对应着最优分配。
  ◆ 工序一分配给机床丁，成本为 2 元。
  ◆ 工序二分配给机床丙，成本为 2 元。
  ◆ 工序三分配给机床乙，成本为 3 元。
  ◆ 工序四分配给机床甲，成本为 7 元。
- 总成本=2+2+3+7=14 元。

答案：C

（2014 下半年，上午）试题（70）
某公司要把 4 个有关能源工程项目承包给 4 个互不相关的外商投标者，规定每个承包商只能且必须承包一个项目，在总费用最小的条件下确定各个项目的承包者，总费用为__(70)__（各承包商对工程的报价如下表所示）。

投标者＼项目	A	B	C	D
甲	15	18	21	24
乙	19	23	22	18
丙	26	17	16	19
丁	19	21	23	17

(70) A. 70　　　　B. 69　　　　C. 71　　　　D. 68

解析：

- 这是一道非常复杂的分配问题（Assignment Problem），适用于匈牙利算法。
- 匈牙利数学家克尼格（Konig）证明了下面两个基本定理，为计算分配问题奠定了基础。因此，基于这两个定理基础上建立起来的解分配问题的计算方法被称为匈牙利算法。
- 假设问题求最小值，m 个人恰好做 m 项工作，第 i 个人做第 j 项工作的效率为 c_{ij}，效率矩阵为 $[c_{ij}]$。
- 【定理1】如果从分配问题效率矩阵 $[c_{ij}]$ 的每一行元素中分别减去（或加上）一个常数 u_i（称为该行的位势），从每一列元素中分别减去（或加上）一个常数 v_j（称为该列的位势），得到一个新的效率矩阵 $[b_{ij}]$，若其中 $b_{ij}=c_{ij}-u_i-v_j$，则 $[b_{ij}]$ 的最优解等价于 $[c_{ij}]$ 的最优解。这里 c_{ij}、b_{ij} 均非负。
- 【定理2】若矩阵 A 的元素可分成"0"与非"0"两部分，则覆盖"0"元素的最少直线数等于位于不同行不同列的"0"元素（称为独立0元素）的最大个数。
- 数学定理总是令人很难理解，但匈牙利算法的具体步骤还是比较简单的。
- 第一步：找出效率矩阵每行的最小元素，并分别从每行中减去该行的最小元素，这称为行变换，如下式所示。

$$\begin{bmatrix} 15 & 18 & 21 & 24 \\ 19 & 23 & 22 & 18 \\ 26 & 17 & 16 & 19 \\ 19 & 21 & 23 & 17 \end{bmatrix} \begin{matrix} \text{Min} \\ 15 \\ 18 \\ 16 \\ 17 \end{matrix} \xrightarrow{\text{行变换}} \begin{bmatrix} 0 & 3 & 6 & 9 \\ 1 & 5 & 4 & 0 \\ 10 & 1 & 0 & 3 \\ 2 & 4 & 6 & 0 \end{bmatrix}$$

- 第二步：找出效率矩阵每列的最小元素，并分别从每列中减去该列的最小元素，这称为列变换，如下式所示。

$$\begin{bmatrix} 0 & 3 & 6 & 9 \\ 1 & 5 & 4 & 0 \\ 10 & 1 & 0 & 3 \\ 2 & 4 & 6 & 0 \end{bmatrix} \xrightarrow{\text{列变换}} \begin{bmatrix} 0 & 2 & 6 & 9 \\ 1 & 4 & 4 & 0 \\ 10 & 0 & 0 & 3 \\ 2 & 3 & 6 & 0 \end{bmatrix}$$
$$\text{Min } 0\ \ 1\ \ 0\ \ 0$$

- 第三步：用最少的直线覆盖所有的"0"。

$$\begin{bmatrix} 0 & 2 & 6 & 9 \\ 1 & 4 & 4 & 0 \\ 10 & 0 & 0 & 3 \\ 2 & 3 & 6 & 0 \end{bmatrix}$$

- 如果所用直线数等于矩阵的维度，即至少需要 4 根直线才能覆盖所有的 0，则说明最优分配已经产生，可以停止行变换和列变换。
- 当前矩阵只需 3 根直线就可覆盖所有的 0，小于矩阵的维度，必须再来一轮变换。
- 第 2 轮以及之后 n 轮变换的规则是：
（1）从矩阵中未被直线覆盖的数字中找出一个最小的数 k。
（2）直线相交处的元素加上 k，未被直线覆盖的元素减去 k，被直线覆盖而没有相交的元素不变。
- 上图矩阵的 $k=1$，经过变换，得到下列矩阵。

$$\begin{bmatrix} 0 & 2 & 6 & 10 \\ 0 & 3 & 3 & 0 \\ 10 & 0 & 0 & 4 \\ 1 & 2 & 5 & 0 \end{bmatrix}$$

- 再次用最少的直线覆盖所有的"0"，发现，仍可以用 3 根直线覆盖所有的 0。

$$\begin{bmatrix} 0 & 2 & 6 & 10 \\ 0 & 3 & 3 & 0 \\ 10 & 0 & 0 & 4 \\ 1 & 2 & 5 & 0 \end{bmatrix}$$

- 继续变换，此时 $k=2$，经过变换，得到下列矩阵。

$$\begin{bmatrix} 0 & 0 & 4 & 10 \\ 0 & 1 & 1 & 0 \\ 12 & 0 & 0 & 3 \\ 1 & 0 & 3 & 0 \end{bmatrix}$$

- 再次用最少的直线覆盖所有的"0"，发现至少需要 4 根直线才能覆盖所有的 0。说明最优分配已经产生，可以停止变换了。
- 第四步：寻找四个独立的 0（这四个 0 中的任意 2 个都不能出现在同一行或同一列中）。有 2 个解，均为最优方案。

$$\begin{bmatrix} 0 & 0 & 4 & 10 \\ 0 & 1 & 1 & 0 \\ 12 & 0 & 0 & 6 \\ 1 & 0 & 3 & 0 \end{bmatrix} \quad \begin{bmatrix} 0 & 0 & 4 & 10 \\ 0 & 1 & 1 & 0 \\ 12 & 0 & 0 & 6 \\ 1 & 0 & 3 & 0 \end{bmatrix}$$

- 独立的 0 对应着最优分配，以上面左式为例：

- ◆ 项目 A 配给承包商甲，费用为 15。
- ◆ 项目 B 配给承包商丁，费用为 21。
- ◆ 项目 C 配给承包商丙，费用为 16。
- ◆ 项目 D 配给承包商乙，费用为 18。
● 总成本=15+21+16+18=70。
● 如上右式为另外一种最优分配方式：
  - ◆ 项目 A 配给承包商乙，费用为 19。
  - ◆ 项目 B 配给承包商甲，费用为 18。
  - ◆ 项目 C 配给承包商丙，费用为 16。
  - ◆ 项目 D 配给承包商丁，费用为 17。
● 总成本=19+18+16+17=70。

答案：A

9.6 不确定决策

(2006 下半年，上午) 试题（61）

某公司需要根据下一年度宏观经济的增长趋势预测决定投资策略。宏观经济增长趋势有不景气、不变和景气 3 种，投资策略有积极、稳健和保守 3 种，各种状态的收益如下表所示。基于 MaxMin 悲观准则的最佳决策是 _(61)_ 。

预计收益（单位：百万元人民币）		经济趋势预测		
		不景气	不变	景气
投资策略	积极	50	150	500
	稳健	100	200	300
	保守	400	250	200

(61) A．积极投资　　　B．稳健投资　　　C．保守投资　　　D．不投资

解析：
- 这道题考的是不确定型决策。
- 满足如下四个条件的决策称为不确定型决策：
  （1）存在一个明确的决策目标；
  （2）存在两个或两个以上随机的自然状态；
  （3）存在可供决策者选择的两个或两个以上的行动方案；
  （4）可求得各方案在各状态下的益损矩阵（函数）。
- 由于不确定型决策问题所面临的几个自然状态是不确定的，是完全随机的，这使得不确定型决策始终伴随着一定的盲目性。决策者的经验和性格常常在决策中起主导作用。

- 不确定型决策有很多决策思路，常见的有：乐观准则、悲观准则、等概率准则、乐观系数准则、最小后悔值准则。
- 悲观准则（MaxMin、最大最小准则、保守型决策）的思路是：
  - 对于任何行动方案，都认为最坏的状态会发生，即益损值最小的状态发生。
  - 然后，比较各行动方案实施后的结果，取具有最大益损值的行动为最优行动。
- 即先求出每种投资策略的最小收益：
  - 不投资：0；积极：50；稳健：100；保守：200。
- 再在这四个最小收益中挑出最大值——保守：200。

举一反三 有同学问，这道题如果按乐观准则应该怎么选呢？

- ◆ 乐观准则（MaxMax、最大最大准则、冒险型决策）的思路是：对于任何行动方案都认为最好的状态会发生，即益损值最大的状态发生。然后，比较各行动方案实施后的结果，取具有最大益损值的行动为最优行动。
- ◆ 即先求出每种投资策略的最大收益：
  不投资：0；积极：500；稳健：300；保守：400。
- ◆ 再在这四个最大收益中挑出最大值——积极：500。

答案：C

（2012上半年，上午）试题（69）

某公司开发了一种新产品，拟定的价格方案有三种：较高价、中等价、较低价，估计这种产品的销售状态也有三种：销路较好、销路一般、销路较差。根据以往的销售经验，他们算出，这三种价格方案在三种销路状态下的收益值如下表所示。

收益值（万元）	销路较好	销路一般	销路较差
较高价	20	11	8
中等价	16	16	10
较低价	12	12	12

企业一旦选择了某种决策方案，在同样的销路状态下，可能会产生后悔值（即所选决策方案产生的收益与最佳决策收益值的差值）。例如，如果选择较低价决策，在销路较好时，后悔值就为8万元。因此，可以根据上述收益值表制作后悔值如下表所示（空缺部分有待计算）。

后悔值（万元）	销路较好	销路一般	销路较差
较高价	0		
中等价		0	
较低价	8		0

企业做定价决策前，首先需要选择决策标准。该企业决定采用最小—最大后悔值决

策标准（坏中求好的保守策略），为此，该企业应选择决策方案 (69)。

(69) A. 较高价　　　B. 中等价　　　C. 较低价　　　D. 中等价或较低价

解析：
- 这道题考的是不确定型决策。
- 前边我们讲过了乐观准则和悲观准则，现在我们来看看最小后悔值准则（最小机会损失决策、最小最大后悔值决策）。
  - ◆ 对于任何行动方案，都认为将是最大的后悔值所对应的状态发生。
  - ◆ 然后，比较各行动方案实施后的结果，取具有最小后悔值的行动为最优行动。
- 首先，构造后悔值矩阵，所谓后悔值，即在某种情况下，一个决策方案的收益与此种情况下所有决策的最佳收益值之间的差值，比如，销路较好时最佳收益为 20，而此时选择中等价的收益是 16，即中等价在销路较好时的后悔值为 4。

后悔值（万元）	销路较好	销路一般	销路较差
较高价	0	5	4
中等价	4	0	2
较低价	8	4	0

- 求最大后悔值，即每行的最大值。

后悔值（万元）	销路较好	销路一般	销路较差	最大后悔值
较高价	0	5	4	5
中等价	4	0	2	4
较低价	8	4	0	8

- 显然，中等价决策方案具有最小的"最大后悔值"。

答案：B

(2014 下半年，上午) 试题 (69)

三个备选投资方案的决策损益表如下，如果采用最大最小决策标准（悲观主义），则选择 (69)。

收益值（万元）＼销售状态 可行方案	很好	好	一般	很差
A	50	25	-25	-45
B	70	30	-40	-80
C	30	15	-5	-10
D	60	40	-30	-20

(69) A. 方案 A　　　B. 方案 B　　　C. 方案 C　　　D. 方案 D

解析：
- 这道题考的是不确定型决策。

- 悲观准则（MaxMin、最大最小准则、保守型决策）的思路是：
    - ◆ 对于任何行动方案，都认为最坏的状态会发生，即益损值最小的状态发生。
    - ◆ 然后，比较各行动方案实施后的结果，取具有最大益损值的行动为最优行动。
- 即先求出每种方案的最小收益：
    - ◆ A方案：-45；B方案：-80；C方案：-10；D方案：-20。
- 再在这四个最小收益中挑出最大值——C方案：-10。

答案：C

（2016 上半年，上午）试题（67）

某企业要投产一种新产品，生产方案有四个：A 新建全自动生产线；B 新建半自动生产线；C 购置旧生产设备；D 外包加工生产。未来该产品的销售前景估计为很好、一般和较差三种，不同情况下该产品的收益值如下表所示（单位：百万元）。

	销路较好	销路一般	销路较差
A	800	200	-300
B	600	250	-150
C	450	200	-100
D	300	100	-20

用后悔值（在同样的条件下，选错方案所产生的收益损失值）的方案决策应该选__(67)__方案。

（67）A．新建全自动生产线　　　　B．新建半自动生产线
　　　C．购置旧生产设备　　　　　D．外包加工生成

解析：

- 首先，构造后悔值矩阵，所谓后悔值，即在某种情况下，一个决策方案的收益与此种情况下所有决策的最佳收益值之间的差值。

后悔值（百万元）	销路较好	销路一般	销路较差
A	0	50	280
B	200	0	130
C	350	50	80
D	500	150	0

- 求最大后悔值，即每行的最大值。

后悔值（百万元）	销路较好	销路一般	销路较差	最大后悔值
A	0	50	280	280
B	200	0	130	200
C	350	50	80	350
D	500	150	0	500

- 显然，B方案具有最小的"最大后悔值"。

答案：B

9.7 博弈论

(2008 上半年，上午) 试题 (69)

甲、乙两个独立的网站都主要靠广告收入来支撑发展，目前都采用较高的价格销售广告。这两个网站都想通过降价争夺更多的客户和更丰厚的利润。假设这两个网站在现有策略下各可以获得 1000 万元的利润。如果一方单独降价，就能扩大市场份额，可以获得 1500 万元利润，此时，另一方的市场份额就会缩小，利润将下降到 200 万元。

如果这两个网站同时降价，则他们都将只能得到 700 万元利润。这两个网站的主管各自经过独立的理性分析后决定，__(69)__。

(69) A．甲采取高价策略，乙采取低价策略
B．甲采取高价策略，乙采取高价策略
C．甲采取低价策略，乙采取低价策略
D．甲采取低价策略，乙采取高价策略

解析：
- 这道题是博弈论的入门问题：囚徒困境。
- 假设你是甲公司的决策者，现在你就要思考：
  ◆ 如果乙公司继续出高价，你应该出什么价？显然是低价，这样你能获得 1500 万元利润，若出高价你只能获得 1000 万元利润。
  ◆ 如果乙公司出低价，你应该出什么价？显然是低价，这样你能获得 700 万元利润，此时若出高价你将只能获得 200 万元利润。
- 乙公司的决策者思路也是同样的，即无论对手出什么价，我们永远出低价。

答案：C

(2013 下半年，上午) 试题 (70)

某部委邀请 55 位专家对 5 个项目 A、B、C、D、E 进行投票评选，要求按某种常用的规则从中选出优秀项目（可以有若干个项目并列优秀）。每个专家经过独立仔细研究，在自己的心目中都对这五个项目进行了优选排序（如下表）。

专家人数	18人	12人	10人	9人	4人	2人
第1选择	A	B	C	D	E	E
第2选择	D	E	B	C	B	C
第3选择	E	D	E	E	D	D
第4选择	C	C	D	B	C	B
第5选择	B	A	A	A	A	A

例如，有 18 位专家对项目的优选排序都是 ADECB，以此类推。

常用的五条选优规则如下：

规则甲：只进行一轮投票，选出得票最多的项目。

规则乙：进行两轮投票，第一轮投票先选出得票最多和次多的两个（或多个）项目，再在这些项目之间让全体专家进行第二轮投票，选出得票最多的项目。

规则丙：进行多轮投票，每一轮投票淘汰得票最少的项目。

规则丁：进行多次两项目对决投票，分别对所有各对（两个）项目进行选优投票，最后，胜选次数最多的项目就作为优秀项目。根据该规则，选出了项目 E。

规则戊：每位专家对每个项目进行评分，分别以 5、4、3、2、1 分评给自己心目中优选出来的第 1、2、3、4、5 个项目，最后，汇总统计各个项目的得分总和，选出最高得分的项目。

该部委依据上述各个规则，组织专家进行项目评选，假设各位专家都完全按自己心目中的项目优选排序进行选择投票，并且没有弃权情况，则针对评选结果，（70）结论正确。

（70）A．按规则甲和乙，都选出了项目 A

B．按规则丙，选出了项目 B

C．按规则丁和戊选出了项目 E

D．按这五条规则分别选出了不同的项目

解析：

● 这道题看起来复杂，但解决起来很简单，只需要会两位数的加法就行。
● 按照规则甲：A18 票（其他的为 B12 票，C10 票，D9 票，E6 票），A 直接胜出。
● 按照规则乙：
  ◆ 第一轮，A（18 票）和 B（12 票）胜出。
  ◆ 第二轮，B 得票为 12+10+9+4+2=37，A 得票为 18，B 胜出。

注意：由于第一轮 A 和 B 入围，其他都已被淘汰，所以原来选 A 的 18 个专家，还会继续选择 A，原来选 B 的 12 个专家继续选择 B。但对于原来选 C 的 10 个专家来说，由于他们的第一选择 C 已经被淘汰，所以他们会给出他们的第二选择 B，以此类推。

● 按照规则丙：第一轮 E（4+2=6 票）被淘汰，第二轮 D（9 票）被淘汰，第三轮 B（12+4=16 票）被淘汰，第四轮 A（18 票）被淘汰，结果 C 胜出。
● 按照规则丁，题干已给出结果：E 胜出。其计算方法，以 A 和 B 对决为例，A 得 18 票，B 得 12+10+9+4+2=37 票，B 胜选一次，以此类推。
● 按照规则戊：A127 分，B156 分，C162 分，D191 分，E189 分，D 胜出。
● 总结：这道题目非常有启发意义，完美地诠释了掌握规则者得天下的奥秘。
  ◆ 题目中的五条规则，每条都很有道理，但最后的结果却完全不同。

- 当今社会，从项目招标、升职加薪、歌手选秀到总统选举，每天都在进行着不计其数的投票。但许多看似公平的投票，其实只是规则制定者的游戏。

答案：D

(2014 上半年，上午) 试题 (70)

某部门聘请了 30 位专家评选最佳项目，甲、乙、丙、丁四个项目申报参选。各位专家经过仔细考察后都在心目中确定了各自对这几个项目的排名顺序，如下表。

项目编号	3人	6人	3人	5人	2人	5人	2人	4人
甲	1	1	4	4	4	4	4	4
乙	4	4	1	1	2	3	2	3
丙	2	3	2	3	1	1	3	2
丁	3	2	3	2	3	2	1	1

其中，有 3 人将甲排在第 1，将乙排在第 4，将丙排在第 2，将丁排在第 3；以此类推。如果完全按上表投票选择最佳项目，那么显然，甲项目能得票 9 张，乙项目能得票 8 张，丙项目能得票 7 张，丁项目能得票 6 张，从而可以选出最佳项目甲。但在投票前，丙项目负责人认为自己的项目评上的希望不大，宣布放弃参选。这样，投票将只对甲、乙、丁三个项目进行，而各位专家仍按自己心目中的排名（只是删除了项目丙）进行投票。投票的结果是评出了最佳项目 (70)。

(70) A．甲　　　　B．乙　　　　C．丁　　　　D．乙和丁

解析：
- 删除丙后，甲还是 3+6=9 票。
- 乙是 3+5+2（丙为第一，乙为第二的）=10 票。
- 丁=2+4+5（丙为第一，丁为第二的）=11 票。
- 参考 2013 年下半年上午的第 70 题，这两道题目非常有启发意义，完美地诠释了掌握规则者得天下的奥秘：
  - 尤其是 2013 年下半年上午的第 70 题，题目中的这些规则，每条都很有道理，但最后的结果却完全不同。
  - 当今社会，从项目招标、升职加薪、歌手选秀到总统选举，每天都在进行着不计其数的投票。但许多看似公平的投票，其实只是规则制定者的游戏。

答案：C

(2015 下半年，上午) 试题 (70)

有一种游戏为掷两颗骰子，其规则为：当点数和为 2 时，游戏者输 9 元；点数和为

7 或者 11 时,游戏者赢 X 元;其他点数时均输 1 元。依据 EMV 准则,当 X 超过 (70) 元时才对游戏者有利。

(70) A. 3.5　　　　B. 4　　　　C. 4.5　　　　D. 5

解析:
- 每个骰子有 6 个面,面上的数字依次为 1、2、3、4、5、6。
- 因此当两颗骰子一起掷时,两颗骰子上的数字搭配一共有 6×6=36 种情况:
    ◆ 点数和为 2 的情况有 1 种,即 (1, 1);
    ◆ 点数和为 7 的情况有 6 种,即 (1, 6)、(6, 1)、(3, 4)、(4, 3)、(2, 5)、(5, 2);
    ◆ 点数和为 11 的情况有 2 种,即 (5, 6)、(6, 5)。
- EMV(预期货币值)为:

$$\text{EMV} = \frac{2+6}{36} \times X - \frac{1}{36} \times 9 - \frac{27}{36} \times 1 \geq 0$$

- 求得 $X \geq 4.5$。

答案:C

(2016 下半年,上午)试题(69)

袋子里有 50 个乒乓球,其中 20 个黄球,30 个白球。现在两个人依次不放回地从袋子中取出一个球,第二个人取出黄球的概率是 (69)。

(69) A. 1/5　　　　B. 3/5　　　　C. 2/5　　　　D. 4/5

解析:
- 第二个人取出黄球的概率=20/50=2/5。
- 这就是抽签的原理:早抽和晚抽的概率是一样的,第一个抽和第 50 个抽的概率也是一样的。

答案:C

(2017 下半年,上午)试题(70)

同时抛掷 3 枚均匀的硬币,恰好有两枚正面向上的概率为 (70)。

(70) A. 1/4　　　　B. 3/8　　　　C. 1/2　　　　D. 1/3

解析:
设硬币的正面为 1,背面为 0,则恰好有两枚正面向上的组合有 3 个:110、101、011,每种组合出现的概率是 1/8。

答案:B

9.8 其他杂题

(2011 下半年，上午) 试题 (70)

假定某农贸市场鸡蛋的需求和供给曲线可以由下列方程表示：

Qd = 100+10P

Qs = 540–40P

其中，Qd 为该市场鸡蛋的需求量（公斤），Qs 为该市场鸡蛋的供给量（公斤），P 为每公斤鸡蛋的价格，则市场上鸡蛋价格 P 为__(70)__元每斤时，达到供需平衡。

(70) A. 10　　　　B. 9.2　　　　C. 8.8　　　　D. 14

解析：
- 这是一道小学数学应用题。
- 供需平衡时，Qd = Qs，即 100+10P=540–40P，解得 P=8.8 元/斤。

答案： C

(2012 上半年，上午) 试题 (70)

某公司需要确定使用期为 5 年的一种设备的更换策略。已知各年购买设备的价格和各年龄设备的维修价格如下表所示。

各年购买设备的价格表（单位：万元）

年号	1	2	3	4	5
价格	11	11	12	12	13

各年龄设备的维修价格表（单位：万元）

年龄	0～1	1～2	2～3	3～4	4～5
费用	5	6	8	11	18

最优的设备更换策略中，总费用是__(70)__。

(70) A. 50　　　　B. 53　　　　C. 59　　　　D. 71

解析：
- 这是一道小学数学题，用穷举法即可。
- 若一年一换，总费用=（11+5）×5=80。
- 若两年一换，总费用=63。
  - ◆ 第 1 年和第 2 年费用=11+5+6。
  - ◆ 第 3 年和第 4 年费用=12+5+6。
  - ◆ 第 5 年费用=13+5。
- 若只在第三年换一次，总费用=53。

- ◆ 第 1 年和第 2 年费用=11+5+6。
- ◆ 第 3 年、第 4 年、第 5 年费用=12+5+6+8。
- 若三年一换，总费用=53。
  - ◆ 第 1 年、第 2 年、第 3 年费用=11+5+6+8。
  - ◆ 第 4 年和第 5 年费用=12+5+6。
- 若四年一换，总费用=59。
  - ◆ 第 1 年、第 2 年、第 3 年、第 4 年费用=11+5+6+8+11。
  - ◆ 第 5 年费用=13+5。
- 若五年一换，总费用=11+5+6+8+11+18=59。

答案：B

（2017 下半年，上午）试题（68）

产量（X，台）与单位产品成本（Y，元/台）之间的回归方程为 $Y=365-2X$，这说明__(68)__。

(68) A．产品产量每增加 1 台，单位产品成本减少 2 元
     B．产品产量每增加 1 台，单位产品成本增加 2 元
     C．产品产量每增加 1 台，单位产品成本减少 365 元
     D．产品产量每增加 1 台，单位产品成本增加 365 元

解析：
这是函数的基本概念题。

答案：A

（2018 下半年，上午）试题（70）

关于动态规划的描述，不正确的是__(70)__。

(70) A．动态规划是解决多阶段决策过程最优化解的一种常用算法思想
     B．动态规划的实质是分治思想和解决冗余，与分治法和回溯法类似
     C．在处理离散型问题时，动态规划比线性规划效果更好
     D．一个标准的动态规划算法包括划分阶段和选择状态两个步骤

解析：
动态规划的实质是分治思想和解决冗余，因此它与分治法和贪心法类似，它们都是将问题的实例分解为更小的、相似的子问题。动态规划常常适用于有重叠子问题和最优子结构性质的问题。

答案：B

(2019 下半年，上午）试题（69）

张先生向商店订的某一商品，每件 100 元，共订购 60 件。张先生对商店经理说："如果你肯减价，每减价 1 元，我就多订购 3 件。"商店经理算了一下，如果减价 4%，由于张先生多订购，仍可获得与原来一样多的总利润，请问这件商品的成本是 (69) 元。

(69) A．76　　　　B．80　　　　C．75　　　　D．85

解析：
- 设商品成本为 x，则：
  - ◆ 原来商品订购数量= 60。
  - ◆ 原来每件商品利润= $100 - x$。
  - ◆ 降价 4%后的商品订购数量= $60+4 \times 3=72$ 件。
  - ◆ 降价 4%后的每件商品利润= $100 - 100 \times 4\% - x$。
- 降价前与降价后利润相等，即 $60 \times (100 - x) = 72 \times (100 - 4 - x)$。
- 解方程，得 $x=76$ 元。

答案：A

(2019 下半年，上午）试题（70）

为响应环保号召，某电池生产厂家承诺用 3 块旧电池可以换 1 块新电池，小李有 21 块旧电池，请问他一共可以换取 (70) 块新电池。

(70) A．7　　　　B．9　　　　C．10　　　　D．11

解析：
- 这道题考的是基本的迭代概念。
- 第一轮：21 块旧电池换 7 块新电池。
- 第二轮：这 7 块电池用旧后，将其中的 6 块旧电池换 2 块新电池。
- 第三轮：新换的 2 块新电池用旧后，加上第二轮剩下的 1 块旧电池，再换 1 块新电池。
- 小李一共换了 7+2+1=10 块新电池。

答案：C